Adolf Schlatter

Der Brief an die Römer

Adolf Schlatter

Erläuterungen zum Neuen Testament

Band 5

ADOLF SCHLATTER

Der Brief an die Römer

Ausgelegt für Bibelleser

Calwer Verlag Stuttgart

CIP-Kurztitelaufnahme der Deutschen Bibliothek

Schlatter, Adolf:
Erläuterungen zum Neuen Testament / Adolf Schlatter. –
Stuttgart : Calwer Verlag
Bd. 5. Der Brief an die Römer : ausgelegt für Bibelleser. –
44. – 45. Tsd. d. Gesamtaufl.,
Unveränd. Nachdr. d. 1962 neu durchges. Ausg. – 1983.
ISBN 3-7668-0188-0

ISBN 3-7668-0188-0

44. bis 45. Tausend der Gesamtauflage
Unveränderter Nachdruck 1983 der 1962 neu
durchgesehenen Ausgabe

Druck: Gutmann + Co. GmbH, Heilbronn

Kapitel 1,1-17

Paulus wünscht nach Rom zu kommen

Als Paulus in Kleinasien und Griechenland einen Kreis von christlichen Gemeinden gesammelt hatte, die das Evangelium bei sich erhalten und in ihrer Umgebung verbreiten konnten, hatte er den dringenden Wunsch, Rom zu besuchen. Die Weltstadt, in der Menschen aus allen Völkern zusammenströmten, war für den Heidenapostel der rechte Ort. Zudem war Rom die Kaiserstadt, die das ganze Reich beherrschte; wie es dem Evangelium in Rom erging, war für die Kirche allerorts von großer Wichtigkeit. Endlich konnte er von Rom aus auch die westlichen Völker erreichen; es wäre ihm eine Freude gewesen, wenn er das Evangelium bis an das Ende der ihm bekannten Welt, bis nach Spanien hätte bringen können. Bisher hatte ihn der Gang seiner Arbeit daran gehindert, diese Gedanken auszuführen; nun aber nahm er während seines letzten Aufenthalts in Korinth den Verkehr mit der römischen Christenheit dadurch auf, daß er ihr in einem Brief die Regel deutlich machte, nach der er Christus predigte und die Gemeinden zum Glauben an ihn berief.

Sein erstes Wort ist eine Beschreibung seines apostolischen Amts. 1,1-7: *Paulus, ein Knecht des Christus Jesus, ein berufener Bote, ausgesondert für Gottes gute Botschaft, die er durch seine Propheten in heiligen Schriften vorher verhieß, von seinem Sohn, der aus Davids Geschlecht kam nach dem Fleisch* (2. Tim. 2,8), *der zum Sohn Gottes in Kraft bestellt wurde nach dem Geist der Heiligkeit durch Auferstehung von Toten, von Jesus Christus unserem Herrn, durch den wir Gnade und Sendung für den Gehorsam des Glaubens unter allen Völkern empfingen* (16,26) *zur Ehre seines Namens, unter denen auch ihr seid als von Jesus Christus Berufene, an alle, die in Rom*

Geliebte Gottes, berufene Heilige sind. Gnade sei euch und Friede von Gott unserem Vater und vom Herrn Jesus Christus. Paulus hält sein Amt in Ehren; er will von der Gemeinde von Anfang an gehört sein als der, den Gott selbst mit einer besonderen Sendung beauftragt hat (Gal. 1,15). Darum betont er, daß Gott ihm seinen Beruf gegeben hat. Er erreicht damit beides, daß das Gewicht seines Worts deutlich wird, und zugleich, daß jeder ehrgeizige, herrische Schein seinem Brief fern bleibt. Der Knecht gehört seinem Herrn und empfängt darum auch seine Arbeit von ihm. Er kann nicht selbst bestimmen, was er tun und sagen will, kann auch bei seinem Amt nichts für sich selber suchen, sondern in Christus allein liegt der Grund und das Ziel seiner ganzen Wirksamkeit. Das Auge des Knechts schaut auf den Willen und den Vorteil seines Herrn. Sein Dienst besteht darin, daß er eine Botschaft auszurichten hat. Zu diesem Amt hat ihn Gottes Ruf bestimmt, nicht eigene Wahl. Dadurch ist er aus der Schar der anderen Menschen, auch aus der ganzen Christenheit ausgesondert, nicht damit er sich selber gefalle und seine eigene Größe suche, sondern damit er Gottes Botschaft verkünde, durch die Gott der Menschheit sagt, was seine Gnade für sie schafft. Von der Herrlichkeit des Evangeliums hängt deshalb die Größe des Amts und die segensreiche Frucht des Werkes des Apostels ab.

Die Größe des Evangeliums wird darin sichtbar, daß es die Erfüllung der Zusage Gottes ist, die er früher durch seine Propheten gegeben und durch die aufgeschriebenen Gottesworte allen bekannt gemacht hat. Dadurch verbindet Paulus sein Amt mit der älteren Offenbarung Gottes (1. Kor. 15,3.4; 2. Kor. 1,20). Er ist der Nachfolger des Propheten; was Gott durch sie begonnen hat, kommt durch das Werk des Apostels zu seinem Ziel. Er hat nun den Beruf, der Welt zu sagen, daß Gott sein Versprechen erfüllt hat; das Werk der Gnade ist vollbracht, das die Schrift den kommenden Geschlechtern verhieß.

Dabei hat Paulus einen Dienst auszurichten, der noch größer ist als der der Propheten. Das beruht darauf, daß er den Sohn Gottes zu verkündigen hat. Der Sohn Gottes – das ist der einzige, unerschöpflich reiche Gegenstand seiner Botschaft (2. Tim. 2,8; 1. Kor. 2,2). Er ist die Erfüllung der göttlichen Verheißung und die Vollendung dessen, was Israel durch die alttestamentliche Schrift verkündigt war. Wollen wir Paulus verstehen, so müssen wir uns dies merken: Sein Evangelium faßt sich in das eine Wort zusammen: der Sohn Gottes ist gekommen. Alle lehrhaften Erörterungen seines Briefes wollen uns nur das eine zeigen, was dadurch für uns geschehen ist.

An diesem Sohn Gottes hebt er zwei Merkmale hervor, die zusammen seine Herrlichkeit offenbar machen. Er stammt aus dem von Gott erkorenen Geschlecht, dem die Verheißung gilt. Dadurch erhielt er unsere natürliche Art, das Fleisch (8,3). Sohn Davids ist er geworden; nicht in Gottes Gestalt trat er unter uns, sondern er ist uns gleich geworden. Hätte er aber nicht mehr als dies gehabt, so wäre er uns nicht als der Sohn Gottes offenbar. Denn seine irdische Lebensgestalt verbirgt, daß er von oben kommt, und verhüllt seine Einheit mit dem Vater. Er hat aber nicht nur am Fleisch, sondern zugleich am Geist der Heiligkeit Anteil gehabt. Heiligkeit ist das Wort, mit dem wir die Erhabenheit und Reinheit Gottes anbetend ehren, wenn unser Blick von ferne die göttliche Lebens- und Herrlichkeitsfülle ahnt (Jes. 6,3). Der Geist trägt Heiligkeit in sich und gibt sie dem, in dem er wohnt. Durch ihn war Jesus in Gottes Heiligkeit eingeschlossen. Schon damals, als er noch im Fleisch war, war der Geist das innere Lebensband zwischen ihm und Gott, aber damals noch unter der Hülle des Fleisches, verborgen in dessen Schwachheit und Niedrigkeit. Daß Gottes Herrlichkeit sein eigen ist, war damals noch nicht an ihm zu sehen. Als er aber auferweckt wurde, da erschien die Macht des Geistes an ihm, und seine Heiligkeit wurde offenbar. Da wurde er durch den Geist über das erhoben, was dem Fleisch zugehört, und in das himmlische Wesen versetzt. Dadurch ist er mit Macht in die Stellung eingesetzt, die Gott seinem Sohn gibt; jetzt steht er vor uns nicht nur als eines Menschen, sondern als Gottes Sohn (Eph. 2,6; Apg. 2,36; 1. Tim. 3,16).

Dabei eilt der Blick des Apostels sofort von Jesu eigener Auferstehung zum Ende seiner Werke hin, zur Sendung des ewigen Lebens an die Welt; deshalb sagt er, durch die Auferstehung von den Toten sei Jesus zum Sohn Gottes gesetzt. Aus der Auferstehung Jesu schöpft Paulus die Gewißheit, daß wir ihm aus dem Tod ins Leben folgen werden; dadurch, daß Jesus ewiges Leben gibt und uns mit sich aus der Fleischesgestalt emporhebt in die vom Geist voll Heiligkeit geschaffene Gestalt, wird er erst recht als der Sohn Gottes offenbar. Dann zeigt es sich in vollkommener Weise, daß er an allem teilhat, was Gott ist, als der Sohn, der durch den Geist in vollkommener Einheit mit dem Vater steht.

Der Blick auf Jesus erklärt den besonderen Auftrag, den Paulus empfangen hat. Jesus hat ihn durch seine Gnade zu seinem Boten gemacht, damit in allen Völkern, nicht nur in Israel Glaube entstehe. Denn durch den Glauben werden wir Gott gehorsam (16,26; 5,19). Dadurch, daß wir unser Vertrauen auf Christus stellen und ihn als unseren Herrn erkennen und anerkennen, machen wir uns dem Willen Gottes untertan. Daß aber jedermann, auch die Heiden, sich Gott durch Glauben untergebe, das dient dem Namen Jesu zur Verherrlichung. Dadurch tritt ans Licht, wie reich und mächtig seine Gnade ist.

Der Dienst, den Paulus auszurichten hat, schafft eine Verbindung auch zu den römischen Christen. Es ist ein doppeltes Band, das zwischen ihnen besteht. Auch sie gehören zu Völkern, für die ihm Christus Gnade und Apostelamt verliehen hat, und auch sie gehören schon Christus an infolge des göttlichen Rufs, durch den sie zu ihm hingeleitet worden sind. Daher werden sie das Wort des Apostels mit Freuden aufnehmen und sich an seiner Arbeit mit eifriger Liebe beteiligen, wie er selbst ihnen als den zu Christus Berufenen gern alle Gabe darreichen wird, die er selbst empfangen hat.

Auch an ihnen hebt er, als er das segnende Wort über sie spricht, die Ehre und Würde des Christenstandes hervor. Dem, dem das Evangelium gegeben ist, ist Gottes Liebe geschenkt, und Gottes Ruf hat ihn zu einem Heiligen gemacht. Der Priester wird durch seine göttliche Berufung heilig (1. Chron. 23,13); und zum Propheten, den er in seinen Dienst berufen hat, spricht Gott: „Ich habe dich geheiligt." So sagt Paulus auch denen, an die der Ruf Gottes im Evangelium gekommen ist, daß sein Ruf ihnen Heiligkeit verliehen habe (Hebr. 10,10). Auf den, der durch Gottes Wort und Einladung mit ihm verbunden ist, legt sich etwas von der Ehre Gottes; er hat Anteil an der unverletzlichen Erhabenheit, die von Gott her allem zufällt, was Gottes ist. Wir haben nur darauf zu achten, daß wir die empfangene Gabe nicht durch unsere Gott widerwärtige Art verderben.

Paulus war in der Christenheit schon längst ein bekannter Mann geworden; er war es auch in Rom schon vor seinem Brief. Darum enthält dieser keinerlei Angaben aus seiner Lebensgeschichte. „Paulus, ein Knecht Jesu, zum Apostel berufen" – wer das war, das wußte man in Rom; Paulus mußte der Gemeinde dort nicht erst erzählen, wie ihm Christus erschienen war und ihn zu seinem Boten berufen hatte, wie er nun schon seit Jahren Missionsarbeit tat und Gemeinden sammelte. Aber mit dem Ruf seiner besonderen Sendung und Arbeit war auch der Anstoß weithin gedrungen, den man an ihm nahm, und die Bedenken und Besorgnisse, die er wider sich erregte. Als er bald, nachdem er den Römerbrief geschrieben hatte, in Jerusalem war und mit den dortigen Ältesten verkehrte, sagten sie ihm: Die gläubigen Juden, deren es viele Tausende gibt, haben alle von dir gehört, daß du den Abfall von Mose und dem Gesetz lehrst (vgl. Apg. 21,20 f.). Diesen Ruf hatte er sich durch die Kraft und Freiheit seines Glaubens an Jesus zugezogen. An solche Befürchtungen zu denken, legte sich ihm besonders nahe, als er zum erstenmal mit den Römern redete und seine Gedanken bei der Ausdehnung seiner Arbeit verweilten, die ihn nach der Weltstadt und dem fernen Westen bringen soll. Er betont deshalb in der Beschreibung seines Botenamts die Einheit seines Evangeliums mit der Schrift und mit der Hoffnung Israels. Er wehrt den Gedanken ab, als hätte er ein eigenes, „paulinisches" Evangelium erfunden. Was er verkündigt, ist die von Gott ihm übergebene gute Botschaft, die schon in der Schrift als Gottes gnädige Zusage enthalten ist. Er dient dem Sohn Davids, wie ihn Israel erwartete, und dem auferweckten Sohn Gottes, wie ihn die ganze Christenheit von Anfang an in Jesus fand; er macht alle Völker, Juden und Heiden, dadurch, daß er sie zum Glauben an Jesu führt, Gott untertan. Die Wahrheit und Herrlichkeit seiner Botschaft macht ihn von allen Schwankungen und Sorgen frei, die sich aus der Schwere seiner Arbeit ergeben könnten, und gibt ihm den Drang, der ihn nicht ruhen läßt: die Botschaft immer weiter auszubreiten.

1,8: *Zuerst danke ich meinem Gott durch Jesus Christus für euch alle, da euer Glaube in der ganzen Welt verkündigt wird.* Das Große, das in Rom schon erreicht ist, erweckt den *Dank* des Apostels. Die Begründung der Christengemeinde in der Weltstadt blieb nicht verborgen; überall redete man davon, daß es in Rom jetzt Christen gab, die mit Jesus im Glauben verbunden waren. Das war Gottes Werk, und Paulus dankt seinem Gott für alles Große, was er tat (16,19). Er dankt ihm durch Christus, weil er sein ganzes geistiges Leben, zumal sein Gebetsleben, aus Christus schöpft. Wenn ihn der Glaube der Römer freudig bewegt und als ein Gnadengeschenk Gottes zum Danken treibt, so rührt dies daher, daß Christus seinem Herzen nahe ist und es durch seinen Geist bewegt. Deshalb ist auch gewiß, daß sein Danken und Bitten Gottes Wohlgefallen hat und vor seinen Thron gelangt. Was durch Christus gewirkt ist, kommt vor Gott. Daß Paulus aber zu allererst zum Dank für die römischen Christen bewegt ist, das ist in der kräftigen, beständigen Gemeinschaft begründet, in der er schon jetzt mit ihnen steht; sind sie doch in sein unablässiges Gebet schon jetzt eingeschlossen. 1,9.10: *Denn mein Zeuge ist Gott, dem ich mit meinem Geist durch die gute Botschaft seines Sohnes diene, wie unablässig ich eurer gedenke bei meinen Gebeten, da ich bitte, ob mir wohl endlich einmal durch Gottes Willen der Weg, zu euch zu kommen, gebahnt werde* (15,22 ff.; Apg. 19,21). Für sein inwendiges Verhalten kann Paulus der Gemeinde keinen Menschen als Zeugen stellen; aber Gott weiß, daß er beständig für die Christenheit mit Dank und Bitte vor ihn tritt. Paulus rechnet die ununterbrochene Übung des Gebets zu seinem Apostelamt; weil ihm die Botschaft übertragen ist, die Gott der Welt durch seinen Sohn sagt, dient er ihm nicht nur durch die Arbeit an den Menschen, sondern auch in seinem inwendigen Leben mit dem Geist, der seine Gedanken und seine Liebe zu Gott hinwendet. So hat sein ganzes nach außen gerichtetes Wirken in seinem inwendigen Verkehr mit Gott seine Wurzel. Paulus kann die Römer nicht vergessen; schon lange trachtet er danach, zu ihnen zu kommen, und erbittet er sich von Gott dafür die freie Bahn. Und es liegt ihm daran, daß die Römer dies erfahren, damit sein Brief ein offenes Ohr bei ihnen finde. Sie sollen nicht denken, daß er an sie mit einer halben Liebe schreibe, die ihnen bloß einen Brief gönne, dagegen die persönliche Gemeinschaft versage. Kein Verdacht, als gehe er ihnen aus dem Wege, hat hier Raum; wäre es ihm doch das allerliebste, wenn er gleich zu ihnen reisen könnte.

1,11.12: *Denn ich verlange danach, euch zu sehen, um euch einige geistliche Gabe mitzuteilen, damit ihr gestützt werdet; das heißt aber, daß ich zugleich bei euch ermutigt werde durch euren und meinen gemeinsamen Glauben.* Nicht Furcht für die Römer macht, daß Paulus so dringend um seine Reise nach Rom bittet. Er schätzt den Glauben, den sie haben, nicht gering. Aber sein Besuch würde sie fördern und ihnen neue Gabe und Stärkung bringen (15,29). Auch für sich selbst erwartet er von seinem Aufenthalt bei ihnen Ermunterung und Aufrichtung. Er wird sich an ihrem Glauben erfrischen, wie sie durch seinen Glauben gestärkt werden. Das ist nicht nur eine feine, freundliche Form der Bescheidenheit, obwohl ihm allerdings daran liegt, jeden bösen Schein zu meiden, als wolle er gebieterisch und gewaltsam in ihr inneres Leben eingreifen. Er kommt nicht als Zuchtmeister, der die römischen Christen in seine eigene Glaubensweise hineinnötigen wollte. Darum hebt er die freie Gemeinsamkeit und den innerlichen Austausch hervor, den sein Besuch ihnen bringen wird. Er freute sich auch für sich selbst auf ihn. Im Kampf mit ungläubigen Juden, in der Arbeit an zerrütteten Heiden und an verdrehten, unlauteren Christen hatte er manchen schweren Tag. Er erwartet für sich freudige, ermutigende Tage, wenn er die junge Gemeinde Roms um sich versammelt sehen wird. Weil Paulus mit freudiger Hoffnung auf die Gemeinde in Rom blickte und ihn nicht besondere Störungen in ihr zu seinem Brief nötigten, hatte er die Freiheit, diesen zu einem großen Lehrbau zu gestalten; in Ruhe und wohlgeordnetem Fortgang der Gedanken überschaute er die ganze Stellung der Christenheit vor Gott, von unserer tiefsten Verderbnis an empor zum jubelnden Triumph der Hoffnung, die in Christus im seligen Genuß der Liebe Gottes steht.

1,13-15: *Ich will aber nicht, Brüder, daß euch unbekannt bleibe, daß ich oft den Vorsatz faßte, zu euch zu kommen, und bis jetzt daran gehindert wurde, damit ich auch bei euch einige Frucht erlange wie bei anderen Völkern* (15,17 ff.). *Ich bin ein Schuldner derer, die griechisch reden, und derer, die fremde Sprachen sprechen, der Weisen und der Unverständigen. So steht es mit meiner Bereitwilligkeit, auch euch in Rom die gute Botschaft zu sagen.* Die römischen Christen sollen wissen, daß Paulus ernstlich an eine Reise nach Rom denkt; sie sollen aber auch bedenken, daß er in solchen Dingen niemals ein bestimmtes Versprechen geben kann (2. Kor. 1,17); denn er ist im Drang und Kampf seiner Arbeit vielfältiger Verhinderung ausgesetzt. Aber auch daran erinnert er sie schon jetzt, daß er nicht zu einem müßigen Besuch kommt, sondern um bei ihnen durch tatkräftige Missionsarbeit Frucht zu ernten. Er wünscht deswegen, daß die Gemeinde seinen rastlosen Eifer verstehe. Was treibt ihn nach Rom? Was wird ihn auch dort nicht ruhen lassen? Warum kennt er keine Ermüdung und schreckt ihn keine Gefahr? Warum kann er es nicht lassen, sich mit jedem Menschen abzugeben, einerlei ob sich der Verkehr mit ihm leicht oder schwierig herstellen lasse, ob er griechisch rede oder durch eine fremde Sprache von ihm geschieden sei, ob er als ein Weiser sein Ohr der Botschaft willig zuwende und auf das klar Erfaßte die richtige Entschließung folgen lasse oder als ein Unverständiger Einreden erhebe und sich trotzig sträube? Wenn die Christen in Rom den Arbeitsdrang des Apostels nicht verstanden, konnten sie sich leicht an seiner Art stoßen und allerlei Bedenken Raum geben: er störe ihre trauliche Gemeinschaft und setze sie unnötigen Gefahren aus. Darum will Paulus jetzt schon ein völliges Einverständnis zwischen sich und ihnen herstellen. Sie sollen bebegreifen, warum er der unermüdliche Apostel ist, für den es die größte Freude ist, wenn er Jesu Wort auch nach Rom bringen kann. Er steht vor allen als ihr *Schuldner;* allen hat er durch seine Arbeit zu erstatten, was er ihnen schuldig ist. Gott hat alle an ihn gewiesen, daß er ihnen sein Wort bringe. Dadurch haben alle einen Anspruch an ihn, ein Anrecht darauf, daß er ihnen Christus zeige; er aber will nicht ein untreuer Schuldner sein, der das ihm für alle anvertraute Gut unterschlägt.

Er bringt den Völkern nichts als das Evangelium. Dessen Herrlichkeit macht ihn aber so reich, daß er allen zu verschaffen vermag, was ihnen not tut. 1,16: *Denn ich schäme mich der guten Botschaft nicht; denn sie ist Gottes Kraft zur Rettung für jeden Glaubenden, zuerst für den Juden und auch für den Griechen* (2,9.10; Apg. 13,46). Wollte er sich zurückziehen und schweigen, so könnte dies nur daher rühren, daß er sich der Verkündigung schämte, die er auszurichten hat (2. Tim. 1,8; Ps. 119,46). Aber mit dieser ist Gottes Macht und Stärke vereint. Wo sich Gottes Kraft wirksam macht, da gibt es für Furcht und Verzagen keinen Raum. Rom war damals die Beherrscherin der Erde; aber solche Macht ist in des Apostels Augen nichts.

Er ist reicher als die Herren der Welt. Denn er bringt den Menschen Gottes Kraft.

Das Ziel, zu dem Gott seine Kraft hervortreten läßt, ist unsere Rettung vor dem, was uns ins Verderben reißt. Wenn Paulus von Errettung spricht, das hat einen sehr ernsten Sinn; denn er blickt dabei auf Gottes Gericht, dem wir alle entgegengehen. Gott gibt uns mit dem Wort Jesu seine Kraft dazu, damit sie uns aus seinem Gericht heraus- und in sein Reich hineinhelfe. Darum ist Paulus der Schuldner der Heiden und kann nicht rasten und schweigen. Sie alle bedürfen solcher Hilfe, und diese kann ihnen nur Gottes Kraft gewähren; Paulus aber kann sie ihnen bringen, indem er ihnen Christus zeigt.

Jeder Glaubende erhält sie. Die Botschaft von Jesus ist die rettende Kraft Gottes, weil Jesus der Heiland ist in Gottes Kraft. Das erlebt ein jeder, der ihm glaubt. Fehlt der Glaube, so bleibt das Evangelium ein bloßes Wort, leer und ohne Kraft; denn der Unglaube scheidet von Jesus. Wo aber am Evangelium Glaube entsteht, da wird er von Christus nicht beschämt. Jesus läßt keine Zuversicht, die aus seinem Wort entsteht und sich zu ihm hinwendet, unerhört und unerfüllt (10,14-17). Dem Glaubenden wendet er sich mit seiner Vergebung und mit seinen Gaben zu, und dadurch wird aus der glaubend aufgenommenen Botschaft Gottes Kraft. Das macht des Apostels Werk so herrlich, daß er allen sagen darf: Glaube nur, so steht Gottes Kraft dir zur Seite und wehrt das Verderben von dir ab!

Das gilt für den Juden wie für den Heiden in derselben Weise. Zuerst sind die Gaben des Christus für den Juden bestimmt, weil Gott sie ihm zuerst zugesagt hat (3,2; 15,8). Allein der Jude mißversteht diesen Vorzug, wenn er meint, er dürfe deshalb ungläubig sein; er sollte sich vielmehr für berufen betrachten, als der erste vor den Heiden gläubig zu sein. Auch der Jude wird Gottes errettende Kraft nur dadurch empfangen, daß er an ihn glaubt (9,30.31). Wiederum handelt Christus auch an dem Heiden nach seiner gnadenvollen Regel: Nach deinem Glauben geschehe dir (Matth. 9,29). Auch der Glaube der Heiden wird von Christus erhört; auch er empfängt im Glauben Anteil an der errettenden Kraft Gottes.

Wenn Paulus nach Rom ging, trat er in die Mitte der heidnischen Welt hinein. Zwischen Jerusalem und Rom bestand für den Juden eine unüberbrückbare Kluft. Jerusalem war die Stadt Gottes, Rom die Stadt der heidnischen Weltherrscher. Beide lagen miteinander in hartem Streit. Der Sieg der einen war der Untergang der anderen. Wenn jetzt Paulus seinen Blick nach Rom richtete mit dem Wunsch, das Evangelium dorthin zu bringen, stand die Wichtigkeit dieses Schrittes klar vor seinen Augen. Eben darum schaut er zurück auf den Gang Gottes in der Führung der Völker: Er hat zuerst Israel seine Gnade erwiesen, und er erhält ihm seinen Vorzug auch in unwandelbarer Treue; dennoch ließ er über den Heiden seine mächtige Hilfe aufgehen und brachte beide dadurch zusammen, daß er beiden im Glauben, der Jesu Wort erfaßt, denselben Heilsweg bereitete.

Warum wehrt Gottes mächtige Hilfe von jedem Glaubenden das Verderben ab? 1,17: *Denn Gottes Gerechtigkeit wird durch sie aus Glauben zu Glauben geoffenbart, wie geschrieben ist: Der Gerechte wird aber aus Glauben leben* (Hab. 2,4; Gal. 3,11; Hebr. 10,38).[1] Die errettende Kraft ist in der Verkündigung Jesu deshalb enthalten, weil durch sie Gottes Gerechtigkeit ans Licht tritt und wirksam wird. Das mag uns zunächst befremden; es steht auch in der Tat hier das größte Wunder Gottes vor unseren Augen. Daß Gott gerecht ist, muß uns zunächst erschrecken. Verwandelt sich das Evangelium nicht in sein Gegenteil, wenn es dazu führt, daß die göttliche Gerechtigkeit sich dadurch kundtut und bewährt? Und doch muß sich jeder sofort sagen: Wie sollte sich denn Gott offenbaren ohne seine Gerechtigkeit? Wie könnten wir je die Kraft und Hilfe Gottes empfangen, ohne daß damit zugleich aufs hellste sichtbar würde, wie gerecht Gott ist? Wir können auf keine ungerechte Hilfe von ihm hoffen. Wir begehren Gnade, aber *Gottes* Gnade, und Gottes Gnade ist zugleich Gerechtigkeit. Wo er sich offenbart, da offenbart sich sicherlich auch seine Gerechtigkeit; wenn seine Hilfe zu uns kommt, wird es nur so geschehen, daß wir ihm das Zeugnis geben müssen: Du bist gerecht. Und eben dies ist die Offenbarung und Vollendung der Gnade, daß uns Gott nicht durch Gesetz und Gericht, sondern

[1] Luthers Umschreibung „die Gerechtigkeit, die vor Gott gilt" hebt zwar ein wesentliches Stück aus dem Wort des Apostels hervor, gibt es aber nicht ganz wieder. Luther ging in seiner Übersetzung von dem Bedürfnis des Menschen aus, der ein Sünder ist und vor Gott nur dadurch gerecht werden kann, daß Gott ihm Gerechtigkeit schenkt. Paulus aber wollte zeigen, wie Gott der Gerechte ist und seine herrliche Gerechtigkeit darin offenbart, daß er durch den Tod und die Auferweckung Jesu dem, der an ihn glaubt, die Schuld abnimmt und das Recht-sein vor Gott schenkt.

in Christus durch das Evangelium seine Gerechtigkeit erweist. Denn dadurch wird Gottes Gerechtigkeit so wirksam, daß sie uns nicht zerstört, sondern errettet, uns nicht dem Tod überantwortet, sondern in das Leben versetzt.

Weil Gott gerecht ist, ist er der Gegner alles Bösen, der jedes Unrecht vernichtet. Das tut Gott dadurch, daß er uns zu Christus beruft. Dadurch hat er unsere Ungerechtigkeit begraben und abgetan. Die Gerechtigkeit hebt alle Ungleichheit auf. So bewährt sich Gott durch die Sendung Jesu; er ist ohne Ansehen der Person für alle derselbe und bietet seine Gnade allen dar. Die Gerechtigkeit offenbart sich dadurch, daß sie allen die ihnen heilsame Gemeinschaft verschafft. Das tut uns Gott durch Christus, durch den er uns mit sich und untereinander vereint. Die, an denen sich Gottes Gerechtigkeit offenbart, sind gerecht. Gottes, nicht der Menschen Gerechtigkeit wird durch Jesus offenbar. An uns kann nur offenbar werden, daß wir unrecht haben. Und doch ist die Frage, wie uns Menschen zu helfen sei, völlig mit der anderen Frage eins, wie uns Gerechtigkeit zu eigen werde. Wir sterben an unserem Unrecht, wie leben durch Gerechtigkeit. Wir machen uns aber nimmermehr selbst gerecht, sondern können, nachdem wir durch uns selbst im Unrecht sind, nur durch Gott Gerechtigkeit erhalten. Nichts als eine Tat der göttlichen Gerechtigkeit kann uns in die Gerechtigkeit versetzen. Das ist Gottes Gabe für uns in Christus; sie wird uns durch seine Verkündigung verliehen, und deshalb ist sie die ewige Hilfe für uns.

Die Hilfe kommt für die Glaubenden, weil die Gerechtigkeit Gottes sich aus Glauben offenbart. Durch den Glauben haben wir Gottes Gerechtigkeit für uns. Um des Glaubens willen ist unser Unrecht erledigt, und auf unseren Glauben hin wird uns von Gott Gerechtigkeit zuerkannt. Diesen Zugang zu Gott haben wir alle in derselben Weise. An jedem Glaubenden wird sich Gott in der Herrlichkeit seiner Gnade als der Gerechte bewähren, darum, weil er ihm Glauben erweist.

Gott offenbart aber seine Gerechtigkeit nicht bloß aus Glauben, sondern auch zum Glauben dazu, damit wir glauben, zum Glauben erweckt und im Glauben erhalten seien. Daß Gott in seiner Gerechtigkeit für uns ist, das treibt die ungläubigen Gedanken aus unseren Herzen aus und macht, daß wir ihn mit ganzer Zuversicht preisen.

Weil uns Gott zum Glauben erwecken will, darum sendet er uns die Botschaft Jesu und zeigt uns durch sie seine Gerechtigkeit uns zum Heil. Eben dazu, damit ich mich zum Glauben bewegen lasse, ist sie für mich da. So ist sie ganz und gar ein Glaubensgut sowohl nach ihrer Wurzel als nach ihrer Frucht. Um des Glaubens willen wird die Gerechtigkeit Gottes für uns offenbar. Ihn erhört und krönt sie, ihn sucht und wirkt sie in uns. Sowie wir vom Glauben abtreten, haben wir Gottes Gerechtigkeit wider uns. Sie wird unsere Hilfe dadurch, daß wir glauben, nichts als glauben. Sie ist für uns da, weil wir glauben und damit wir glauben.

Darum ist die Verkündigung Jesu die Erfüllung für die Verheißung, daß der Gerechte dadurch leben wird, daß er Gott glaubt (Gal. 3,11). Verderben wird kein Gerechter. Gottes Kraft errettet ihn; darum wird er leben. Gerechtigkeit und Leben fügt Gott zusammen (5,21), und niemand wird sie trennen, wie auch niemand Sünde und Tod voneinander scheiden kann. Seine Wurzel hat aber das Leben für den Gerechten im Glauben. Tod und Gericht sind ihm verschlungen in den Sieg, und das Leben wird ihm zuteil, weil er glaubt. Wir könnten nicht aus Glauben unser Leben haben, wenn nicht unser Glaube vor Gott als Gerechtigkeit gälte. Aus dem Wort des Propheten folgt, daß um unseres Glaubens willen Gottes Gerechtigkeit nicht wider, sondern für uns handelt.

Paulus wollte der Gemeinde zeigen, warum er den Wunsch hat, nach Rom zu kommen. Wer seinen Eifer verstehen will, der muß die Herrlichkeit der göttlichen Gabe kennen, die er allen als Jesu Bote bringt. In ihr liegen der Beweggrund zu seiner Arbeit und die Wurzel seiner Kraft. Uns ist geholfen durch Gottes Kraft; wir sind gerecht, weil Gottes Gerechtigkeit für uns ist; wir werden leben, wir, die Glaubenden. Wie uns das Evangelium das bringt, das will uns Paulus zeigen. Was die Verse 16 und 17 in reicher Kürze zusammenfassen, begründet und erläutert der ganze Brief.

Dabei hat Paulus die großen Aufgaben im Auge, die die erste Christenheit zu lösen hatte. Die Judenschaft verabscheute Jesus und verwarf das Evangelium. Das legte auf die Christenheit einen schweren Druck. Wie war dies nur möglich, da Israel doch die Verheißung Gottes empfangen hatte und zum Volk und Erbe des Christus berufen war? Nun war das Reich Gottes gekommen, aber nicht für die

Kinder des Reichs (Matth. 8,12; 11,6). Das war ein Hindernis des Glaubens, aus dem der Christenheit viel Erschütterung, Schmerz und Zweifel erwuchs; es konnte nur mit starkem Glauben überwunden werden.

Noch zarter und tiefer war die andere Frage, und sie verursachte noch innerlichere Kämpfe, ob sich die Christenheit wirklich von Gottes Gesetz, wie es Israel gegeben war, lösen dürfe (Gal. 3,10 ff.; 6,12). Die Frömmigkeit Israels war auf das Gesetz gestellt. Sie war ganz und gar dem Gesetz geleisteter Dienst. Das Gesetz galt als Mittler mit Gott, als Weg zur Gerechtigkeit, als Quell des ewigen Lebens. Um des Gesetzes willen galt den Juden das Evangelium nichts. Ihr Gesetzesdienst ließ sie nicht zum Glauben kommen. Das wirkte tief auch in die Christenheit hinein. Es brauchte für alle, für Juden und Heiden, eine große Kraft des Glaubens, um ohne Schwanken in der Freiheit vom Gesetz zu stehen und dabei zu bleiben, daß uns im Glauben an Christus alles gegeben ist, was wir zur Gemeinschaft mit Gott und zur Erfüllung seines Willens bedürfen. Deshalb machte Paulus dies zu seinem Hauptgedanken, daß durch unsere Berufung zu Jesus der Glaube unsere Gerechtigkeit ist.

Die Schwierigkeiten und Versuchungen, die die Gemeinde zu überwinden hatte, ergaben sich aber nicht nur aus der früheren jüdischen Frömmigkeit, sondern hefteten sich auch an das, was sie durch ihren Anschluß an Jesus erlangt hatte. Nun war sie frei (Gal. 5,1), eingesetzt in Gottes Gnade, von aller Schuld los und des ewigen Lebens gewiß. Wie wird sie ihre Freiheit brauchen? Wozu wird sie die ihr erzeigte Gnade verwenden? Wenn sie in dem Gedanken ausruht, daß sie begnadigt sei, mag sie im Wort und in der Erkenntnis reich werden (1. Kor. 1,5) und gleichzeitig dadurch fallen, daß sie die Abwehr der Sünde feig und schlaff unterläßt (1. Kor. 6,12; 10,23). Diese Gefahr hat Paulus, kurz bevor er den Römerbrief schrieb, an der korinthischen Gemeinde vor Augen gehabt. Vor einem solchen Fall ist die Christenheit dann geschützt, wenn sie begreift, daß Gottes Gnade eins mit seiner Gerechtigkeit ist (6,1.11 ff.) und die Heilsmacht seines Worts darauf beruht, daß er dadurch seine Gerechtigkeit an ihr sichtbar macht.

Aus der Freiheit des Glaubens, die Paulus besaß und der Christenheit gab, entstand der Streit der Judenschaft gegen ihn, der auch in der Christenheit manchen entweder gegen ihn mißtrauisch machte oder zum stolzen Pochen auf seine Freiheit und zu ihrem Mißbrauch durch Sünde verleitete. Darum zeigt er den Römern sogleich in seinem Brief, was Glaube heißt, auf welchem Grund er steht und zu welchem Ziel er führt, seine Freiheit und seine neu machende Kraft. Sie sollen Paulus von Anfang an als den kennen, der den Glauben für seine und ihre Gerechtigkeit hält (Kap. 3–5); denn ihn selbst hat Christus durch den Glauben so mit sich verbunden, daß er von allem Bösen geschieden und mit Gott vereint ist (Kap. 6–8). Sie sollen ihn weiter sogleich als den kennen, den das Murren Israels nicht erschreckt (Kap. 9–11); denn er weiß von keinem Anrecht an Gottes Herrschaft als von dem, das die frei berufende Gnade Gottes selber gibt; aber auch Israels Feindschaft und Fall kann ihn nicht erbittern oder zu stolzer Überhebung verlocken (10,1-4), weil sich der Reichtum der göttlichen Gnade über alles erstreckt. Wenn ihn die Gemeinde in Rom hierin versteht, dann wird sein Besuch bei ihr für beide Teile lauter Freude und Erquickung sein; dann sind sie in Christus eins.

Paulus hat dabei schwerlich außer acht gelassen, daß gerade den Römern unter allen Heiden das Verständnis der Gerechtigkeit aus Glauben in ihrem Unterschied von der menschlichen Gerechtigkeit besonders schwer werden mußte. Auch in Rom spielte das Gesetz eine große Rolle. Es war freilich ein anderes Gesetz als in Jerusalem, nicht das göttliche Gesetz, sondern menschliches Recht. Aber auch Rom war durch Recht und Gesetz groß geworden und übte seine Macht dadurch aus, daß es allen Völkern die Gesetze gab. Es ist schwerlich zufällig, daß Paulus gerade der Gemeinde in Rom so eingehend die Gerechtigkeit Gottes, wie sie sich an den Glaubenden offenbart, gepriesen hat. Der Geist, der ihn leitete, hat ihm darin einen hellen prophetischen Blick gegeben. Rom hat später in der Kirche unsäglichen Schaden angerichtet, sie unter seine Satzungen geknechtet und vom Glauben ferngehalten. Dieser schlimme Einfluß der römischen Gerechtigkeit machte sich schon bald nach der Zeit der Apostel mächtig spürbar, wie wir auch heute noch im Staat und in der Kirche unter dieser Verwirrung leiden. Aber dies alles ist nicht geschehen, ohne daß der römischen Kirche und der ganzen Christenheit im Römerbrief von Anfang an ein starkes Zeugnis gegen die Verkehrung des Evangelismus durch römischen Gesetzesdienst gegeben war.

Indem Gott seine Gerechtigkeit offenbar macht, verleiht er jedem einzelnen inwendig in seinem eigenen, persönlichen Lebensstand den Anteil an seiner Gnade. Wie das Urteil Gottes, das uns schuldig heißt, unseren eigenen Willen trifft, so verleiht uns auch sein Wohlgefallen, das uns mit der Gerechtigkeit beschenkt, das Leben zu unserer eigenen Errettung und Beseligung. Darum zeigt uns Paulus im ersten Teil seines Briefes, wie Jesus den Menschen inwendig vom Bösen befreit und Gott untertan macht (1,18–8,39). Da aber Jesus seine Gemeinde von Israel getrennt und als eine neue, selbständige Kirche geschaffen hat, gab das für den Brief des Paulus einen zweiten großen Gegenstand: den Nachweis, wie sich die göttliche Gerechtigkeit im dunklen Schicksal Israels offenbart (9,1 bis 11,36). Dazu kommt als das dritte Hauptstück, zu dem der Lehrgang des Briefes emporsteigt, der Nachweis, wie uns die christliche Gemeinschaft die Gelegenheit verschafft, dem gnädigen Willen Gottes gehorsam zu dienen. Darin, daß die christliche Gemeinde jeden in eine fruchtbare, reiche Arbeit nach der Regel der Liebe stellt, bewährt es sich, daß die Gerechtigkeit Gottes der Grund des Lebens ihrer Glieder geworden ist (12,1–15,13). Damit war den Römern deutlich und vollständig gezeigt, worin Paulus auch in Rom wie überall das Ziel seiner Arbeit sah und worin auch sie das Wesen des Christentums zu erkennen hatten. Es war ihnen damit die Regel gegeben, nach der sie jede Verfälschung des Christentums von sich fernhalten und mit verstärkter Kraft das von Jesus ihnen gezeigte Ziel erfassen konnten.

Kapitel 1,18–8,39

Die Offenbarung der Gerechtigkeit Gottes im Glaubenden

Die Schuld des Menschen

(1,18-32)

1,18: *Denn Gottes Zorn offenbart sich vom Himmel her über jede Gottlosigkeit und Ungerechtigkeit der Menschen, die die Wahrheit durch Ungerechtigkeit unterdrücken* (Eph. 5,6). Wollen wir wissen, warum unser Glaube an Jesus unsere Gerechtigkeit ist, so müssen wir erwägen, was die menschliche Sünde ist. Gott rettet deshalb jeden Glaubenden durch seine Gerechtigkeit, weil sich sein Zorn an jeder Gottlosigkeit und Ungerechtigkeit der Menschen offenbart. Das „denn", das Paulus hier ausspricht, ist ein gewaltiges Wort; er spricht das Wunder der göttlichen Gnade aus. In Jesus erkennen wir Gott als den mächtigen Heiland, der die Herrlichkeit seiner Gerechtigkeit dadurch bewährt, daß er uns gerechtspricht. Damit wir verstehen, warum Gott so mit uns handelt, zeigt uns Paulus, wie vom Himmel her mit unwiderstehlicher Gewalt sein Zorn den Menschen faßt. Er ist vollkommen rechtmäßig und hat mit blinder Leidenschaft und Willkür nichts gemein. Er ist Gottes Widerwille und Widerstand gegen die Bosheit. Nur die Gottlosigkeit und Ungerechtigkeit der Menschen wird von ihm getroffen; er trifft aber *jede* Gottlosigkeit und Ungerechtigkeit. Hier gibt es keine Ausnahmen. Mit fehlloser Sicherheit haben wir darauf zu rechnen, daß alles, was gottlos und ungerecht an uns ist, uns dem Zorn Gottes unterwirft.

Gerade weil der Römerbrief dazu geschrieben ist, um die Gnade Gottes zu preisen (5,12-21), gehört er zu den Teilen des Neuen Testaments, die uns den Zorn Gottes gewaltig bezeugen. Der Preis der Gnade würde unwahr und verdorben, wäre er nicht begleitet von der Erkenntnis und Beherzigung des göttlichen Zorns. Wir verstehen gar nicht, was Gnade ist, wenn wir nicht etwas von der Tiefe des göttlichen Unwillens spüren, mit dem Gott allem Bösen widersteht. An der Wahrheit und am Ernst des göttlichen Zorns ermessen wir die Wahrheit und Größe der göttlichen Gnade. Es ist ein leeres Geschwätz, wenn man sagt, durch den Blick auf Gottes Zorn werde der Glaube schwer. Umgekehrt, niemand vermöchte Gott gläubig zu trauen, wenn wir nicht alle ganz bestimmt wüßten, daß Gott der unerbittliche Gegner unserer Bosheit ist. Wer keinen Unwillen für das Böse hat, den verachten wir. Ich, der Mensch, soll meine Sünde mit starkem Unwillen von mir tun und sollte mich nicht darauf stützen dürfen, daß Gott in seiner göttlichen Majestät ebenfalls seinen Unwillen meiner Sünde entgegensetzt? Wie Glaube aus dem Blick auf Gottes Zorn entsteht, das hebt ja Paulus eben hier mit seinem gewaltigen „denn" hervor: Gott hilft jedem Glaubenden zur Gerechtigkeit, *denn* sein Zorn offenbart sich über jede Ungerechtigkeit.

Weil Gott in seinem Zorn alle Ungerechtigkeit uns zum Verderben macht, *darum* hilft er uns, *darum* überläßt er uns nicht uns selbst, *darum* machen sich auch seine Gotteskraft und seine Gottesgerechtigkeit auf, uns zu erretten, *darum* steht er bereit für jede glaubende Bitte und bringt ihr die Erfüllung, *darum* ist es einzig der Glaube, der uns zur Errettung und Gerechtigkeit verhilft. Gegen Gottes Zorn, der keine Ungerechtigkeit erträgt, hilft sich der Mensch nicht selbst (Eph. 2,3). Gegen ihn gibt es nur eine einzige Hilfe: Gottes Gnade. Zorn und Gnade stehen in Gott nicht widereinander, sondern sind in ihm einträchtig. Weil der Zorn mächtig und heilig sein richtendes Werk vollführt, darum bietet uns auch die Gnade ebenso mächtig ihre heilige Hilfe dar. Wir erkennen gar nicht, welches Elend die Sünde mit sich bringt; Gott aber ermißt, was Sünde und Zorn bedeuten; darum hilft er uns in die Gerechtigkeit.

Die menschliche Sünde richtig und scharf wahrzunehmen ist freilich eine schmerzliche Erkenntnis. Aber sie wird uns vom Apostel nicht dazu gegeben, damit sie uns bedrücke; sondern alle Ausführungen über die menschliche Sünde und Verlorenheit stehen im Römerbrief dazu da, damit wir begreifen, *warum Gott uns hilft,* weshalb er uns zur Gerechtigkeit führt, warum er den Glaubenden die Gerechtigkeit verleiht.

Paulus bezeichnet scharf den Punkt in unserem Verhalten, der den Zorn Gottes wider uns erregt: Wir widersetzen uns der *Wahrheit* (2.Thess. 2,11 f.; Joh. 8,45; 3,19 f.). Das macht uns schuldig; deswegen sind wir verantwortlich. Über alles, was in uns ist, gebührt der Wahrheit die Herrschaft. Sie will nicht nur einen Teil unseres Wesens, etwa nur unsere Gedanken regieren, sondern alles in uns bedarf der Wahrheit. Unser Denken bedarf ihrer, damit wir erleuchtete Gedanken hervorbringen (Eph. 1,17 ff.); unser Wollen bedarf ihrer, damit es sich nach der Regel Gottes bewege; unser Wirken bedarf ihrer, damit es nicht tote, sondern fruchtbare Werke von unvergänglichem Wert schaffe. Darum will die Wahrheit auch in unser Wollen und Wirken dringen und uns mit regierender Macht sich untertan halten. Das kann aber nicht auf dem Weg der Natur geschehen, etwa wie das Sonnenlicht in seiner natürlichen Kraft in alle Täler und Furchen der Erde dringt. In unserem Erkennen liegt zwar viel Wahrheit, um die wir uns nicht mühten. Sie leuchtet in uns, wir wissen nicht wie; denn sie ist die Ausrüstung, die uns Gottes Güte ins Leben mitgegeben hat. Aber wie soll die Wahrheit in unseren Willen kommen anders als durch unser Wollen? Und dies ist die Stelle, an der wir uns selbst verderben. Wir drücken die Wahrheit, die in uns hervorbrechen will, nieder, wehren ihren Einfluß ab und führen inwendig einen Krieg gegen sie, der sie ohnmächtig macht. Wir machen aus ihr ein bloßes Wissen, so daß sie in unseren Gedanken eingesperrt bleibt, ohne daß wir sie tun. Wir winden und drehen uns um sie herum, werfen ihr allerlei Einreden entgegen und decken sie mit unseren Lügen zu. So bleibt sie als ein totes Gut unwirksam in uns liegen. Unser ganzes Bemühen, die Wahrheit loszuwerden, rührt aber nur daher, daß sie uns zur Gerechtigkeit anleitet, uns, denen die Gerechtigkeit widerwärtig und das Unrecht lieb ist (Joh. 3,19). Darum muß sich die Wahrheit in den Winkel verstecken und redet umsonst zu uns. Hieran werden wir schuldig. Unserem Streit gegen die Wahrheit kann Gott nicht anders zusehen als mit Zorn. Ständen wir völlig in der Finsternis, so hätten wir ein gewissen Anrecht an sein Erbarmen. Aber daß uns sein Licht leuchtet und wir es, soweit es möglich ist, auslöschen, das stellt uns unter seinen Zorn.

Das Wort des Apostels zeigt uns, wie wir die Sünden zu messen haben. Ihre Größe und Schwere entsteht nicht erst daran, was durch sie angerichtet wird. Die Frage ist stets die, wieviel Wahrheit in uns vorhanden und wirksam ist. Da, wo viel Wahrheit ist, entstehen die großen Sünden (Luk. 12,48). Daher wird jeder aufrichtige Mensch, je mehr Erkenntnis ihm zuwächst, um so mehr zur Beugung vor Gott und zur Furcht Gottes geleitet. Er sieht, je reicher sein Anteil an der Wahrheit wird, um so deutlicher sein vielfältiges Widerstreben gegen sie und ist dadurch um so mehr genötigt, glaubend Gottes Macht zu suchen, die uns statt des Zorns im Glauben zur Gerechtigkeit verhilft.

1,19-21a: *Denn das, was von Gott erkannt wird, ist bei ihnen sichtbar; denn Gott machte es ihnen sichtbar. Denn was an ihm unsichtbar ist, wird seit der Schöpfung der Welt durch die Werke begriffen und gesehen, nämlich seine ewige Kraft und Gottheit, damit sie ohne Entschuldigung seien* (2,1), *weil sie zwar Gott erkannten, ihn aber nicht als Gott priesen und ihm nicht dankten* (Eph. 4,17 ff.). Kern und Stern der Wahrheit ist die Erkenntnis Gottes. Es läßt sich kein anderes Wissen mit ihr vergleichen. Sie gewinnt, sowie sie uns gegeben ist, die Herrschaft über alle unsere Gedanken als die Wahrheit aller Wahrheiten. Sind wir Menschen unwissend über Gott? Gottes Name ist kein Geheimnis in der Welt. Er ist der allerbekannteste Name, der jedem zu Gehör kommt. Die Kunde von Gott durchdringt die Menschenwelt. Gott selbst hat dafür gesorgt, daß er uns kein unbekanntes Geheimnis ist; denn er hat das, was wir von ihm wissen können und sollen, an die helle Öffentlichkeit gesetzt. Er ist freilich unsichtbar. Aber seine Werke machen ihn sichtbar, seit es Menschen gibt, sowie wir sie aufmerksam mit Nachdenken erwägen. Diese Werke Gottes, die den unsichtbaren Reichtum der Kraft und Herrlichkeit Gottes uns teilweise sichtbar machen (Apg. 17,22-31), finden sich nicht nur im Bau der Natur; sie treten noch nachdrücklicher und bedeutsamer durch Gottes Weltregierung hervor. Da machen bald Taten des Gerichts, bald Taten der Gnade seinen Namen immer wieder offenbar.

Die Erkenntnis, die wir Gott verdanken, lädt uns ein, daß wir Gott als Gott preisen. Wir dürfen nicht ein totes Wissen aus ihr machen, von dem unser Herz und Wille sich nicht bewegen und binden läßt. Zeigt uns Gott etwas von seiner Majestät, so fordert er uns auf, daß wir uns in Anbetung vor ihm beugen. Zum Preise Gottes gehört der Dank; denn Gott zeigt uns nicht nur seine Erhabenheit, sondern sendet uns seine guten und vollkommenen Gaben, und auch diese werben um unser Herz und suchen unseren Dank. Die Gabe will uns empor zum Geber leiten. Sie kommt von ihm zu uns herab, damit sie uns zu ihm erhebe, und unser Aufblick zum Gebenden, mit dem seine Gabe ihr Ziel in uns erreicht, geschieht im Dank.

Aber der Mensch preist Gott nicht als Gott und dankt ihm nicht. Das ist die innerlichste Gestalt unserer Sünde und die Wurzel aller Verdorbenheit. Das heißt die Wahrheit in Ungerechtigkeit darniederhalten. Wir sind nicht gerecht, wenn wir den Genuß der Gabe an uns reißen und den Geber mißachten, nur die Gabe suchen und den Geber nicht; wir sind nicht gerecht, wenn die Größe Gottes uns sichtbar wird und wir uns nicht vor ihm beugen und der Herrlichkeit Gottes die Anbetung verweigern. Wenn wir die Erkenntnis Gottes in uns tragen ohne Anbetung und Dank, so antwortet Gott unserer Gottlosigkeit mit Zorn.

Wo sind nun die Gerechten? Wo sind die, die ihre Erkenntnis Gottes nicht unfruchtbar machen? Sind wir die Anbeter Gottes, die seine ewige Kraft und Gottheit nicht vergebens sehen, sondern durch ihre Erkenntnis zu Gottes Lob getrieben sind? Sind wir die Dankbaren, deren Blick aufwärts zum Geber schaut und nicht nur begierig an der Gabe haftet? Der Vater sucht Anbeter (Joh. 4,23) und findet sie nicht; so sind wir allzumal Sünder. Wollen wir unser Unrecht ermessen, so haben wir auf unser Gebet zu sehen, wie gebetslos wir sind, und auf unseren Dank, wie undankbar wir sind.

Wir können uns nicht verteidigen oder rechtfertigen, eben weil Gott uns seine Größe und Güte sichtbar macht. Dadurch wird aus der Wahrheit und Erkentnis, die uns gegeben ist, eine uns richtende Macht. Wenn uns Gott seine ewige Kraft und Gottheit dennoch nicht verbirgt, sondern seine Werke beständig von ihr zeugen läßt, so tut er es gerade dazu, damit wir keine Entschuldigung haben. Es soll uns jede Ausflucht und Decke genommen sein und keine Zuflucht bleiben als die, die der Glaube hat, der die göttliche Gnade in Jesus ergreift. Alle Entschuldigungen, zu denen wir greifen mögen, sind trügerische Hilfsmittel. Wir werden auf die Frage: Hast du mich nicht gekannt? antworten müssen: Ja, ich kannte dich. Du hast mir deinen Namen offenbar gemacht. Eben dazu ist Gottes Wahrheit eine offenkundige Sache in der Welt. Sie soll uns undankbare, gottlose Menschen schuldig machen, und dadurch dient sie dem Werk der Gnade. Denn das ist die Bedingung aller Hilfe, daß wir, statt uns gegen Gott zu verteidigen, seinem Recht uns völlig untergeben. Wer sich selbst entschuldigt, weiß noch nicht, was Glaube ist.

1,21b-23: *Sie wurden vielmehr in ihren Plänen nichtig, und ihr unverständiges Herz wurde verfinstert. Da sie versicherten, sie seien weise, wurden sie Toren und vertauschten die Herrlichkeit des unvergänglichen Gottes gegen das Abbild der Gestalt des vergänglichen Menschen und der fliegenden und vierfüßigen und kriechenden Tiere.* Mit der Entehrung Gottes und dem Undank gegen ihn begann im Menschen ein unsagbar tiefer Fall. Wie erbärmlich war es nun mit seinen Gedanken bestellt, nachdem sie von der erleuchtenden und weisenden Wahrheit verlassen waren (Eph. 4,17-19; 2. Kor. 4,4)! Alles wurde Traum, Schaum und Geschwätz. Das Herz war finster geworden, und die Narrheit entstand gerade durch die

Einbildung, Weisheit zu besitzen. Und wie tief sank jetzt sein Gottesdienst! Das Menschenbild und Tierbild trat an die Stelle der Herrlichkeit und Wahrheit Gottes, und der Mensch, der Gott die Anbetung verweigert hatte, brachte, weil er das Beten doch nicht lassen konnte, seine Andacht vor das Bild eines Wurms.

Die Strafe folgte solcher Gottlosigkeit auf dem Fuße nach (Gal. 5,19-21). 1,24-27: *Deshalb übergab sie Gott durch die Begierden ihrer Herzen in die Unreinheit, daß ihre Leiber an ihnen geschändet werden, da sie die Wahrheit Gottes gegen die Lüge vertauschten und das Geschöpf verehrten und ihm dienten an Stelle des Schöpfers, der in Ewigkeit gepriesen ist. Amen. Deshalb übergab sie Gott schändenden Leidenschaften. Denn ihre Frauen vertauschten den natürlichen Verkehr an den widernatürlichen; ebenso gaben auch die Männer den natürlichen Verkehr mit der Frau auf und entbrannten in ihrem Verlangen einer nach dem anderen; Männer vollbrachten an Männern das Schändliche und erhielten für ihre Verirrung die notwendige Vergeltung an sich selbst.* Die Unfrömmigkeit setzte sich um in Unsittlichkeit. Mit der Geringschätzung Gottes wich die natürliche Ordnung aus den sinnlichen Trieben; sie entzündeten sich zu bösem Brand. Die Unfrömmigkeit machte dem Menschen nicht viel Sorge, weil sie den natürlichen Bestand seines Wesens noch nicht antastete. Darum hatte ihr Gott einen Begleiter zugeordnet, vor dem es dem Menschen graute; die Zerrüttung seiner Naturtriebe. Wenn Mann mit Mann und Frau mit Frau trieben, woran niemand denken und was niemand sagen darf, so war die Offenbarung des göttlichen Zorns nicht mehr bloß eine Drohung, die erst mit dem künftigen Gericht zur Erfüllung käme; da erlebte der Mensch jetzt, daß er Gott wider sich hatte und von ihm dahingegeben war. Gottes Zorn, hat Paulus gesagt, bleibt nicht verborgen, sondern offenbart sich vom Himmel her. Wo denn? fragt der trotzige Mensch. Wenn ihn der Blick auf seine Sünde ängstigt, denkt er nur an Krankheit, Krieg und Hunger, an schwere Schicksale, die von außen her seine Wünsche vernichten könnten. Paulus dagegen heißt den Menschen sich selbst betrachten; an dem, was er an sich selber sieht, werden die Merkzeichen des göttlichen Zornes offenbar. Er ist von Gott verlassen, weil er Gott verlassen hat.

Warum hat Paulus so offen von der Schamlosigkeit der Menschen geredet? Das gehört mit zu seinem Beruf; denn die Verkehrung der geschlechtlichen Triebe war das Unglück der Völker, unter denen er das Evangelium predigte, der Orientalen wie der Griechen, und sie stand in enger Verbindung mit ihrer Religion. Heillose Unzucht begleitete die Feste und wohnte in den Tempeln. Wie er im persönlichen Verkehr mit den Gemeinden immer wieder von solchen Dingen reden mußte, so hat er es auch in seinen Briefen getan. Darin besteht die Kraft des Evangeliums, daß es volle, helle Wahrheit in das Leben bringt. Da müssen auch diese Dinge an das Licht kommen. Dadurch sterben sie ab. Nicht zur Beschimpfung der Griechen redet Paulus so. Er spricht deutlich und ernst, aber nicht roh. An der Unnatur dieser Dinge kommt sodann das Schreckliche an der Sünde besonders sichtbar an den Tag. Durch diese Laster entehrt der Mensch sich selbst und schändet er seinen Leib. Er untergräbt mit eigener Hand selbstmörderisch die Grundlagen seiner natürlichen Existenz. Seine verirrten Triebe reißen ihn mit tyrannischer Macht fort, obgleich er weiß, daß sie ihm nichts als Elend bereiten. Er hat in der Sünde einen Zwingherrn gefunden und seinen Willen an sie verloren. In diese Not gerät der Mensch durch seine Verachtung Gottes, und Gott läßt ihm dieses Gericht erfahren.

1,28-31: *Und wie sie es nicht schätzten, Gott durch Erkenntnis zu haben, so übergab sie Gott an einen untauglichen Verstand, daß sie tun, was sich nicht gebührt, angefüllt mit aller Ungerechtigkeit, Bosheit, Habgier, Schlechtigkeit, voll von Neid, Mord, Streit, Hinterlist, Übelwollen, ränkevoll, verleumdend, von Gott verabscheut, gewalttätig, hoffärtig, prahlerisch, im Schlechten erfinderisch, den Eltern ungehorsam, unverständig, unverträglich, lieblos, unbarmherzig.* Zur Qual der wild erregten sinnlichen Triebe kommt noch ein ganzes Heer von Bosheit, die den Verkehr der Menschen untereinander durchzieht und in alles ihren giftigen Stachel senkt. Die Menschen werden unbrauchbare, nichtsnutzige Geschöpfe, die einander nur quälen können. Das ist die Strafe, von der ihre Sünde begleitet ist.

Es liegt Paulus daran, die Gerechtigkeit der göttlichen Vergeltung auch im Fall des Menschen zu sehen. Das erste, was der Mensch von Gott erfährt, ist nicht der Zorn, sondern die Güte, die dem Menschen Gottes Herrlichkeit sichtbar macht und seine Gaben verleiht, damit er ihn ehre und ihm danke. Weil aber die Güte verschmäht und mißbraucht wurde, trat der Zorn zu ihr. Er folgte auf die entweihte Güte. Der Mensch mußte nun unter seiner eigenen Bosheit leiden. Er hatte das Licht der Wahrheit verschmäht; so mußte er im Finstern sein und die Lüge haben. Er mochte Gott nicht anbeten; so mußte er Menschen und Tiere anbeten. Er mochte Gott nicht ehren; so mußte er sich selber schänden. Er hatte Gott verworfen; so bekam er nun einen verwerflichen entarteten Verstand. Die Gerechtigkeit der göttlichen Verwerfung bestand darin, daß sie dem Menschen nichts antat, was dieser nicht zuerst Gott angetan hatte. Sie beugte des Menschen eigenes Handeln auf ihn selbst zurück und ließ den Pfeil, den er gegen Gott richtete, auf sein eigenes Haupt zurückfallen. Gott gab den Menschen deshalb preis, weil er zuerst Gott preisgegeben hatte.

1,32: *die zwar Gottes Recht erkannt haben, daß die, die solches betreiben, des Todes wert sind, und doch es nicht nur tun, sondern auch denen zustimmen, die es betreiben.* Das Schwere an unserer Sünde besteht darin, daß wir nicht blind und unwissend sind; wir kennen die göttliche Rechtsordnung, die sie gänzlich verwirft und denen, die sie tun, das Recht an das Leben nimmt. Das macht uns verantwortlich und schuldig. Wir richten alle das Böse unwillkürlich und unbedingt; denn wir alle wissen, daß es kein Existenzrecht hat und nicht geschehen darf; das Leben gehört uns nur dann, wenn wir in der Bahn des Guten bleiben. Daß es immer und überall unter den Menschen Rechtspflege gibt, ist dafür der handgreifliche Beweis. Und dennoch tut der Mensch nicht nur dergleichen, und zwar mit Lust, sondern hat auch seine Freude daran, wenn es andere tun. Er gibt Beifall, lacht, lobt und ermuntert zur Schlechtigkeit. So geht ein tiefer Riß durch unser Leben. Es ist ein unheilbarer Widerspruch in uns. Jetzt hören wir den Menschen für Recht und Gerechtigkeit eifern und über die Bosheit schelten, entrüstet mißt er ihr die Vergeltung zu. Und derselbe Mensch lacht in anderer Stunde mit Vergnügen über einen schlechten Streich und hat für den Übeltäter Bewunderung und für die Nichtswürdigkeit ein lobendes Wort, obgleich ihm die Todeswürdigkeit dieser Dinge innerlich gewiß ist. So ist der Mensch mit sich selbst zerfallen; er hat die Zügel aus der Hand verloren; es fehlt ihm die Gerechtigkeit.

Nun verstehen wir den Eifer des Paulus in der Verkündigung

Jesu schon um vieles besser. Mit so tiefem Ernst betrachtet Paulus die Heidenwelt, die Welt ohne Christus. Ihr Zustand ist in seinen Augen ein unsägliches Elend. Sie ist von Gott verlassen und gerichtet. Und das bitterste an ihrer Lage ist, daß sie ihr Elend fort und fort selbst verschuldet. Der Mensch ist für seinen finsteren Gottesdienst, für seine Laster und Bosheiten verantwortlich. Dies alles liegt als Schild auf ihm. Darum zieht Paulus mit Jesu Wort von Land zu Land. Es gilt die Menschen aufzurichten aus so tiefem Fall, sie zu entlasten von so schwerer Schuld, sie zu befreien von so bitterer Not. Und wenn man ihm zu bedenken gäbe, daß Rom in besonderer Weise eine Ansammlung aller heidnischen Sünden und Laster sei, so kennen wir nun seine Antwort: gerade deshalb strebt er mit dem Evangelium dorthin.

Wenn die römischen Christen von den Bedenken gegen Paulus hörten, daß er mit der Freiheit vom Gesetz und mit der Gerechtigkeit des Glaubens der griechischen Sünde Raum gebe, so wissen sie nun, wie er von der Sünde der Griechen denkt. Sie sehen, daß er sie in ihrer ganzen Furchtbarkeit und Macht vor Augen hat und den Zorn Gottes wohl bedenkt, der in ihr offenbar ist. Sie wissen dadurch, und wir wissen es auch, daß er mit der Verkündigung der Gnade und des Glaubens nicht die leichtfertige Bemäntelung der Sünde, sondern die Erlösung von ihr bewirken will.

Was Paulus hier beschreibt, das war für die meisten seiner Leser das Bild ihrer Vergangenheit. Sie hatten auch statt zur Herrlichkeit Gottes zu Bildern gebetet und waren auch vom Strom der Unreinheit, der durch das heidnische Leben ging, berührt; auch sie hatten links und rechts den Menschen allerlei Bosheit angetan. Warum spricht er mit ihnen über ihre dunkle Vergangenheit? Er hat bereits von der Herrlichkeit des Evangeliums gesprochen; es ist die Kraft Gottes zur Errettung für die Glaubenden; denn Gott schenkt die Gerechtigkeit und mit ihr das Leben durch den Glauben. Warum führt er uns nicht gleich zu Christus hin? Warum heißt er uns statt dessen das Schlimmste bedenken, was unter den Menschen an Gottlosigkeit und Ungerechtigkeit vorhanden ist? Darum, weil uns Paulus zeigen will, *wozu wir gläubig sind,* wohin also der Glaube zielt; denn er redet nicht von irgendwelchem Glauben, sondern von dem Glauben an Jesus, der uns erworben hat, was wir bedürfen (8,32).

Unser Verlangen nach der göttlichen Gerechtigkeit entsteht aber daraus, daß wir die Bosheit und Gefährlichkeit unseres Verhaltens sehen. Bedachte der Grieche, was er vorher war und tat, dann wußte er, was er im Glauben bei Jesus zu suchen hatte, und damit stand die Regel, die fortan sein ganzes christliches Verhalten ordnen muß, in heller Deutlichkeit vor ihm.

Es gab auch einen griechischen Stolz, der das Herz ebensosehr vom Glauben an Christus fernhielt, wie es der Stolz des Juden tat. Ja gerade, weil der Grieche seine Sünde nicht kannte und durch das göttliche Gesetz in seiner Hoffart nicht gestört war, richtete er sich gerne hoch auf im Blick auf das, was an ihm und an seinem Volke tüchtig, schön und edel war. Es ist auch in der Tat viel Herrliches und Großes auf heidnischem Boden erwachsen, zum Beispiel die bürgerliche Ordnung, Wahrhaftigkeit und Hingebung der Römer oder der Drang der Griechen nach Weisheit. Und wir brauchen nicht bloß an solch hervorragende Erscheinungen zu denken. In der Stille verlief auch mancher Lebenslauf unter den heidnischen Völkern sittsam, keusch und gerecht. Das hat Paulus nicht übersehen. Er wird uns bald von den Heiden sprechen, die tun, was das Gesetz fordert, und die Ordnungen Gottes bewahren (2,14.26). Nicht das sagt der Apostel, daß sich irgendein Menschenleben aus lauter Schlechtigkeit und Bosheit zusammensetzt; noch weniger gilt dies vom Leben ganzer Völker. Das Große und Gute, das auf religionslosem Grund in alter oder neuer Zeit hervorgetreten ist, wird durch unser Kapitel nicht geleugnet. Paulus beschreibt ja den Menschen nicht als ein blindes, dummes Geschöpf, das ohne Begabung von oben wäre. Vielmehr weiß jeder um Gott und kennt sein Recht (V. 20 f.). Und der Stufengang und Fortschritt des Fallens, den Paulus beschreibt, ist nicht so aufzufassen, als ob er sich nur einmal zutrüge, so daß auf ein Geschlecht, das Gott kennt und ehrt, ein anderes folgte, das in blindem Wahn falschen Gottesdienst aufrichtet, und sodann ein drittes, das sich im Laster verdirbt; diese Geschichte wiederholt sich vielmehr immer neu in allen ihren Stufen. Ihr Ausgangspunkt ist stets vorhanden, weil Gottes Wahrheit und Güte unablässig und unermüdlich um unsere Ehrfurcht und Dankbarkeit werben. Diese göttliche Grundlage unseres Lebens, die wir uns nicht selbst verschaffen, sondern die Gott uns gegeben hat, ist unzerstörbar. Aus ihr kann fort und fort mancherlei Gutes erwachsen, und Gegenwirkungen gegen das Versinken in der Sünde gehen von ihr aus, die es in den einzelnen oder in ganzen Geschlechtern aufhalten. Aber neben dem Guten, das aus Gottes Wahrheit und Recht erwächst, lebt auch das Böse, und zwar in solcher Macht und Furchtbarkeit, wie Paulus es hier beschreibt. Da gibt es für Stolz und Hoffart keinen Raum. Paulus verlangt vom Griechen, daß er nicht bloß eitel und selbstgefällig auf seine Vorzüge blicke, sondern daß er auch seine Sünde in ihrer verdammlichen und zerstörenden Art sehe, dann wendet er sich dem Glauben zu.

Viel Mißverständnis des Römerbriefes kommt daher, daß wir mit dem Apostel in einer sehr einfachen, aber tiefdringenden Frage nicht einverstanden sind. Wir sagen: „Wenn ich auch nur etwas Gutes an mir finde, so genügt mir das; du mußt mir beweisen, daß gar nichts Gutes an mir ist, sonst glaube ich nicht!" Paulus sagt: „Gutes ist durch Gottes Güte vieles in dir; aber hast du nicht daneben Böses in deinem Leben? Wenn du Böses hast, was willst du machen? Gottes Zorn offenbart sich über *jede* Gottlosigkeit und Ungerechtigkeit. Sieh, dann hilft dir nur eins, daß du dich glaubend an Gottes rettende Macht hältst."

Paulus leitet die römischen Christen zuerst zum aufrichtigen Geständnis ihrer Sünde an. Darin bewährt sich der Glaube zuerst. Ein Römer, der diesen ersten Abschnitt des Briefes hörte und sich unter ihn beugte mit dem Bekenntnis: „Es ist wahr, so habe ich gehandelt, und so stehe ich vor Gott!" – der hat das erlebt, was wir in der Kirche „Buße" nennen. Paulus einigt sie untrennbar mit dem Glauben. Warum? Weit Gott unsere Sünde nicht übersieht. Würde Gott sie übersehen, so dürften auch wir sie übersehen. Aber unsere Sünde steht vor Gott. Sie ist deshalb das wichtigste Ereignis in unserem Leben, weil sie unsere Stellung vor Gott verändert. Sie bewirkt nicht, daß Gottes Liebe aufhört; sie wird aber unserer Sünde wegen anders. Sie wird *Gnade.* Gnade ist diejenige Liebe, die das Hindernis überwunden hat, das unsere Bosheit und Verdammlichkeit der göttlichen Liebe entgegensetzt. Gnade ist die Liebe zu dem, der nicht liebenswürdig, sondern hassenswert und fluchwürdig ist, Gnade ist die Liebe, die ihren Grund im Vergeben hat, die Liebe, die über Gottes heiligem Zürnen schwebt. Die Gnade Gottes hat Christus zu uns gesandt; ihr dient sein Werk. Deshalb ist der Glaube der Anblick der Gnade, wie sie in Christus erwiesen ist. Aber die Gnade sieht man nur dadurch, daß man die Sünde sieht.

Die Gnade ist errettende Liebe, die für uns eintritt und uns bereitet, was uns fehlt. Darum ruht der Glaube auf der Einsicht, daß wir unser Heil und unsere Kraft nicht bei uns selber finden. Wir suchen nicht bei Gott, was wir in uns selbst besitzen. Wie sollten wir nach dem verlangen, was wir schon haben, wie die Hand nach dem erheben, was die Gnade schenkt, wenn wir reich sind durch uns selbst? Wir müssen uns, wenn Glaube in uns entstehen soll, darüber klar werden, ob wir uns selbst genügen und uns auf unser eigenes Handeln verlassen, oder ob wir zu Christus hinzutreten und unser Vertrauen auf ihn gründen wollen. Darum fragt es sich zuerst: Was glauben wir selbst zu haben? Und nur wenn wir uns sagen lassen, daß wir nicht nach dem Willen Gottes handeln, sondern ein böses Lebenswerk vollbringen, ist Raum zum wahrhaftigen Glauben, der die Gnade Gottes ergreift, in uns vorhanden. Zu dieser inneren Entscheidung hilft uns Paulus dadurch, daß er unseren Blick auf die Zerrüttung lenkt, in der der Mensch steht. Wie können wir an uns selber Wohlgefallen haben, da wir mit schlimmem, scharfem Widerspruch in uns selbst zerfallen sind, wenn wir das loben, was wir selbst verurteilen müssen, und an dem uns belustigen, was wir als den Weg zum Tod erkennen? Wie können wir die Hilfe bei uns selber suchen, da wir durch den gerechten Zorn Gottes in die Sünde als in den Kerker, der uns gefangenhält, hineingebunden sind? Unsere Ungerechtigkeit wird nur dadurch zurechtgebracht, daß Gott uns Gerechtigkeit bereitet. Nachdem wir von Gott dahingegeben sind, wird dies nur dadurch geändert, daß wir durch denselben Gott herbeigerufen und aufgenommen werden. Gegen den Zorn Gottes hilft nur die Gnade Gottes, und die Antwort, mit der wir der Gnade entsprechen, besteht darin, daß ihr Anblick unser Herz ergreift. Und das heißt glauben.

Mit der Erkenntnis, daß uns irgendwelche Hilfe wünschbar und nötig ist, ist es noch nicht getan; es gilt einzusehen, wozu die Hilfe angeboten ist. Der Mensch erwartet gern allerlei Gaben von Gott; aber deshalb schließt er sich noch nicht gläubig an Christus an. Vielmehr, wenn das, was ich von Gott begehre, nicht in Einklang steht mit dem, was Christus mir geben will, entsteht der Glaube in mir nicht. Dieser erwächst daraus, daß ich das bei Christus finde, wonach ich mich mit allen Kräften meiner Seele ausstrecke, weil ich erkenne, daß ich es bedarf. Nun offenbart sich in ihm Gottes Gerechtigkeit. Darum kommt der Mensch dadurch zum Glauben, daß sein Verlangen auf die Gerechtigkeit gerichtet wird. Zu diesem Zweck, um uns die Ungerechtigkeit unleidlich und die Gerechtigkeit zum Ziel unseres Sehnens und Verlangens zu machen, hält uns Paulus die Zerrüttung des Menschen vor. Wir sollen fragen lernen: Wer bringt die Wahrheit zum Sieg in mir? Wer macht mir Gott so groß, daß ich ihn anbete, und seine Güte so herrlich, daß ich ihm danke? Wer löscht jene Lust an der Schlechtigkeit in mir, durch die mir die Bosheit ergötzlich ist? Wer einigt mich mit Gottes Recht, mit dem ich in Zwiespalt bin? Ja, wer kann das Rätsel lösen, das kein Mensch zu lösen vermag, wie ich eins werde mit Gottes Recht, das der Sünde den Tod zuspricht, und doch bewahrt werde vor dem Tod, der mich zerstört? Wenn solches Fragen und Begehren in uns wachgeworden ist, findet es bei Christus die Antwort, und daraus kommt der Glaube an ihn.

Endlich zeigt uns schon der Verlauf der Sünde, daß uns in der Tat der Glaube zur Gerechtigkeit wird. Der Weg in die Verdorbenheit beginnt damit, daß wir Gott nicht achten und seine Gaben mit Undank an uns ziehen. Nun erscheint in Christus über dem Zorn neu die Freundlichkeit Gottes und ruft uns zu sich. So stehen wir aufs neue vor der Frage, ob wir Gott ehren und danken wollen. Wenden wir uns ungläubig ab, so verweigern wir Gott wiederum die Anerkennung und den Preis und danken ihm wiederum für seine Gabe nicht. Der Glaube dagegen preist Gott in der Herrlichkeit seiner Erbarmung, nimmt seine Gabe willig hin und sagt ihm Dank. Darum ist er unsere Heilung und Wiederherstellung; denn er greift die Sündigkeit an der Wurzel an und hebt sie auf. Und wie Gott in seinem Zorn aus dem Undank alle Bosheit und Verlorenheit erwachsen ließ, so läßt nun Gott in seiner Gnade mit lebendiger Macht aus dem Glauben Gerechtigkeit und Leben für uns erstehen.

Die falsche Entschuldigung

(2,1-11)

Wir können auch beim Anblick der Sünde anderer unbußfertig und hart bleiben (Matth. 7,1 f.; Jak. 4,11; Luk. 18,9 ff.). Diese Gefahr hat uns Jesus am Gleichnis vom Pharisäer und Zöllner gezeigt: Sowie der Pharisäer des Zöllners ansichtig wird, beschaut er auf seiner frommen Höhe wohlgefällig sich selbst; wir aber ahmen, sooft wir jenes Gleichnis hören, den Pharisäer schleunig nach und sprechen in unserem Herzen: Ich danke dir, daß ich nicht wie dieser Pharisäer bin. Der Anblick fremder Sünde verleitet uns, den Sitz des Richters einzunehmen; damit ist aber jede heilsame Furcht, die er für uns haben könnte, zerstört. Nun beugt uns die Sünde nicht mehr. Wir fühlen uns in unserem Richten erhoben und geschmeichelt. Wir erhöhen uns selbst dadurch, daß wir die anderen in ihrer Niederträchtigkeit unter uns stellen, und machen uns aus ihrer Verdammung eine Ehre und Rechtfertigung. Paulus weiß, was in den Herzen vorgeht, wenn man von den Sünden der Menschen spricht, wie dann die Rede laut wird: „Ja, so sind die Menschen, so schlecht, so nichtswürdig, so verdammlich! Gottes Gericht über sie ist gerecht." Dazu war besonders der Jude geneigt. Die heidnischen Sünden erfüllten ihn mit lebhafter Befriedigung. Er dachte an seinen großen Unterschied von den Heiden und freute sich, daß ihm das Gesetz gegeben sei und ihn vor Götzendienst und Lasterhaftigkeit bewahre. Darum hatte er für den Heiden nichts als ein verdammendes Wort. Damit, sagt Paulus, nimmst du dir selbst jede Rechtfertigung; denn das Urteil, das du gegen den anderen aussprichst, verdammt dich selbst.

2,1: *Deshalb bist du ohne Entschuldigung, o Mensch, wer immer du bist, der du richtest. Denn indem du den anderen richtest, verurteilst du dich selbst; denn du, der du richtest, betreibst dasselbe.* Die Verwerflichkeit der Sünde entsteht daraus, daß der Mensch die Wahrheit erkennt und sie dennoch in sich unterdrückt. Darum ist gerade das richterliche Urteil, das wir auf andere legen, auch der Beweis für unsere eigene Schuld. Weil wir Gottes Recht kennen, darum können wir andere nach ihm richten; da wir es aber gleichzeitig übertreten, so nimmt das Urteil, mit dem wir die anderen beschämen und verwerfen, uns selbst die Rechtfertigung. Weil wir, wenn wir richten, gegen die Sünde protestieren, uns von den Sündern scheiden und mit Gottes Gesetz einigen, kommen wir uns im Richten überaus tugendhaft vor. Aber diese Einigung mit Gottes Gebot geht nur in unseren Gedanken vor sich, nicht auch in unserem Tun, nur wenn es andere trifft, nicht auch, wenn wir selbst von ihm getroffen werden. So fallen auch wir wieder unter das Urteil, daß wir „die Wahrheit durch Unrecht unterdrücken" (1,18). Wir kennen die heilige Unverletzlichkeit des göttlichen Gebots und machen es gegen die anderen geltend; uns selbst aber binden wir von ihm los und machen es für uns ungültig. Darum scheidet uns unser Richten von den Sündern nicht; es stellt uns vielmehr neben sie; es beweist, daß wir uns mit Wissen und Willen an Gottes Recht vergreifen. Unser eigener Mund zeugt gegen uns und nötigt uns, vor Gott zu verstummen und uns ohne Widerspruch seinem Urteil zu ergeben.

Mit großer Zuversicht sagt Paulus jedem, der richtet: „Du tust dasselbe!" Er ist ähnlich verfahren wie Nathan in seiner Bußpredigt an David (2. Sam. 12). Wie dieser zuerst das Bild des rohen Reichen hinstellte und dann den Vorhang wegzog, damit David darin sein eigenes Bild erkenne, so hat Paulus zuerst die Macht und Schuld der menschlichen Verderbnis am Heiden dargestellt, wo sie jedermann erkennbar ist. An ihm tritt die Sünde ohne Hemmung ans Licht und wird in ihrem bösen Wesen und ihren bitteren Folgen ohne Hülle offenbar. In der Judenschaft, in der das Gesetz regiert, und in der Christenheit, in der man den Glauben, auch wenn man ihn selbst nicht hat, doch wenigstens nachahmt, muß die Sünde sich verbergen. Der Jude gab Gott mit dem Mund die Ehre; Tier- und Menschenbilder betete er nicht an. Auch hütete er sich vor Schande und Missetat. Solche Unterschiede zwischen den Menschen schätzt Paulus nicht gering; aber er hält uns an, nicht bloß den Unterschied zu sehen, der uns von den anderen Menschen trennt, sondern auch die Gleichheit, in der wir mit ihnen stehen. In jedem Menschenleben gibt es dunkle Stellen. Keiner entrinnt der Sünde. Die moralische Bildung, die wir uns mit dem Gesetz verschaffen, legt sich doch nur als verbergende Hülle um unsere Sünde herum. Diesen Vorhang zieht Paulus weg; er hält uns die durch unseren eigenen Spruch gerichtete Sünde als unser eigenes Bild entgegen und beugt uns dadurch ohne Ausflucht unter Gottes Recht. Gerade wenn wir uns auf das Richten der anderen verlegen, beweisen wir, daß wir am Gesetz Gottes unredlich handeln. Hätten wir uns wahrhaft darunter gestellt, so wäre uns das Gesetz eine schwere Sache geworden. Dann wüßten wir, daß sein Urteil sich gegen uns selbst kehrt; wir würden es nicht auf andere werfen. Dann hätten wir zugleich erkannt, daß das Grundgebot des Gesetzes und seine Vollendung des Gesetzes die Barmherzigkeit ist.

Es gibt einen Verzicht auf das Richten, der sündig ist, weil er nicht nur das Gericht, sondern auch das Gebot zur Erde fallen läßt und sich, so gut es geht, in alles findet, auch in das Schlechte und Verwerfliche. So wird die Heiligkeit des Gesetzes verleugnet. Der Richtende will im Gegensatz hiezu das Gesetz ehren und es gegen die verteidigen, die es brechen. Aber er ehrt es nicht in der rechten Weise, weil er selbst es nicht tut, sondern bloß die anderen richtet und nicht sich selbst. Paulus kennt noch einen dritten Weg, und dieser allein ist rein und gerecht. Das Gesetz bleibt heilig; das Gebot bindet; das Gute wird geehrt in seiner unverletzlichen Majestät; das Böse wird in seiner Verwerflichkeit anerkannt. Aber das Gericht reißt der Mensch nicht an sich selbst; er kann es nicht, weil er selbst unter ihm steht. Er übergibt darum das Gericht dem, der allein das Recht so verwaltet, daß es zugleich die Herrlichkeit seiner Gnade offenbart.

Wie vollständig hat Paulus den Pharisäismus ausgezogen! Dieser konnte sich gar keine Heiligkeit denken ohne Gericht über die Heiden, Zöllner und Sünder. Darum war ihm auch Jesu Frömmigkeit verdächtig, weil er ein Freund der Zöllner war. Je mehr der Pharisäer sich bemühte, heilig zu sein, um so ängstlicher mied er die, die ihm als Sünder galten, und um so eifriger verdammte er sie. Nun beweist ihm Paulus gerade dadurch, daß seine Heiligkeit null und nichtig ist. Seit Paulus dem Gesetz Gottes wahrhaft untertan geworden ist, tritt er nicht mehr von den Sündern weg, sondern zu ihnen hinzu als einer, der dasselbe tat. Das ist der Unterschied zwischen ihm und seinen einstigen Genossen im Judentum: Diese richten die Heiden; er richtet nicht mehr. Er kennt deren Sünde besser als sie; aber soll er vergessen, daß er sich selbst nicht weniger versündigt hat? Aus dem Blick auf die gemeinsame Sünde gibt es für ihn nur eine richtige Folgerung: daß er sich mit den Heiden unter das Urteil

Gottes beugt und mit ihnen an den glaubt, bei dem für alle die Gerechtigkeit zu finden ist.

Diese Wandlung hat große Wichtigkeit; denn dadurch gab es in der Welt Raum für die Wahrhaftigkeit. Vorher war das ganze Leben von Lügen ohne Zahl durchsetzt. Keiner wollte unrecht haben, keiner schuldig sein. Jeder war fromm, gut und gerecht. Paulus bricht der Wahrheit Bahn und leitet den Sünder aus den Lügen hinaus zum Geständnis, daß er gesündigt hat. Mit der Wahrheit kann sich nun auch die Liebe regen. Wenn wir richten, treiben wir die Menschen von uns weg; Paulus dagegen hat den Weg zu den Sündern gefunden und vermag sich zu ihnen zu stellen als einer, der unter dem gleichen Urteil steht und die gleiche Gnade bedarf wie sie. Und das alles geschieht, ohne daß die Schärfe des göttlichen Urteils irgendwelchen Schaden leidet. Der Gegensatz von gut und böse wird nicht abgeschwächt. Im Gegenteil, Paulus tritt gerade darum auf diesen Weg, weil er das Gebot und Gericht ganz bejaht, ganz, also auch für sich selbst.

Paulus hat uns gezeigt, daß ihn die Sünde der Heiden bewegt, ihnen ohne Ermüdung und Furcht das Evangelium zu bringen. Das verstehen wir niemals, solange der Anblick der Sünde nur den Erfolg bei uns hat, daß wir die Menschheit richten. Aber wir verstehen so nicht bloß den Eifer des Apostels, sondern überhaupt das Evangelium nicht. Gottes Eifer verstehen wir nicht, uns zu helfen. Wir wissen noch nicht, was Gnade ist, und darum auch noch nicht, was Glaube ist. Paulus hat uns aber die Macht der Sünde dazu beschrieben, damit wir gläubig werden. Dieses Ziel wird nur dann erreicht, wenn der Einblick in die Sünde unsere Hoffnung von uns selbst wegtreibt, so daß wir erkennen, daß wir allein auf Gott geworfen sind. Wer richtet, schaut dagegen mit Wohlgefallen auf sich selbst und dünkt sich gerechtfertigt, weil er ja das Böse verdamme. Darum ist das Richten das Gegenteil des Glaubens und seine Verhinderung, ebenso wie es das Gegenteil und die Verhinderung der Buße ist.

Dem Richten des Menschen setzt Paulus das Urteil Gottes entgegen. 2,2: *Wir wissen aber, daß das Urteil Gottes nach der Wahrheit über die ergeht, die solches betreiben.* Sowie uns der Name Gottes irgendwie ergriffen hat und seine Kenntnis in unserer Seele lebt, wissen wir, daß Gottes Urteil mit der Wahrheit völlig eins ist. Darum steht es als das eine und selbe über allen und fragt lediglich nach dem, was jeder tut. Gott hat keine Günstlinge, denen zulieb er das Auge schlösse. Es gibt kein Mittel, durch das man ihm böses Treiben angenehm oder auch nur erträglich machen könnte. Kein Wissen, kein Reden, kein Selbstlob, kein Richten anderer, nichts, was der Mensch als Schein und Hülle um sein böses Handeln legt, nichts kann ihn vor Gottes Urteil schützen. Gottes Gesetz fordert das Werk, und sein Urteil trifft die Tat.

2,3: *Rechnest du aber darauf, o Mensch, der du die richtest, die solches betreiben, und es tust, daß du dem Urteil Gottes entrinnen werdest?* Die Ausflüchte, mit denen wir dem Urteil Gottes zu entrinnen und unseren Ruhm zu erhalten suchen, sind leichtsinnig. Wir hoffen: Es werde sich schon ein Ausweg für uns finden; andere möge Gottes Urteil treffen; uns werde es nicht so schlimm ergehen. So mag ein Mensch sich selbst im gleichen Augenblick trösten, in dem er gegen andere hart und zornig als Vertreter des göttlichen Rechts den Richter spielt! Als stände dem Gericht Gottes nicht dessen Allmacht zu Gebot, der keiner entrinnt; als gälte hier nicht das Psalmwort: „Wo soll ich hinfliehen vor deinem Geist?" (Ps. 139,7). Daß wir im stillen die Hoffnung hegen, Gott werde uns zum Vorteil sich ungerecht erfinden lassen, er werde für unsere Bosheit blind sein und uns zuliebe Wahrhaftigkeit und Gerechtigkeit vergessen, das ist der schlimme Hintergrund bei solch scheinbarem Eifer für Gottes Recht. Damit entehren wir Gott.

Einer Widerlegung bedarf die Hoffnung: „Mir wird es gelingen, zu entrinnen!" nicht; sie ist sofort in ihrer Torheit offenbar. Aber wir haben noch eine andere Ausflucht zur Hand. 2,4.5: *Oder verachtest du den Reichtum seiner Güte, Geduld und Langmut und weißt nicht, daß dich Gottes Güte zur Buße führt? Nach deiner Härte und deinem unbußfertigen Herzen sammelst du dir aber einen Schatz von Zorn am Tag des Zorns und der Offenbarung des Urteils Gottes, das Gerechtigkeit wirkt.* Der Mensch hält sich für sicher, weil Gottes Güte ihm trotz seiner Bosheit viel Gelingen und Gedeihen gibt und seine Geduld viel Böses mit ansieht, ohne ihm zu wehren, und seine Langmut die Vergeltung hinausschiebt und ihm immer wieder Frist gewährt (9,22). Das menschliche Leben ist nicht bloß von Gottes Zorn durchwaltet; Gottes Weltregierung wird zugleich, ja überwiegend durch seine Güte und Geduld bestimmt. Aber ihr Ziel und Werk ist, daß sie das Herz des Menschen vom Bösen ab zu Gott hin wende. Kein Mensch kann sich im Ernst eine Güte denken, die ihn in der Schlechtigkeit bleiben ließe, die nicht darauf hinarbeitete, ihm vom Bösen los und gut zu machen. Wenn wir darum die Güte Gottes als Erlaubnis zur Sünde deuten und von Gottes Geduld und Langmut Pflege und Schutz für unsere Bosheit erwarten, so wandelt sich unser Vertrauen auf Gottes Güte in ihre Verachtung um. Wir verschmähen ja das, was uns die Güte Gottes geben will. Dazu braucht es einen harten Sinn und ein Herz, das seine böse Art zäh festhält und nicht fahren lassen will. Dem werden wir es aber zu verdanken haben, daß wir Gott noch anders erleben werden als nur nach seiner Güte und Geduld. Denn Gott wird sich als den offenbaren, der das Recht vollstreckt. Jetzt ist es unter der göttlichen Güte und Geduld verborgen. Wir erfahren es noch nicht handgreiflich in unserem Geschick, daß Gott das richterliche Amt in fehlloser Gerechtigkeit an allen übt und mit seinem Urteil jeden zumißt, was ihm gebührt. Aber es wird sich zeigen, daß Gott das Recht verwaltet und dabei von der Wahrheit allein geleitet ist; dann werden wir finden, daß aus der entweihten und mißbrauchten Güte Zorn geworden ist, ein Schatz des Zorns, den wir selbst uns dadurch angesammelt haben, daß wir den Reichtum seiner Güte mit unserem harten Sinn vergebens empfangen und zur Mehrung unserer Sünde ausgenützt haben.

Denn über allen Selbsttäuschungen und Einbildungen der Menschen steht Gottes gerechte Regel in heiliger Unwandelbarkeit. 2,6-11 *der jedem nach seinen Werken vergelten wird* (Matth. 16,27; Ps. 62,12; 2. Kor. 5,10; 1. Petr. 1,17). *Denen, die mit Standhaftigkeit im guten Werk Herrlichkeit und Ehre und Unvergänglichkeit suchen, ewiges Leben! Denen aber, die es aus Lohnsucht tun und der Wahrheit widerstreben, der Ungerechtigkeit dagegen gehorchen* (2. Thess. 2,12), *Zorn und Grimm! Not und Drangsal über jede Seele eines Menschen, der das Böse vollbringt, zuerst des Juden und auch des Griechen* (1,16). *Herrlichkeit aber und Ehre und Friede für jeden, der das Gute wirkt, zuerst für den Juden und auch für den Griechen. Denn es gibt bei Gott keine parteiische Gunst* (Apg.

10,34 f.; Gal. 2,6; Eph. 6,9). Fromm wird der Mensch zunächst im Blick auf die herrlichen Güter, die uns der Dienst Gottes verschaffen wird: Preis und Ehre und Unvergänglichkeit. Darum war Israel so eifrig in seinem Gesetzesdienst. Es fragte wie der reiche Jüngling: „Was muß ich tun, daß ich das ewige Leben ererbe?" (Matth. 19,16) und streckte sich aus nach der Herrlichkeit und Ehre bei Gott. Auch unter den Griechen begehrten die, die sich in besonderer Weise mit der Religion beschäftigten, die Befreiung von dem, was uns schändet und vernichtet; sie suchten eine selige Unsterblichkeit. Dieses Streben ist richtig und gut, wenn es nur den Weg nicht verfehlt, der zum Ziel bringt. Der Weg dazu ist Geduld im guten Werk: im Werk, so daß wir nicht nur mit Worten vor Gott prunken und uns an leerem Schein genügen lassen – im guten Werk, das wirklich in der Regel Gottes bleibt und sich nicht in selbsterwähltem Gottesdienst gefällt –, in geduldiger Beharrung bei ihm, die sich nicht bloß mit einem Vorsatz oder Anlauf zufriedengibt und dazwischen wieder der Sünde dient. Wer so die Ehre und Herrlichkeit vor Gott sucht, der wird sie finden; dem gibt Gott ewiges Leben.

Was soll er aber mit denen machen, die fort und fort die Lust am guten Werk verlieren, weil Gott es ihnen nicht alsbald lohnt, die ungeduldig, herrisch und aufgeblasen nach seinen Gütern greifen, ihre Person vor ihm groß und wichtig machen, nichts als Ansprüche an ihn stellen und ungerechte Gunst für sich verlangen; mit denen, für die die Wahrheit umsonst vorhanden ist, weil sie ihr mit ihren Lügen und Einbildungen beständig widersprechen? Und doch sind sie bei anderer Gelegenheit so weich, nachgiebig und willfährig und verstehen es so gut, sich zu fügen und zu gehorchen, dann nämlich, wenn ein Unrecht sie lockt. Wer für die Wahrheit ein verschlossenes Ohr, wohl aber ein offenes, folgsames Ohr für jeden ungerechten Wunsch hat, der findet bei allem Pochen auf seine Frömmigkeit bei Gott nicht Preis und Ehre, sondern Ungnade und Zorn. Darauf spricht Paulus das göttliche Grundgesetz noch einmal in seiner einfachsten Gestalt aus: Ob wir das Böse vollbringen oder das Gute wirken, darauf kommt es vor Gott an, für alle, für Juden wie Griechen.

Der Vorrang des Juden bezieht sich nicht bloß auf Gottes Gabe, sondern genau ebenso auf Gottes Gericht. Zorn und Gnade suchen gleicherweise den Juden zuerst, weil ihm das göttliche Wort mit seinem Gebot und seiner Verheißung zuerst gegeben ist. Darum werden dem Juden seine bösen Werke zuerst und zumeist Elend und Jammer bringen; wiederum darf er dessen zuerst und zumeist gewiß sein, daß Gott sein redliches, geduldiges Werk mit Herrlichkeit und Frieden lohnen wird. Dieselbe göttliche Gerechtigkeit umfaßt aber auch den Heiden; auch ihm gilt die Regel Gottes.

Denn Gott ist gegen alle derselbe in vollkommener Unparteilichkeit. Vor ihm bestehen keine willkürlichen Unterschiede. Es mag uns schwer werden, gelten zu lassen, daß dasselbe Urteil Gottes, das wir gegen die anderen kehren, auch auf uns selber liegt und daß dieselbe Gnade Gottes, die wir für uns selbst hoffen, auch den anderen gilt; dennoch müssen wir uns sagen, daß alle Rechnungen auf Gottes Parteilichkeit fehlschlagen und jede Hoffnung, die göttliche Regel leide Ausnahmen und lasse sich biegen, trüglich ist. Weil Gott sich selbst nicht verleugnet, behandelt er uns nach demselben Recht.

Das ist kein Widerspruch zur Glaubenspredigt; im Gegenteil: *hier zeigt uns Paulus, wie man gläubig wird.* Weil sein Wort zur Buße leitet, führt es auch zum Glauben. Wir müssen anerkennen: Gott hat uns zum guten Werk berufen; es gibt nichts in der weiten Welt, was uns als Ersatz für das Tun des Guten dienen könnte; wir haben bei bösen Werken keine Ansprüche an Gott und wir erhalten Gottes Gunst und Gnade auf keine Weise und durch kein Mittel, wenn wir das Böse tun. Solange wir denken: „Gutes tun mag ich nicht, ich will sündigen", solange ist kein Glaube in uns, und die Zuversicht, die wir uns dennoch einbilden, ist lügenhaft. Wozu wenden wir uns denn glaubend an Gott? Weil wir gerne das Gute und nur das Gute täten unser Leben lang und darüber Leid tragen, daß wir es nicht können. Zwischen denen, die dem Gesetz dienen, und denen, die im Glauben stehen, macht nicht das den Unterschied, daß jene rechtschaffen handeln wollen, diese aber nicht. Wer glaubt, begehrt das gute Werk mit ganzem Herzen. Aber er sucht es nicht bei sich selbst, sondern er sucht und findet es bei Gott, und das erste und Wichtigste, was er hierbei bedarf und bekommt, ist, daß er im Anblick der göttlichen Gnade Gott glauben lernt.

Es wäre sehr töricht, wenn es uns scheinen wollte, der Apostel rede ja hier wie ein Jude; der Jude sage, Gott werde jedem nach seinen Werken vergelten und denen, die das Gute wirken, ewiges Leben geben. Nein! Kein Jude und kein Heide, niemand als allein die an Christus Glaubenden haben gesagt, daß Gott durch nichts zu ungerechter Gunst zu verlocken sei. Vor einem solchen Wort erschrak jeder Pharisäer damals und heute noch; sie alle haben immer dagegen protestiert. Der Pharisäer sprach freilich viel vom Werk. Das hat er aus Gottes Gesetz gelernt. Aber er war nicht willens, auf Gottes Parteilichkeit zu seinen Gunsten zu verzichten. Wozu war er denn Abrahams Same? Worin sollte denn der Vorzug des Juden bestehen? Wozu haftete er denn und hielt den Sabbat in aller Pünktlichkeit, wenn er sich damit nicht trotz seiner Bosheit Gottes Gunst erwarb? Um die heilige Reinheit der göttlichen Gerechtigkeit unverfälscht im Herzen zu tragen, muß man einen anderen Stützpunkt haben als das fromme Wollen und Bemühen des eigenen Herzens. Das vermag nur der, der durch Christus mit Gott Frieden hat. Durch Gottes Gnade, wie wir sie im Christus haben, lernen wir auf alle schlechten Mittel verzichten, durch die wir Gott für uns gewinnen möchten, und zu seiner fleckenlosen Gerechtigkeit aufzusehen, von Hoffart wie von Verzagtheit frei. Es verhält sich auch nicht so, daß der Glaube dadurch schwer würde. Wer könnte in Wahrheit sein Herz Gott ergeben, wenn es nicht die gewisseste aller Gewißheiten wäre, daß mit Lüge und Trug niemand sich Gottes Gnade erlisten wird? Die unwandelbare, gegen alle gleiche Gerechtigkeit Gottes ist das Fundament aller Furcht und Liebe Gottes. Wer sie leugnet, schneidet dem Glauben die Wurzel ab.

Es gibt so manche durch eine unreine Glaubenspredigt Geärgerte unter uns. Wenn sie doch den Apostel selbst hören wollten! Er bereitet ihnen den Anstoß nicht, den ein träger Glaube immer bereiten wird. Allerdings ist die Lehre weit verbreitet, daß Gott an die Stelle der guten Werke den Glauben als den leichteren, bequemeren Weg zur Rechtfertigung gesetzt habe. Diese Lehre ist aus der Lust am Sündigen geboren und hat mit Paulus nichts gemein. Paulus sagt uns hier mit letztem Ernst, daß nichts an die Stelle der rechtschaffenen Tat zu treten vermag. Der Glaube ist nicht dazu da, um uns vom Handeln zu entbinden. Der Glaube selbst ist freilich kein Werk, am wenigsten ein Menschenwerk, sondern im Glauben erfahren und erfassen wir Gottes Werk. Gottes Werk aber hat mit unserem trägen, bösen Willen nichts gemein, sondern treibt ihn aus (14,10-12; 1. Kor. 6,9.10). An diesen Worten des Apostels mag sich unser Glaube prüfen, ob er lauter ist, ob er den wahrhaftigen Gott vor Augen hat oder ein Götzenbild. Wer innerlich gegen diese Worte des Apostels protestieren muß, der erwäge, ob sein Glaube nicht tot, ob er nicht Selbstbetrug sei.

Worin die Juden und Heiden einander gleich sind

(2,12-16)

Gott macht keinen bösen Unterschied zwischen den Menschen. Nun hat aber doch Gott den Unterschied zwischen den Juden und den Heiden gemacht. Kann dennoch dieselbe Regel Gottes beiden gelten? Der Unterschied kam daher, daß nur dem Juden das Gesetz gegeben war. Dem Juden schien diese Verschiedenheit unendlich wichtig. Die Frömmigkeit, die er sich durch seinen Fleiß und Eifer am Gesetz erwarb, erschien ihm als sein herrlicher Reichtum und seine Krone und Ehre vor Gott. Das alles fehlte den Heiden. Paulus prüft nun diesen Unterschied, was er wohl vor Gott bedeuten mag.

2,12: *Denn alle, die gesetzlos sündigten, werden auch gesetzlos, und alle, die innerhalb des Gesetzes sündigten, werden durch das Gesetz gerichtet werden.* Allerdings besitzen die Heiden das Gesetz nicht, und die Juden besitzen es. Das wäre aber nur dann ein heilsamer Unterschied, wenn sich der Jude durch das Gesetz am Sündigen hindern ließe. Hast du, Jude, dich nicht versündigt? Das ist die Frage, auf die Paulus alles stellt. Die Sünde zieht in das Verderben hinab, gleichviel, ob der Mensch das Gesetz besaß oder nicht. War es ihm nicht gegeben, so daß er ohne Kenntnis des göttlichen Gesetzes sündigte, so wird seine Sünde dadurch nicht unschuldig, erlaubt und straffrei, sondern sie wird ihm den Tod bereiten. Gerade daran wird er sterben, daß er in seinem gesetzlosen Zustand das Verwerfliche tut, da er den Weg zu Gottes Willen nicht findet, sondern von Gott geschieden und vom Gesetz los seinen eigenen Willen tut. Dieses Wort des Apostels hat jeder Jude eifrig bestätigt: Der

Heide, der sich Gottes Gesetz nicht untergibt und den Gottesdienst, den es anordnet, nicht übt, sondern in der Blindheit seiner Gedanken dahinlebt und allen bösen Trieben seiner Seele folgt, muß untergehen, weil er Gott nicht gefallen kann. Aber wie wird es dem gehen, der im Gesetz stand und sich an ihm versündigte? Der Besitz des Gesetzes macht doch seine Sünde nicht unschuldig, als wäre er dazu über Gottes guten Willen unterrichtet worden, daß er unbekümmert sündigen könnte; vielmehr wird der Sünde durch das Gesetz das Urteil gesprochen werden. Also führt sie uns alle immer und notwendig zum selben verderblichen Ziel.

2,13: *Denn nicht die Hörer des Gesetzes sind vor Gott gerecht, sondern die Täter des Gesetzes werden gerechtgesprochen werden.* Wenn es genug wäre, das Gesetz nur zu hören, dann hätten die Juden allerdings vor den Heiden einen wesentlichen Gewinn voraus und könnten sich selig preisen. Denn Hörer des Gesetzes waren sie alle mit großem Eifer. Aber ist denn das Gesetz nur zum Hören und Studieren da? Das Gesetz will Täter haben; nur diesen gibt es den Preis der Gerechtigkeit. Diese göttliche Regel gilt wieder einheitlich für den Heiden und den Juden. Auch am Heiden kann der Jude sehen, daß nur der Täter der rechte Diener des Gesetzes ist und das Gesetz so benützt, wie es benützt werden muß. 2,14-16: *Denn wenn Heiden, die nicht das Gesetz haben, von Natur das tun, was das Gesetz sagt, so sind diese, da sie das Gesetz nicht haben, sich selber das Gesetz, da sie das Werk des Gesetzes als in ihre Herzen geschrieben erweisen, da ihr eigenes Gewissen zustimmend Zeugnis gibt und im Verkehr miteinander die Gedanken Anklage erheben oder auch die Verteidigung führen, an dem Tag, an dem Gott das Verborgene der Menschen nach meiner guten Botschaft durch Christus Jesus richten wird* (16,25; 1. Kor. 4,5). Der Mensch kann sich selbst das Gesetz sein, weil er sich selbst vorhalten kann, was das Gesetz Israel vorgehalten hat. Er kann sich den guten Willen Gottes einschärfen, das Böse sich verbieten, seine Fluchwürdigkeit sich klar machen. Den Unterricht, den das Gesetz Israel erteilt hat, kann ein Mensch teilweise sich selber geben. Daher kommt es, daß auch der Heide, ohne das Gesetz empfangen zu haben, von Natur aus der ihm innerlich gegenwärtigen Wahrheit Gottes heraus tun kann, was das Gesetz verlangt. Wie könnte er es tun, wenn er nicht imstand wäre, sich das Gute zur Pflicht zu machen und sich mit innerlich bindender Macht das Böse zu verbieten? Darauf, daß auch der Heide bei sich selbst im inneren Zwiegespräch der Seele das Amt des Gesetzes verwalten kann, beruht seine Verantwortlichkeit. Deshalb gilt es auch von seiner Sünde, daß sie ins Verderben führt. Aber nur dann, wenn er das Gesetz tut, ist er für sich selbst zum Gesetz geworden. Sündigt er, so hat er es unterlassen, das Amt des Gesetzes an sich zu üben. Dann hat er sich selbst den Zügel freigelassen, sich das Gute nicht auferlegt und das Böse nicht von sich abgewehrt. Niemand wird sagen, der Heide sei sich selber zum Gesetz geworden, wenn er das Gute und Gottes Wohlgefällige bloß kennt und darüber spricht. So ließe er ja seinen schlechten Willen ungebunden und stieße die Grenze zwischen dem Guten und dem Bösen um. Genau ebenso ist aber auch bei den Juden nicht schon der Hörer, sondern der Täter des Gesetzes der Gerechtfertigte. Gott verhält sich gegen Juden und Heiden gleich und hat beide derselben Regel unterstellt.

Sich selbst zum Gesetz wird der Mensch nicht in eigener Macht, etwa schon deshalb, weil er ein Gewissen hat; dazu kommt er nur dadurch, daß Gott ihm das Werk des Gesetzes in sein Herz hineinschreibt. Dort, im Herzen, muß es auch der Jude haben und nicht nur im Buch und Ohr und Mund. Gottes Schrift gibt uns aber das Werk, nicht nur Gedanken und Wünsche und Worte, und zwar das Werk des Gesetzes, auch da, wo die Unterweisung durch die Schrift fehlt; es ist dasjenige Werk, das sein Gesetz als gerecht und gut beschreibt und verlangt. Wenn Gottes Finger unser Herz berührt und dahinein seinen Willen schreibt, entsteht etwas anderes als fromme Worte; dann wird der zur Tat bereite Wille in uns geboren, der dem göttlichen Gebot gehorcht. Darüber, wie es mit unseren Werken steht, ob sie aus dem Wirken des göttlichen Gebots im Herzen hervorwachsen oder aus eigensüchtiger Begier entstehen, bekommen wir dadurch Kunde, daß wir ein Gewissen haben. Es fügt zu dem, was wir durch unsere Taten sichtbar machen, sein Zeugnis hinzu; es begleitet alles, was wir denken und tun, mit seinem Urteil, verwirft als schlecht, was das göttliche Gesetz richtet, und billigt als gut, was das göttliche Gesetz verlangt. Ebenso zeigen die Gedanken, die dann hervortreten, wenn wir einander beobachten, daß wir an der

Erkenntnis des göttlichen Willens Anteil haben.[1] Denn wir können das Verhalten der anderen nicht wahrnehmen, ohne daß wir in unseren Gedanken ein Urteil über sie fällen, sei es, daß wir sie inwendig verklagen, sei es, daß wir sie verteidigen. Wir sind also mit einer Erkenntnis ausgestattet, die dem entspricht, was uns durch das Gesetz verkündigt wird. Nun aber soll der Mensch seiner Erkenntnis gehorchen und tun, was ihm sein Gewissen gebietet; erst dann ist er sich selbst das Gesetz und geht mit der Weisung Gottes richtig um. Es nützt nichts, ein Gewissen zu haben, das die anderen verurteilt, wenn man doch selbst gewissenlos handelt; es nützt ebensowenig, das Gesetz zu haben, wenn man es bloß hört.

Wie ein Mensch mit seinem Gewissen umgeht, ob er gewissenhaft oder gewissenlos ist, ob er das Werk des Gesetzes in seinem Herzen trägt oder nicht, das gehört jetzt noch dem verborgenen, inneren *Leben* an, worüber kein anderer Mensch urteilen kann. Wir können darum nicht berechnen, was die Schuld oder die Gerechtigkeit der Menschen ist; denn wir wissen nicht, was inwendig in ihrem Herzen vor sich ging. Aber es wird der Tag kommen, an dem Gott eben dieses Verborgene an den Menschen richten wird. Dann wird es sich zeigen, wem das Werk des Gesetzes nicht nur auf der Zunge lag, sondern in das Herz geschrieben war und wer sich selber zum Gesetz geworden ist, wer ein gutes Gewissen hatte, das sein Werk als richtig bestätigte, und wer das Zeugnis seines Gewissens umsonst gehört und verworfen hat. Dann wird es sich zeigen, daß nur die Täter des Gesetzes den Preis der Gerechtigkeit empfangen, während der Ruhm der bloßen Hörer sich in Schande verkehrt. Daß dies so geschehen wird, das gehört zur Botschaft, die Paulus zu verkündigen hat. Gerade ihm, dem Boten Jesu an alle Völker, ist auch befohlen, ihnen in Christus den Richter zu zeigen, der das, was wir verbergen, ans Licht stellt und Gottes Urteil an dem vollstreckt, was in unseren Herzen ist (1. Kor. 4,5). Das gehört deshalb notwendig zum Evangelium des Paulus, weil er Gottes freie Gnade und die Gerechtigkeit, die der Glaube hat, allen bezeugt. Eben darum lobt seine Botschaft die Sünde nicht und läßt keinen äußeren Schein gel-

[1] Andere ziehen die Übersetzung vor: „und da die Gedanken sich gegenseitig anklagen". Sie nehmen an, Paulus denke daran, daß unsere Entschlüsse aus dem inwendigen Streit unserer Erwägungen heraus entstehen, wobei die eine Überlegung über die Verwerflichkeit oder Richtigkeit der anderen Überlegungen ein Urteil abgibt.

ten, durch den der Mensch verstecken möchte, was er in seinem inwendigen Leben ist und will. Nach dem Evangelium des Paulus ist Gott der Sieger über alles Böse, der seine Gerechtigkeit dazu offenbart, damit die Bosheit ende und vernichtet werde. Darum verlangt und bewirkt Gott in uns einen aufrichtigen Gottesdienst, durch den wir in unseren Herzen an seinen Willen gebunden sind. Das gibt er uns dadurch, daß er uns durch Glauben mit sich verbindet. Dadurch schreibt er seinen Willen in unser Herz. Darum sagt Paulus jedem Sünder, sei er Jude oder Heide, sei er es im Verborgenen oder offenbar, daß Gott ihm seine Sünde zum Verderben machen wird.

Nicht das lehrt Paulus an dieser Stelle, daß Gott alle Heiden und jeden Juden der Verdammnis preisgebe. Denn er spricht nur von dem, was der Mensch durch sich selbst erreicht, nicht vom Werk des Christus und nicht von der Gnade Gottes, nicht davon, wie weit die Erlösung, die uns in Jesus bereitet ist, auch über Heiden und Juden sich erstreckt. Aber so reich und mächtig Gottes Gnade auch über die Welt aufgegangen ist; was der Apostel hier sagt, bleibt unumstößliche Wahrheit, die von jedermann Anerkennung verlangt. Daß wir durch unser Sündigen verloren sind, das gestehen wir entweder freiwillig in der Buße dadurch ein, daß wir uns selber richten, oder wir werden es unfreiwillig eingestehen, dann, wenn wir Gottes Gericht erleiden und die Verlorenheit kosten, die uns unsere Sünde bereitet hat.

Die Schuld des Juden

(2,17-29)

Was der Apostel bisher sagte, enthielt die Frage an den Juden: Hast du nicht gesündigt? Nun geht er vorwärts von der Frage zur Anklage. 2,17-24: *Wenn du dich aber einen Juden nennst und dich auf das Gesetz verlässest und dich Gottes rühmst und den Willen erkennst und dem zustimmst, was das Beste ist* (Phil. 1,10), *da du aus dem Gesetz unterrichtet bist, und die Zuversicht hast, du seiest ein Führer für Blinde, ein Licht für die, die in der Finsternis sind, ein Zuchtmeister für Toren, ein Lehrer für Unmündige, da du die Form der Erkenntnis und der Wahrheit durch das Gesetz hast* (2. Tim.

3,5; Matth. 23,3 f.): *du nun, der du den anderen lehrst, lehrst dich selber nicht; du, der du verkündest, man dürfe nicht stehlen, stiehlst; du, der du verbietest, die Ehe zu brechen, brichst die Ehe; du, der du Abscheu vor den Götterbildern hast, begehst Tempelraub; du, der du dich des Gesetzes rühmst, entehrst Gott durch die Übertretung des Gesetzes; denn der Name Gottes wird euretwegen unter den Völkern gelästert, wie es geschrieben ist* (Jes. 52,5). Paulus beschreibt zuerst den glänzenden Reichtum der jüdischen Frömmigkeit. Gott ist der Ruhm des Juden und seine Freude. Er betrachtet sich als Gottes Eigentum und hofft auf Gottes Hilfe für Israel. Diese Zuversicht zieht er aus dem Gesetz. Weil Israel das Gesetz gegeben ist, darum ist es Gott verbunden als sein heiliges Volk. Deshalb tauscht der Jude seinen Namen mit keinem anderen Volk der Welt. Er gilt ihm als Ehre und Krone; darum vertritt er mit tapferem Bekenntnis seinen Anteil am geheiligten Volk vor jedermann. Mit Eifer läßt er sich aus der Bibel unterweisen und gewinnt dadurch einen hellen Blick für das, was vor Gott recht und rein ist. Er achtet aufmerksam auf Gottes Willen und hat das geöffnete Auge für das, was vor Gott gerecht ist. Dabei steckt er sich nicht etwa ein niedriges Ziel; er begehrt nicht, sich möglichst rasch und leicht von seiner Pflicht loszukaufen. Je höher vielmehr der Anspruch an seine Liebe und an seinen Gehorsam steigt, um so freudiger macht er sich an das Werk. Er sucht seine Ehre darin, daß er auch Schweres um Gottes willen tut und leidet. Darum gilt ihm der Zustand der Griechen als eine traurige Blindheit, und er macht sich mit Eifer an die Mission. Überall sammelten die Synagogen aus den Heiden zahlreiche Proselyten. Der Jude verheimlichte sein Judentum nicht, sondern pries es den Heiden an und nahm sie in seine Lehre und Zucht. Es könnte ja scheinen, der Dienst des Paulus sei völlig überflüssig. Längst vor ihm waren zahlreiche und eifrige Lehrer für die Heiden aufgetreten; sie waren auch nach Rom gekommen und hatten hier das göttliche Gesetz verkündigt. Zu solchem Unterricht der Heiden war der Jude darum befähigt, weil er sein Verhalten durch die Erkenntnis und Wahrheit regelte, die ihm das Gesetz verschaffte. An ihm bildete er sich und eignete er sich die Erkenntnis an; so wurde seine Sitte fromm und gab er seinem Verhalten beständig die gottesdienstliche Weihe. Er kam aber nicht weiter als bis zur frommen

Form und Figur, weil das Gesetz sein inwendiges Wesen nicht veränderte und seine sündlichen Begierden nicht auslöschte.[1]

Seine Frömmigkeit, so glanzvoll und wirksam sie auftritt, bewahrt den Juden dennoch nicht vor der schlimmsten Not und bittersten Schande. Denn das Gesetz, das er in Lehre, Predigt und Bekenntnis heiligt, reißt er mit der Tat um. Häßlich und verderblich zeigt sich an ihm der Widerspruch zwischen dem, was er lehrt, und dem, was er lebt, zwischen dem, was er in seiner Erkenntnis hat, und dem, was seine Tat ausdrückt. Was als Schande und Verurteilung auf den Richtenden fällt, daß er wohl die anderen richtet, aber sich selber nicht, das trifft auch den lehrenden und predigenden Juden. Es ist derselbe Schade und innere Zwiespalt wie im Heiden, nur noch greller und bösartiger; denn der Jude preist seine Kenntnis des Gesetzes als seinen Vorzug, während der Heide das Recht Gottes als schwere Last heimlich in seinem Gewissen trägt.

Schon an den einfachsten Geboten des Gesetzes zeigt sich das Unvermögen, dem Gesetz mit der Tat zu gehorchen. Der Jude kann sich doch nicht überwinden, fremdes Eigentum unverletzt zu lassen; er wird bei allem Ruhm Gottes doch zum Dieb. Der Brand der sinnlichen Begierden entzündet sich auch in ihm und macht ihn zum Ehebrecher. Bei allem Abscheu vor den Götzen zieht er doch bei guter Gelegenheit die Kostbarkeiten eines heidnischen Heiligtums an sich. Daher bringt seine Predigt an die Heiden diese nicht zu Gott. Seine Taten reden mächtiger als seine Worte. Verachtung Gottes ist das Ende des jüdischen Missionseifers. Paulus erinnert Israel daran, wieviel Schande es Gott bei allen Völkern bereitet hat. Der Ärger der Heiden über die Bosheiten der Juden fiel natürlich auch auf ihren Gott.

Paulus führt seinen Streit mit den Juden rein und heilig. Sie riefen in der Synagoge eifrig: Werk, Werk! Paulus stimmt bei und verlacht diesen Eifer, der Gott in guten Werken dienen will, nicht. O nein! Auch er sagt: Werk und nur Werk ist Erfüllung des Gesetzes; du darfst in nichts anderes deine Gerechtigkeit setzen als in das Werk. All dein Wissen und Reden taugt für sich allein nichts, sondern macht dich nur sündiger, je besser du weißt, was vor Gott gut ist.

1 Zur Form im Unterschied von der Kraft vergleiche 2. Tim. 3,5.

Aber was er fordert, das ist nun wirklich Werk, nicht bloß Geschwätz und Gerühme von Werken, die man doch nicht tut. Gott fordert Wahrhaftigkeit, die das eigene Wirken ohne Selbstbetrug prüfend ins Auge faßt, ob es dem Gesetz Gottes entspricht. Wenn der Jude nur die Wahrheit, auf die er sich stützt, gelten läßt, führt sie ihn zum Glauben hin. Der Zwiespalt, in dem er steht, treibt ihn über sich hinaus und läßt ihm keine Ruhe in sich selbst. Das Gesetz heißt ihn wirken, aber das Werk mangelt ihm. So muß er sich vom Wirken zurückziehen auf sein Wissen, auf seine Kenntnis des Gebots. Aber dabei kann er sich nicht beruhigen; denn er weiß, daß er das Gebot Gottes nicht bloß wissen, sondern halten soll. Da bleibt ihm nichts übrig, als daß er emporschaue über sich selbst hinauf zu dem Gott, der in seiner freien Gnade ihm mit seiner Vergebung und Kraft entgegenkommt.

Warum ist die Zuversicht zu Gott, die den Juden erfüllt, nicht auch schon Glaube? Weil sie ihren Grund im Gesetz hat. Das Gesetz verweist aber den Menschen auf sich selbst, auf sein eigenes Vermögen und seine eigenen Kräfte; so stützt sich die jüdische Zuversicht auf den Menschen, auf das, was der Mensch tut (Luk. 18,9), und auch wenn sie sich Gottes rühmt, gründet sich der Ruhm darauf, daß der Mensch ihn kenne, der Mensch ihm diene und Gott dem Menschen verpflichtet sei. Darum ist diese Zuversicht, so ähnlich sie äußerlich dem Glauben ist, innerlich dessen gänzliches Gegenteil. Denn im Glauben schaut der Mensch von sich weg und gibt sich selber preis und schaut empor zu Gott, auf Gottes Gabe und Gottes Werk. Spricht die jüdische Zuversicht: Ich bin gerecht, so spricht der Glaube: Gott ist gerecht. Deshalb entsteht nur dann Glaube in uns, wenn wir unsere Zuversicht völlig vom Gesetz lösen, so gewiß der Mensch sein Vertrauen nicht zugleich auf sich selbst und auf Christus stellen kann.

2,25-29: *Denn Beschnittensein hilft freilich, wenn du das Gesetz hältst; wenn du aber ein Übertreter des Gesetzes bist, ist deine Beschneidung zur Vorhaut geworden. Wenn nun der Unbeschnittene die Rechte des Gesetzes bewahrt, wird nicht seine Vorhaut als Beschneidung angerechnet werden? Und der, der von Natur unbeschnitten ist, wird, weil er das Gesetz vollzieht, dich richten, der du infolge der Schrift und der Beschneidung ein Übertreter des Gesetzes bist*

(5,20; Gal. 3,19). *Denn nicht der ist ein Jude, der es in der Sichtbarkeit ist, und nicht das ist eine Beschneidung, die sichtbar am Fleisch besteht, sondern der Jude, der es im Verborgenen ist, und die Beschneidung des Herzens durch den Geist, nicht durch die Schrift* (Kol. 2,11; Phil. 3,3), *dessen Lob kommt nicht von Menschen, sondern von Gott* (1. Kor. 4,5). Traten dem Juden seine Sünden vor Augen, so zog er sich auf seine Beschneidung und auf den Bund Gottes mit Israel zurück, wie sie schon dem Täufer antworteten, als er sie zur Buße rief: Wir haben Abraham zum Vater (Matth. 3,9). Die Beschneidung hilft allerdings, und ein Jude zu sein bedeutet Anteil an Gottes Herrschaft und am ewigen Leben, wenn er dem, was die Schrift gerecht heißt, mit der Tat gehorsam ist. Der Jude darf die Bundesgnade und ihr Sakrament, wie auch die Schrift, die von ihr zeugt, nicht von ihrem Zweck trennen, ihn zum Tun des göttlichen Willens zu führen. Hat der Besitz der Beschneidung und der Schrift nicht diesen Erfolg, so ist er leer und nichtig. Dann steht der Heide höher, der zwar das Zeichen der Bundesgnade nicht an seinem Leib trägt, wohl aber tut, was das Gesetz verlangt.

Paulus hat schon Vers 14 daran erinnert, daß auch der Heide das, was das Gesetz verlangt, tun kann. Auch sein Leben ist nicht lauter Sünde und Verworfenheit. Paulus hat an den Heiden, unter denen er das Evangelium predigte, manche Tat gesehen, durch die das Gesetz zur Erfüllung kam: Gehorsam und Ehrerbietung der Kinder gegen die Eltern, Treue der Gatten, Redlichkeit, die an fremdem Gut sich nicht vergriff, usf. Und er heißt das Gute am Heiden nicht deswegen schlecht, weil es ein Heide tut. Wie er dem Juden willig zugesteht, daß er Werke des Gesetzes habe und oftmals tue, was das Gesetz verlangt, so ist er auch dem Heiden gegenüber gerecht und anerkennt, daß auch dieser die Ordnungen des Gesetzes oft bewahrt. Mit dem rechtschaffenen Heiden beschämt er nun den sündigen Juden, der die Bibel in der Hand und das Zeichen seiner Berufung an seinem Leib trägt und durch all das doch nur ein Übertreter des Gesetzes wird. Da kommt die Ungerechtigkeit des Juden grell ans Licht. Seine eigene Sünde gilt ihm nichts; an ihm soll Gott nur das gute Werk sehen. Am Heiden soll umgekehrt das gute Werk nichts gelten; da soll Gott nur die Sünde sehen. Die Beschneidung soll dem Juden Anteil an Gottes Reich geben, obwohl er das Gesetz übertritt.

Die Vorhaut des Heiden soll ihn von Gottes Reich ausschließen, auch wenn er das Gesetz hält. Das heißt Gott zum Diener der eigenen Ungerechtigkeit erniedrigen und auf seine Parteilichkeit die Hoffnung bauen.

Paulus hat das Gute nirgends verkannt, wo immer es sich finden mag, ob am Juden oder am Heiden. Er hat aber auch das Böse nirgends entschuldigt, weder am Juden noch am Heiden. Kein Gutes, das ich tue, kann meiner Sünde zur Entschuldigung dienen. Sünde wird nur bedeckt durch Gottes Vergebung. Ist es aber Vergebung, dann ist es Gnade, und wir sind auf den Glauben gewiesen, daß er unsere Gerechtigkeit sei.

Wenn Gott dem Juden das Gesetz und die Beschneidung gab, ging seine Absicht nicht dahin, daß sich der Mensch nach außen in einen frommen Schein hülle und dabei im verborgenen Grund seines Wesens verdorben bleibe. Den frommen Schein mit seinen gottesdienstlichen Formen loben wohl die Menschen, aber nicht Gott. Nur der wäre ein wahrhaftiger Jude, der in seinem inwendigen, verborgenen Wesen nach Gottes Gesetzen gestaltet wäre durch eine Beschneidung, die sein Herz von aller Unreinigkeit und Gottlosigkeit abtrennen würde. Da zeigt sich bereits, worin die Hilfe für uns bestehen muß. Kein Sakrament, keine Schrift, kein Gesetz kann unser Herz reinigen; das tut der Geist allein. Er ist Licht und Leben zugleich, Erkennen und Kraft in Einigkeit. Er vermag den Zwiespalt zu heilen, der unser Wissen und unser Handeln, unser Bewußtsein und unser Wesen auseinanderreißt. Er allein erneuert den verdorbenen Grund unseres Willens nach Gottes Bild. Unsere Hilfe und Gerechtigkeit ist darum Jesus, der uns den Geist aus Gott verleiht.

Mit diesen Worten war den Römern wieder ein wichtiges Stück an der Missionsarbeit des Paulus verständlich gemacht. Er wird in Rom mit Juden und Heiden in derselben Weise verkehren. Das tut er deshalb, weil er die jüdische Sünde nicht leichter nehmen kann als die heidnische; beide sind ihm in derselben Weise verdammlich, so daß beide, der Jude wie der Heide, derselben Erlösung bedürftig sind. Nun wissen wir auch, warum er nur mit dem Evangelium nach Rom kommen wird und sich in keiner Weise mehr mit der Predigt des Gesetzes befaßt. Das Gesetz errettet niemand; denn es vermag niemand vor der Sünde zu bewahren, läßt vielmehr den Fall in die

Sünde offen. Wie es sich mit dem Unterschied zwischen den Juden und Heiden verhalte und was man mit dem Gesetz gewinnen könne, das waren Hauptfragen, die tief in das ganze Missionswerk und in die Ordnung der christlichen Gemeinde eingriffen. Paulus hat darum den Römern seine Stellung in diesen Fragen klar gezeigt. Dieselben Fragen greifen auch heute noch ebenso tief in jedes Christenleben ein.

Es ist für unser Verständnis des Römerbriefes von großer Bedeutung, daß wir uns dieses Kapitel innerlich aneignen. Sind wir hier mit dem Apostel eins geworden, dann ist unser Glaube vor zwei Gefahren bewahrt, denen die Kirche oft erlegen ist: einmal vor der Trägheit, die sich des Werks entschlagen will, sodann vor jener Verkrümmung des Glaubens, mit er wir unsere Gläubigkeit als unser Verdienst Gottes vorhalten. Paulus hat uns hier von allem leeren Wissen und bloßen Reden weggewiesen hin auf das Verlangen nach dem Werk und hat uns gezeigt, daß wir Gottes Gnade darum glaubend suchen müssen, damit wir vom Sündigen erlöst und statt dessen zu jedem guten Werk aufgerichtet werden (Eph. 2,10; 2. Tim. 3,17). Er hat uns aber auch davor bewahrt, daß wir an unseren Glauben glauben statt an Christus. Dies tun wir dann, wenn wir den Glauben als eine Art Werk behandeln, das uns Gottes Lob erwerben soll. Als ob der Glaube ein Ruhm vor Gott sein könnte! Ruhm hat der, der das Gesetz tut, und niemand sonst. Wer aber gesündigt hat, der kann nie mehr an sich selber, Wohlgefallen haben. Ihm hilft nichts, was er bei sich finden und besitzen mag. Wohl aber hilft uns der, an den wir glauben dürfen. Nur Christus macht, daß unser Glaube eine Kraft ist, weil er ihm seine Gnade schenkt.

Vom Vorzug des Juden und vom Mißbrauch dieses Vorzugs

(3,1-8)

Paulus hat den Juden wie den Heiden unter dieselbe Regel Gottes gestellt, beiden die Sünde mit demselben Ernst vorgehalten und ein und dasselbe Urteil Gottes beiden angekündigt. Ein Jude müßte kein menschliches Herz haben, wenn er sich nicht hiegegen sträuben sollte. Er klammert sich an den Vorzug Israels und an den Segen der

Beschneidung. Gott, sagt er, hat Israel berufen und durch die Beschneidung von den Heiden abgesondert. Das kann nicht dahinfallen. Niemand darf Israels Vorzug leugnen und sagen, daß der Heide und der Jude vor Gott gleich seien. So will der Jude der Gerechtigkeit Gottes entrinnen, und die jüdische Sünde soll nicht ebenso schlecht und verdammlich sein wie die heidnische.

Paulus hatte die Absicht, noch ausführlich davon zu sprechen, wie es sich mit Israels Berufung verhalte (Kap. 9–11). Allein er muß schon hier einige Worte darüber sagen, weil er die trügerischen Entschuldigungen zerstören will, durch die sich ein Mensch über seine Sünde beruhigt. Nun stützt sich der Jude, wenn ihn sein Gewissen mahnt, auf den Vorzug Israels und den Segen der Beschneidung, als bestände dieser darin, daß er ohne Schaden sündigen dürfe, nicht allzuviel, aber doch ein wenig, so daß seine böse Begierde dabei auf ihre Rechnung kommt. Etwas Sünde, denkt der Jude, muß dem Juden freigegeben sein. Wo bliebe sonst der Vorzug Israels? Wenn er gar nicht sündigen dürfte, wenn auch seine Sünde von Gottes Gericht getroffen würde, könnte er ja ebensogut ein Heide sein! Solange der Jude seine Sünde mit seinem Vorzug decken will, solange findet er den Weg zum Glauben an Christus nicht.

Für die Christen aus den Heiden war es genau ebenso wichtig, einzusehen, daß der Vorzug Israels keine Decke für die Sünde sei. Wäre der Jude wirklich ausgenommen von Gottes Gericht, so könnte auch der Grieche sich einreden: Ich werde entrinnen; was dem einen recht ist, ist dem anderen billig. Besteht der Nutzen der Beschneidung darin, daß ein Jude ungestraft sündigen kann, warum soll es nicht noch andere Dinge geben, die denselben Vorteil bringen, zum Beispiel die Taufe? Warum sollte ich nicht sagen: Worin besteht der Vorzug der Christenheit und der Segen der Taufe anders als darin, daß ich in gewissen Grenzen ungestraft sündigen kann? Diese gottlose Denkweise ist ja bis heute in der Kirche eine Macht. Da Gott offenkundig Israel besondere Gunst und Gnade erwiesen hat, ist es wichtig, daß wir einsehen, daß solche Gunst nicht ungerechte Gunst und solche Gnade nicht parteiisch ist, daß Gott vielmehr in vollkommener Gerechtigkeit derselbe gegen alle Sünder ist.

3,1.2: *Worin besteht also der Vorzug des Juden, oder was ist der Nutzen der Beschneidung? Groß ist er auf jede Weise. Zuerst, daß ihnen die Worte Gottes anvertraut sind.* Schon durch die Fassung der Frage spricht Paulus aus, daß dieser Vorzug und Nutzen von niemand bestritten werden kann. Er fragt nicht, ob der Jude einen Vorzug habe, sondern worin er bestehe. Gott hat den Juden berufen und ihm die Beschneidung gegeben. Da kann niemand fragen, ob dies für ihn segensreich gewesen sei. So hat Paulus denn auch im Vorangehenden wiederholt gesagt, daß der Jude zuerst vor dem Heiden der Empfänger der göttlichen Gabe sei (vgl. 1,16; 2,9.10). Demgemäß lautet auch hier die Antwort des Apostels, der Vorteil Israels sei groß in jeder Weise, wie wir die Sache ansehen mögen oder was geschehen mag. Dadurch fällt von dem, was Paulus bisher gesagt hat, kein Wort dahin. Er wiederholt es auch sofort wieder: Haben wir den Vorrang? Nein, wir sind alle in derselben Lage (Vers 9).

Der Jude sucht seinen Vorzug an der unrichtigen Stelle, wenn er ihn in sich selber sucht, als wäre er ein Mensch höherer Art und seine Sünde weniger schwarz und häßlich als die des Heiden oder gar Gott lieb und angenehm! Wenn der Jude von seinem Vorzug und vom Segen der Beschneidung spricht, so hat er ausschließlich an die Gabe Gottes zu denken, die er empfangen hat. Was er in sich selber trägt, sieht heidnisch aus und gilt bei Gott nicht mehr als die heidnischen Dinge. Aber er hat eine Gabe Gottes empfangen, und diese hat er hoch zu schätzen und in Ehren zu halten. Um ihretwillen ist die Beschneidung nicht wertlos, sondern ein großer Segen für die, denen sie nach Gottes Ordnung gegeben war. Das Nein und Ja, das Paulus hier für den Juden nebeneinanderstellt, kann uns nicht überraschen, weil es sich auch im Christenstand in derselben Weise wiederholt. Haben wir einen Vorzug vor denen, die Christus nicht kennen? Wie wollen wir hierauf anders antworten als nein und ja! Nein, nein! Wir sind ihnen völlig gleich; dieselben Triebe und Kräfte sind in uns wie in ihnen, dasselbe Fleisch und Blut, dieselbe Sünde und Verlorenheit. Aber bei diesem Nein können wir es nicht lassen; sonst würden wir Jesu Gabe verleugnen. Es besteht zwischen dem, der Christus kennt, und dem, der ihn nicht kennt, ein vollständiger Unterschied; wir dürfen ihn allerdings nur mit Furcht und Zittern bejahen, aber nimmermehr verleugnen, er scheidet uns voneinander, wie Licht und Finsternis, Leben und Tod, Geist und Fleisch geschieden sind. Dieser Unterschied entsteht nicht aus dem, was wir in und durch uns selber sind, sondern aus dem, was Gott uns gab und in unser Erkennen, Lieben und Leben hineingeboren hat.

Die erste Gabe Gottes an Israel besteht darin, daß es die göttlichen Worte besitzt. Ein Jude kann sich nicht lange besinnen, was er denn Besonderes habe und worin der Segen bestehe, der die Beschneidung begleitet: Er gehört ja zu den Empfängern des göttlichen Worts, denen es als das kostbarste Gut anvertraut ist, das bei ihnen Wohnung nahm. Damit sind sie hoch bevorzugt vor den Heiden, die Gott nicht reden hörten und sein Wort nicht vernahmen, und in eine Würde unvergleichlicher Art gesetzt. Sieht man, wie Paulus Juden und Heiden mit unbestechlicher Wahrheit in ihrer Unsauberkeit und Lügenhaftigkeit durchschaut, so könnte man denken, Paulus müßte alle Freude an den Menschen verloren haben. Unsere Stelle zeigt uns, warum Paulus kein Verächter der Menschen werden konnte. So vollkommen er den Juden nach seinen schlimmen Seiten und seinem kranken Wesen kennt – er bleibt ihm doch eine ehrwürdige Gestalt. Denn Gottes Worte sind bei ihm. Das ist die Art des Glaubens. Er preist einzig und allein Gott, aber nicht so, daß ihm darob der Mensch gleichgültig und verächtlich würde; vielmehr wird er ihm groß und der Bewunderung wert durch das, was Gott ihm gibt. Denn Gott wirft seine Gaben nicht unter die Menschen etwa, wie einer Geldstücke in ein Volksgewimmel werfen mag, einerlei, wer sie faßt. Sein Geben ist von Liebe erfüllt; seine Güte sucht den Empfangenden, damit er durch die Gabe erhoben, bereichert und verherrlicht sei. Darum achtet Paulus nicht nur auf die Herablassung Gottes, durch die es zustandekam, daß Israel Gottes Wort besitzt, sondern auch auf die Erhebung, die dadurch Israel widerfahren ist. Steigt Gott herab, um mit ihm zu reden, so hebt er es eben dadurch empor, und Paulus hat ein offenes Auge für diese Erhöhung des Menschen, die ihn in der Herablassung Gottes zu ihm widerfährt.

Aber sie glauben nicht! Soll es denn vom ungläubigen und widerspenstigen Israel der apostolischen Zeit gelten, sein Vorzug sei groß? Unsere Antwort auf diese Frage wäre zweifellos: Glauben sie nicht, dann freilich ist ihr Vorzug dahingefallen; was hilft dem Menschen Gottes Wort, wenn er ihm nicht glaubt? Und wir würden meinen, damit recht im Sinn des Glaubens zu reden, aus dem Kern des

Römerbriefs heraus. Paulus hat das Gegenteil gesagt. 3,3.4: *Denn was liegt daran, wenn einige ungläubig wurden? Wird ihr Unglaube Gottes Treue entkräften? Nimmermehr!* (2. Tim. 2,13.) *Vielmehr werde Gott wahrhaftig, dagegen jeder Mensch ein Lügner, wie geschrieben ist: Damit du in deinen Worten gerechtfertigt werdest und den Sieg gewinnest, wenn du gerichtet wirst* (Ps. 51,6). Wenn viele in Israel Gott nicht glauben, so löscht das ihren Vorzug nicht aus; denn er beruht in Gott. Das Vertrauen, das Gott ihnen erwiesen hat, als er ihnen sein Wort gab, zieht sich vor ihrem Widerstreben nicht zurück, sondern setzt sich in einer Treue fort, die nicht bricht. Deshalb wird der Ausgang der göttlichen Wege darin bestehen, daß Gott als der Wahrhaftige, alle Menschen dagegen als Lügner dastehen. Wahrhaftig wird Gott dadurch, daß er mit unerschöpflicher Gerechtigkeit und unermüdlicher Treue sein Wort erfüllt; zu Lügnern aber werden die Menschen deshalb, weil sie gegen Gott klagen und murren, Vorwürfe und Lästerungen gegen Christus erheben und mannigfaltige Gedanken des Unglaubens in sich tragen. Das alles wird durch Gottes Treue als Lüge dargetan. Es gibt aber keinen, der Gott nichts Schlechtes zutraute; jeder pflegt von Gottes Treue unendlich kleinmütig zu reden; darum wird auch jeder sich widerlegt finden und beschämt gestehen müssen, daß seine bösen Worte über Gott Lügen gewesen sind. Dieses Ende wünscht Paulus mit lebendigem Verlangen herbei. So soll es werden! – ruft er aus; Gott werde der Wahrhaftige und alle Menschen Lügner! Das ist der herrlichste und für uns selber segensreichste Ausgang unseres Lebens, wenn Gott recht behält und wir mit allen unseren schwarzen und argwöhnischen Gedanken zuschanden geworden sind.

Was aus dem Unglauben Israels sich schließlich ergeben wird, das zeigt Paulus an Davids Sturz. David hat in seinem Bußpsalm, Ps. 51,6, bekannt, daß er dazu gefallen sei, damit Gott gerechtfertigt werde in seinen Worten und den Sieg gewinne, wenn mit ihm gerechtet wird. Gerade durch Davids Fall stand Gott erst recht vor ihm als der Reine und Gerechte, dessen Worte eine unerschütterliche Wahrheit haben, so daß kein Vorwurf sich gegen ihn erheben kann. Wie David ist auch Israel aus seiner Höhe gestürzt, und es muß den Bußpsalm Davids sich selbst aneignen; aber das Ergebnis wird auch hier dasselbe sein. Israel wird gerade im Blick auf seinen Unglauben

Gottes Größe und Güte vollends bekennen und ehren müssen. Aus seinem Fall wird ihm dies als Gewinn erwachsen, daß an Gottes ewiger Treue alle Anklagen dahinfallen; er wird als der Sieger vor Israel stehen, über den alles Widerstreben nicht Meister wird, der vielmehr das Böse mit Gutem zu überwinden weiß. So steigt auch aus der reuigen Vertiefung in unserer Schuld Gottes Lob und Anbetung empor.

Das heißt an Gott glauben! Hier ist der Glaube nicht nur in Worten beschrieben, hier steht er vor uns in seiner lebendigen Betätigung, in der Unbegrenztheit seiner Zuversicht, in seiner Abkehr von allem menschlichen Verhalten, heiße es Glaube oder Werk, in seinem Griff nach Gott, in seinem Schöpfen aus Gottes Fülle, aus Gottes unerschöpflicher Gnadenmacht. Bedenken wir, was alles in Israel geschehen war, wie Paulus hineinschaute in die Tiefe seiner Sünde! Ihm dennoch zu sagen: Wehre dich gegen Gott! Schlage aus, protestiere, schilt und eifere gegen ihn, tue, was du willst! Du hast dennoch Gottes Wort empfangen und nicht als ein leeres Wort, sondern in ihm steht Gottes Treue und Wahrhaftigkeit – das ist die Glaubenstat.

Kommt uns diese Antwort des Paulus unerwartet, so liegt dies daran, daß wir immer wieder sogar mit der Glaubenspredigt in die gesetzliche Stellung sinken, als müßten wir Gott mit unserem Glauben zur Güte bewegen, ihn durch unseren Glauben zur Gnade locken, als ob er erst in unserem Glauben den Anstoß zur Barmherzigkeit empfinge. Nein, seine Gnade strömt in ihrem eigenen Trieb. Für mich liegt freilich alles daran, daß ich glaube; sonst stopfe ich mich mit Lügen voll und zerstöre mich in Ungerechtigkeit. Doch Gottes Gnade steht durch sich selbst und hängt nicht von meinem Glauben ab, sondern mein Glaube hängt von seiner Gnade ab. Darum kann Paulus sagen: Ob sie nicht glauben, was liegt daran?

Wer Gott im Auge hat, wenn er den Vorzug Israels preist, mit dem ist Paulus somit völlig eins. Wer meinte, der Apostel lösche die Berufung Israels aus und habe kein Auge für Gottes Werk in seiner Mitte, der hat nun die Antwort empfangen. Er ist auf die unüberwindliche Wahrheit und Treue Gottes hingewiesen, an der alle Bedenken dahinfallen. Freilich bleibt der Weg der Judenschaft vorerst noch dunkel, und wie Gottes Wahrheit und Treue den Sieg behalten wird, ist noch nicht gezeigt; unser Brief wird später nochmals davon sprechen. Solche Dunkelheiten muß der Glaube tragen können. Vorerst hat Paulus etwas Wichtigeres zu tun. Es gilt zu verhüten, daß die Güte und Treue Gottes nicht zur Entschuldigung des Unglaubens gemacht werden.

3,5: *Wenn aber unser Unrecht Gottes Gerechtigkeit bewährt, was sollen wir sagen? Ist Gott, der den Zorn herzubringt, etwa ungerecht? Ich rede nach dem Sinn des Menschen. Nimmermehr!* Unser Unrecht reißt Gott nicht mit sich fort, so daß auch er untreu und ungerecht würde; er hält vielmehr seine Gerechtigkeit fest, läßt sie noch höher steigen, noch kräftiger und heller sich offenbaren, bis er die menschliche Ungerechtigkeit überwunden hat. Das läßt sich aber in einem zwiefachen und sehr verschiedenen Sinn sagen. Der Blick auf die unerschütterliche Treue und Obmacht der Gnade stellt uns inwendig vor einen doppelten Weg. Ein aufrichtiges und ein krummes Herz zieht nicht denselben Schluß aus ihr. „Meine Ungerechtigkeit bewährt Gottes Gerechtigkeit" – ich sage dies in reinem Sinn, wenn es mir leid ist, daß sich Gottes Gerechtigkeit an meiner Ungerechtigkeit erproben und Gottes Wahrheit an meinen Lügen bewähren muß –, wenn ich es im Blick auf meine Ungerechtigkeit mit reuigem Sinn sage und mit glaubendem, dankbarem, anbetendem Herzen im Blick auf die Unerschütterlichkeit der göttlichen Gerechtigkeit. Ich kann aber aus demselben Wort eine ruchlose Rede machen: „Es ist mir ganz recht, daß Gott durch meine Ungerechtigkeit sich in seinem heilsamen und gerechten Werk nicht stören läßt, da habe ich ja freie Hand und lasse mich auch in meiner Ungerechtigkeit nicht stören; ich sündige und lasse Gott gut sein und alles zurechtbringen." Israel ging den letzteren Weg. Unser Vorzug, sagten die Juden, steht fest, und unser Anteil an Gottes Reich ist gesichert; denn Gott ist treu und gerecht. Dies gab ihnen das unbußfertige und darum auch ungläubige Herz. Warum sollten sie sich ihrer Sünde wegen fürchten? So wird die Größe und Festigkeit der Gnade, die das Herz in seinem innersten Grund zum Glauben entzünden soll, zur Wurzel und Stütze des Unglaubens und der Gottlosigkeit.

Wie unser Wille sich zu Gottes Treue und Gerechtigkeit stellt, ob er den geraden oder den krummen Weg geht, das kommt zum

Vorschein, wenn wir auf den Zorn Gottes blicken. Der krumme Sinn will Unrecht tun; aber er will es straflos tun. Er will der Sünde wegen nicht leiden. Gottes Treue soll sich ja verherrlichen trotz der menschlichen Ungerechtigkeit; also darf der Zorn Gottes sich ja nicht zeigen, ob der Mensch auch noch so trotzig sich Gott entgegenstemmt. Das wäre ja ungerecht! Gott kann und muß alles zum guten Ende und Ausgang bringen; er darf seinem Zorn nicht Raum geben. So reden die Menschen. Gottes Treue und Güte soll unendlich sein; aber daß sie sich dadurch nur in ihrer Bosheit verhärten, das hindert sie nicht, Gott den Zorn als ungerecht zu verbieten.

Gott aber bringt den Zorn an die heran, die mit ihrem Unrecht seine Gerechtigkeit auf die Probe stellen. Setzen wir mit sorglosem und hartem Sinn unsere Bosheit ihm entgegen, so setzt er an sie die verheerende Flamme seines Unwillens. Wer mit reinem und reuigem Sinn gesprochen hat: „Unser Unrecht bewährt Gottes Gerechtigkeit", der stimmt in jenes Jammern: „Ach, wie ungerecht ist Gott!" nicht ein, sondern spricht: „Wir sind deines Zorns wert; je größer deine Gerechtigkeit vor uns aufsteigt und je herrlicher deine Treue sich offenbart, um so bösartiger und verdammlicher ist unser Widerstreben gegen dich; du lässest deinen Zorn hervorbrechen, weil wir deine Gnade entweihten; darum bist du in deinem Zorn gerecht."

3,6: *Denn wie wird Gott die Welt richten?* Denen, die zwar Gottes Gnade mißbrauchen, seinen Zorn ihm jedoch verbieten wollen, sagt Paulus kurz und bündig: „Hast du vergessen, daß Gott der Weltrichter ist? Das steht in deiner Gotteserkenntnis nicht minder klar geschrieben als die unerschütterliche Macht seiner Gnade. Du wußtest, daß Gott gegen die Gottlosigkeit sein Recht wahrt: Warum benütztest du die Macht seiner Gnade nur zur Mehrung deines gottlosen Widerstands?"

Nun läßt er die krumme Schlußfolgerung noch einmal vor uns auftreten, um uns den Punkt zu zeigen, wo sie krank ist. 3,7.8: *Wenn aber die Wahrheit Gottes durch meine Lüge größer wurde zu seiner Herrlichkeit, warum werde auch ich noch als Sünder gerichtet, und wollen wir nicht, wie wir verlästert werden und wie einige behaupten, daß wir sagen, das Böse tun, damit das Gute komme? Gegen solche ist das Urteil dem Recht gemäß.* Der unreine Glaube, der mit der Lust am Bösen vermengt ist, sagt: „Ich lüge drauflos, Gott wird seines Wortes nicht müde, er macht es dennoch wahr; da dadurch meine Lügen widerlegt und gerichtet werden, ist es nicht mehr nötig, daß ich auch noch gerichtet werde; wir können also das Böse tun, und das Gute kommt uns doch." Damit kommt der böse Wille ans Licht! Nachdem Paulus die Verteidigung des Unglaubens bis dahin beleuchtet hat, wo sie als die nackte Lust am Bösen offenbar geworden ist, bricht er ab und widerlegt sie nicht noch mit weiteren Worten. Wer sagt: „Ich will das Böse tun", den trifft nach Gottes heiligem Recht sein Gericht.

Es mischt sich in diese Worte zugleich ein trauriger Blick auf die Weise ein, wie manche Gegner des Paulus gegen ihn kämpften. Weil er die Gemeinden im Glauben über das Gesetz emporleitete, sagen sie von ihm, er lehre Böses tun, damit das Gute komme; er lasse die Sünde frei der Gnade wegen und verschaffe der sündlichen Begehrung die Erfüllung, um Christus zu ehren. Sie sagten seinem Glaubensstand nach, was ihre freche Zuversicht, die auf Gottes Bund und Wahl pocht, selbst verbricht. Sie achteten, weil sie Gottes sicher zu sein meinten, die Sünde ihres Unglaubens nicht; er aber fürchtet Gott.

Neben die Zuversicht zu Gott, die aus dem Blick auf seine Gnade und Treue entspringt, V. 1-4, stellen die Verse 5–8 die Furcht Gottes, die Gott in seinem richtenden und rächenden Zorn vor Augen hat. Keines von beiden darf das andere austreiben oder schwächen. Nur darin, daß der Glaube die Furcht Gottes in sich hat, liegt die Schutzwehr, die ihn vor der frechen Sicherheit bewahrt. Wiederum ist die Furcht Gottes nur dadurch, daß sie Glauben in sich hat, davor geschützt, daß sie von Gott scheidet. Der Apostel zeigt, wie Furcht und Glaube einander unterstützen. Greife ich glaubend nach Gottes Gabe, so weiß ich, daß ich zu dem hinzutrete, der recht richtet, und wenn mir Gottes Gericht in seiner heiligen Majestät vor Augen steht in der Furcht vor ihm, so kann mich das nicht anderswohin treiben als zur Gnade dessen, der das Wollen und Vollbringen in uns schafft.

Wenn Paulus nach Rom und noch über Rom hinaus nach Spanien strebte, so machte er recht sichtbar und öffentlich, daß er der Apostel der Heiden war. Er wandte Jerusalem und der Judenschaft den Rücken zu und ging zu den Heiden. Die Christen in Rom wissen nun, in welchem Sinn er dies tut: Er verachtet die Juden nicht, sondern hält es um des göttlichen Worts willen für eine große Ehre, Israel anzugehören; er verwundert sich aber auch nicht, wenn sich Gottes Gericht an Israel schwer offenbart. Paulus heißt es nicht ein dunkles, unverständliches Rätsel, wenn Israel vorerst vom Evangelium ausgeschlossen ist und keinen Anteil an Christus hat. Dieses göttliche Urteil ehrt er als gerecht und warnt jeden Juden, Gottes Treue und Gnade zum Vorwand für seinen Unglauben zu machen und um seines Vorzugs willen sich in der Ungerechtigkeit und Lügenhaftigkeit zu verhärten. Ein solcher Mißbrauch der Wahrheit Gottes hebt zwar die göttliche Treue nicht auf, macht aber, daß der Mensch Gottes Zorn an sich erfährt.

Das Gesetz verurteilt

(3,9-20)

3,9: *Wie nun? Haben wir für uns den Vorrang? Keineswegs. Denn wir haben schon vorher Juden und Griechen beschuldigt, daß sie alle unter der Sünde sind.* Paulus hat Gott gepriesen als den, der sich treu und gerecht zu seinen Worten hält; den Juden aber hat er nicht gerühmt, weil er sich an der Wahrheit Gottes in Ungerechtigkeit vergreift. Darum liegt es hell am Tag, wie man antworten muß, wenn einer fragt: Ragen wir über die anderen empor? Bilden wir eine Ausnahme von dem, was die anderen sind? Darauf läßt sich nur sagen: Alle sind unter der Sünde; keiner kann sie von sich abwälzen. Niemand kann sündigen, ohne daß er unter die Sünde zu stehen kommt, unter ihre Macht, Schuld und Strafe. Das vermag weder ein Jude noch ein Grieche und natürlich auch kein Christ. Jedermann muß seine Sünde tragen, sich zu ihr bekennen und für sie Rechenschaft geben.

Darum hält auch die Schrift jedermann seine Sünde vor. 3,10-18: *wie geschrieben ist: Es gibt keinen Gerechten, nicht einen; es gibt keinen, der Verstand beweist, keinen, der Gott sucht. Alle wichen ab, wurden miteinander unbrauchbar. Es gibt keinen, der Güte übt, auch nicht einen einzigen* (Ps. 14,1-3). *Ein geöffnetes Grab ist ihre Kehle; mit ihren Zungen verübten sie Hinterlist* (Ps. 5,10). *Gift der*

Nattern ist unter ihren Lippen (Ps. 10,7). *Ihr Mund ist voll von Fluch und Bitterkeit* (Ps. 10,7). *Rasch sind ihre Füße, Blut zu vergießen. Zerstörung und Elend ist auf ihren Wegen, und den Weg des Friedens erkannten sie nicht* (Jes. 59,7.8). *Furcht Gottes ist nicht vor ihren Augen* (Ps. 36,2). Die Schrift klagt alle an. Bisher hat Paulus die Leser an das verwiesen, was sie bei sich selbst und anderen wahrnehmen. „Du tust dasselbe“ (2,1), „du, Jude, stiehlst, brichst die Ehe, entehrst Gott, bist ein Übertreter des Gesetzes“ (2,21.27). Diese Worte wenden sich an das eigene Gewissen des Hörers und suchen im Urteil seines Herzens die Bestätigung. Aber Paulus hat noch einen Zeugen an seiner Seite, der seine Anklagen bekräftigt. Das ist die Schrift. Sie beschreibt den Menschen und speziell den Juden nicht als ein unschuldiges, reines Wesen, sondern gießt helles Licht auf seine Sündigkeit; sie freut sich nicht an ihr und lobt sie nicht, sondern sie klagt über die Größe und Macht der menschlichen Ungerechtigkeit und behaftet alle bei ihr und mißt allen ihr Urteil zu. Durch den Psalmisten klagt Gott, daß er nicht einen kenne, der ihm gehorche, mit wachem Sinne begreife, was Gott tut, und sich um seine Gnade und sein Wohlgefallen bemühe. Und wie klagen die Psalmisten und Propheten über den Abgrund von Bosheit, der sich in der Rede der Menschen offenbart! Ihre Kehle ist ein offenes Grab; denn das Grab steht für den schon so gut wie offen, gegen den sie ihre Worte kehren. Sie verderben sich gegenseitig; ein mörderischer Sinn treibt sie gegeneinander. Welcher Weg zum Frieden führt, haben sie nie eingesehen; danach fragen sie nicht, und diesen Weg wollen sie nicht. Sie bedenken nicht, wie sehr Gott zu fürchten ist, sondern verachten seine Majestät mit frechem Trotz. So beschreibt die Bibel die Menschheit und im besonderen Israel. Hiefür gab sie Paulus reichen Stoff an die Hand. Es ist ja höchst merkwürdig, mit welcher Schärfe das Alte Testament die Sünde Israels aufdeckt und verwirft.

Aber der Jude liest die Bibel, als ob sie nicht zu ihm redete, als ginge ihn das alles nichts an, als handelte die Schrift nur von anderen Menschen, aber nicht von ihm. 3,19: *Wir wissen aber, daß das Gesetz alles, was er sagt, für die redet, die unter dem Gesetz sind, damit jeder Mund verstopft werde und die ganze Welt dem Recht Gottes unterworfen sei.* Paulus legt den Finger immer wieder auf dieselbe Stelle: Du darfst die Wahrheit nicht von dir fernhalten, als ob sie dich nicht berühre und dir nichts zu sagen habe. Dich, ruft er dem Juden zu, meint das Gesetz; dir gilt seine Klage und sein Urteil; du hast in der Schrift dein Bild vor dir. Zu wem soll denn das Gesetz sprechen, wenn nicht zu denen, die ihm unterstellt sind, die es auf sich haben als das sie bindende Gebot?

Wer also hört, was das Gesetz ihm sagt, der kann sich nicht mehr stellen, als wäre er gerecht oder als könnte er es wenigstens noch werden. Er kann sich nicht einbilden, das Urteil Gottes über ihn sei noch ungewiß, er könne vielleicht doch Rechtfertigung bei ihm finden. Der Spruch, den das Gesetz über ihn fällt, ist dem Menschen nicht unbekannt; dieser Spruch ist schon längst in der Bibel verzeichnet und lautet: Du hast Gottes Gebot verworfen. Wenn ich also mit dem Gesetz Ruhm und Gerechtigkeit gewinnen will, so widerspreche ich nicht nur meinem Gewissen, das mich an manche Sünde erinnert, sondern ich verleugne auch, was das Gesetz mir sagt, und vergesse, was die Bibel mir auf allen ihren Blättern zeigt. Mit der Einbildung, daß ich am Gesetz Gerechtigkeit gewinnen kann, verwerfe ich im gleichen Augenblick, in dem ich meine Hoffnung auf das Gesetz stelle, das, was mir das Gesetz bezeugt. So durchkreuzen sich meine Gedanken wiederum in törichter Verblendung selbst.

Was ist statt solcher Winkelzüge der gerade Weg in unserer Lage? Unser Mund muß sich vor Gott schließen; unsere Verteidigungen und Entschuldigungen müssen verstummen. Mit unseren Ansprüchen an Gott ist es aus. Wir lernen schweigen, geben Gott wider uns selber recht und legen uns in seine Hände, daß sein Spruch über uns entscheide: Er handle an uns, wie er will; er mache aus uns ein Gefäß des Zornes oder der Gnade nach seinem Wohlgefallen! Wir blicken nicht eitel nach unseren Werken, sondern schieben sie auf die Seite; wir halten es fest, daß wir auch nicht eine unserer Übertretungen rechtfertigen können, was immer wir vollbringen mögen. Eben hiezu will uns das Gesetz verhelfen. Es redet zu uns, damit wir vor Gott schweigen lernen. Der Dienst, den es uns tun will, besteht darin, daß es uns in die Ergebung leitet und uns bewegt, uns selbst mit allem, was wir tun, als ungerecht preiszugeben. Das ist ein großer Verzicht, der tief ins Herz greift. Wieviel Freude haben wir an uns selbst und unserer Wirksamkeit! Wie viele Hoffnungen setzen wir auf das, was wir tun! Ja, auch Gottes Wohlgefallen scheint uns aus unserem edlen, wackeren Handeln zu erblühen. Nun gilt es, solche Freude und Hoffnung zu begraben und den Mund zu schließen, der uns übergehen möchte von unserem Lob. Je kräftiger, mutiger, beharrlicher wir das Gebot ergriffen haben, um unser ganzes Leben daranzusetzen und ihm mit rechtschaffenem Eifer zu dienen, um so segensreicher ist er aber auch für uns.

Damit tritt uns nun die Bedeutung des Gesetzes erst wahrhaft ins Licht. 3,20: *Denn aus Werken des Gesetzes wird keiner, der Fleisch ist, vor ihm gerechtgesprochen werden; denn durch das Gesetz entsteht Erkenntnis der Sünde.* Ein Werk des Gesetzes ist das, was wir im Gehorsam gegen Gottes Gesetz vollziehen, um ihm zu genügen. Das ist das Höchste und Beste in unserem Leben, ehe wir Christus kennen. Es gibt nichts Heiligeres als die göttlichen Gebote; das Beste, was wir tun können, ist, daß wir diese Gebote in die Mitte unseres Herzens stellen und mit ganzem Fleiß ihnen nachstreben, wie Paulus einst dem Gesetz gedient hat, nicht nur mit Worten, sondern mit wahrem Fleiß im Werk (Gal. 1,12; Phil. 3,6). Und nun hilft uns dieses Allerbeste, was wir haben, nichts. Warum? Weil daneben unsere Sünden stehen. Wo aber Sünde ist, da ist Verdammlichkeit so gewiß, als das Gesetz gilt und Gesetz bleibt. Weil das Gesetz die Sünde verdammt und uns doch nicht vor der Sünde bewahrt, darum läßt es uns ohne Hilfe, und alle Hoffnungen, die wir daran hefteten, sind in nichts zergangen, sowie wir sündigen.

Wir müssen den Gedanken gänzlich beseitigen, daß Paulus seine Freiheit vom Gesetz dadurch gewinne, daß er dem Gesetz die Heiligkeit nehme und es seiner göttlichen Würde entkleide. Das kam nie in seinen Sinn. Das Gesetz ist und bleibt Gottes Gesetz (7,12). Aber die Frage ist die: Bringt uns das Gesetz die Hilfe, die wir bedürfen? Werden wir durch Gebote vom Bösen frei? Paulus hat gesagt: Nein! Und wenn wir seinem Brief bisher gefolgt sind und uns von ihm haben sagen lassen, wie ein Mensch aufrichtig ohne Lüge und Heuchelei auf seine Sünde sehen soll, so sagen wir mit ihm: Das Gesetz läßt uns rat- und hilflos, sowie sich die Sünde in unserem Leben zeigt.

Der Irrweg des Juden bestand nicht darin, daß er sich vom Gesetz zum Dienst Gottes in allerlei guten Werken treiben ließ; vielmehr war das sein Fehler, daß er um seiner Werke willen seine Sünde übersah und sich über seine Bosheit mit dem tröstete, was er des Gesetzes wegen tat. Seine Sünde erschien ihm neben seinen vielen Werken unbedeutend, und er forderte von Gott, daß auch er nur seine guten Werke sehe, seine Übertretungen dagegen nicht. Das heißt aber das Gesetz und seine Werke übel brauchen, wenn man bei ihnen Entschuldigung für die Übertretung des Gesetzes sucht. Dann werden sie allerdings zum Hindernis für den Glauben, weil dann der Mensch sich selbst in seinen Werken reich und gerecht erscheint (Luk. 18,9-14).

Gott hat uns das Gesetz nicht dazu gegeben, damit wir mit ihm unsere Sünde beschönigen, sondern damit wir sie erkennen. Hierin besteht der Dienst, den uns das Gesetz tun soll; es ist aber nicht das Mittel, durch das wir uns von der Sünde befreien und zur Gerechtigkeit gelangen. Auch dieses Amt des Gesetzes ist heilig und heilsam, obwohl es uns zunächst nicht erhöht, sondern beugt, nicht erfreut, sondern betrübt, nicht gerecht, sondern schuldig macht. Das Gesetz hilft uns zur Erkenntnis der Sünde in dem durchdringenden Sinn, daß es sie uns erst recht zur Erfahrung bringt. Die Verwerflichkeit der Sünde entsteht durch das Gesetz, weil es uns Gottes Urteil über unser böses Tun ansagt. Dadurch zeigt es uns zugleich die Macht, die die Sünde über uns hat. Weil das Gesetz sie nicht verhüten kann, sondern sie trotz seiner Gebote und Drohungen dennoch vorhanden ist, erfahren wir, wie sie ihre Wurzeln in unser ganzes Wesen hineingesenkt hat. Unsere Bosheit wird durch das Gesetz bösartiger, unsere Sünde sündiger; denn wir wissen nun, wie sehr wir uns an Gott vergreifen, so daß Leben und Tod auf dem Spiele stehen, und vermögen dennoch nicht, unser Begehren zu zügeln und in Gottes Maß und Weg zu halten. Zuletzt bringt das Gesetz auch die Folgen der Sünde ans Licht, da es scheidend zwischen uns und Gott tritt und uns von Gott wegweist; damit schließt es uns vom Leben aus und führt uns in den Kerker des Todes.

Brauchen wir das Gesetz zu dem Zweck, zu dem es uns Gott gegeben hat und in uns wach erhält, so ist es nicht wider den Glauben; vielmehr dient es ihm. Jenes Verstummen vor Gott, zu dem es uns anleitet, ist zwar noch nicht Glaube, sondern Ergebung, und beides ist nicht das gleiche. Wohl aber ist die Ergebung die Vorbereitung zum Glauben, die Beseitigung der Glaubenshindernisse. Durch sie wird unsere Unfähigkeit und Unwilligkeit zum Glauben zerbrochen. Wir sind damit unmittelbar bis an die Schwelle des Glaubens geführt und werden ihn erlangen, sowie die Gabe Gottes uns vor die Augen tritt, nämlich die Gnade Jesu, durch die wir zum Glauben berufen sind.

Gott offenbart die Gerechtigkeit

(3,21-31)

3,21.22a: *Nun aber ist ohne das Gesetz Gottes Gerechtigkeit sichtbar geworden, die vom Gesetz und den Propheten bezeugt wird, Gottes Gerechtigkeit durch den Glauben an Jesus Christus an allen Glaubenden* (2. Kor. 5,21; Phil. 3,9). Mit dem freudigen „Nun aber", das unsere Lage gänzlich verändert, richtet Paulus unser Auge empor zur Gerechtigkeit, die Gott hat. Bisher war der höchste Punkt, den unser Auge erreichte, das Gesetz in seiner Heiligkeit und unerschütterlichen Macht. Nun leitet Paulus unseren Blick über das Gesetz empor. Was gibt es denn noch über dem Gesetz? Regiert es nicht mit königlicher Allgewalt über unser ganzes Leben und Geschick? Wir Menschen sind freilich dem göttlichen Gesetz unterstellt; wir können von seiner Forderung nichts wegtun und an seinem Urteil nichts ändern. Gott aber hat etwas, was noch höher und größer ist als das Gesetz; er hat nicht im Gesetz sein letztes Wort geredet und mit seinem Urteil noch nicht alles vollführt, was er für uns tut (10,4). Er handelt im Christus mit uns, ohne daß das Gesetz mitregiert, so daß etwas Neues zustandekommt, was herrlicher und mächtiger als das Gesetz und daran nicht gebunden ist. Abgesondert und geschieden vom Gesetz hat die Gnade ihr Werk vollführt. Das Gesetz fordert, die Gnade gibt. Das Gesetz heißt uns wirken, die Gnade handelt selbst für uns an unserer Statt. Das Gesetz antwortet auf unser Werk und vergilt uns nach unserem Verdienst; die Gnade gibt, weil sie uns helfen will, weil wir ihrer Gaben bedürfen und ohne sie verloren sind. Darum kann die Gnade ihre Gabe nicht an das Gesetz als an ihre Bedingung binden, sonst wäre sie nicht mehr Gnade. Darum macht Gott sie uns auch durch einen höheren Boten und Mittler offenbar, nicht durch das Gesetz, sondern durch den Sohn, der in Geist und Kraft aus der Gnade Gottes schöpft und uns das zu bringen vermag, was Gottes ist.

Auf dem neuen Weg der Gnade und darum abgesondert vom Gesetz ist Gottes Gerechtigkeit sichtbar geworden. Durch das, was uns Paulus bis jetzt gesagt hat, verschwand vor unserem Blick die Gerechtigkeit. An uns wurde die Sünde offenbar, und alle unsere Entschuldigungen vergingen als Lügen. Zuletzt standen wir stumm vor Gott, unter sein Urteil gebeugt, und von Gerechtigkeit war in der weiten Menschenwelt nichts mehr zu sehen. Aber wenn sie auch der Mensch nicht hat, Gott hat sie und macht sie an uns offenbar, da seine Gnade unser Unrecht aufhebt und uns Gerechtigkeit verleiht. Nachdem wir, soviel an uns liegt, die Gerechtigkeit vertrieben haben, ist sie nun dennoch uns nicht fern, so daß wir sie fragen müßten: Wo ist sie? Sie ist dennoch eine offenkundige Wirklichkeit, steht vor unser aller Augen, ist uns sichtbar und zugänglich – dies aber allein durch Gott, dadurch, daß Gott Christus sandte, damit er uns zeige, wie Gott gerecht ist, dem Unrecht das Ende bereitet und aus uns Sündern Gerechte macht. Weil Christus weit und breit in die Welt hineinspricht und nach seiner Gnade und Macht jedem erkennbar ist, darum ist die Gerechtigkeit eine offenkundige Sache geworden. Wer ihn kennt, weiß, daß Gott sie hat und uns gewährt. Auch redet Jesus nicht allein; das Gesetz und die Propheten stehen ihm zur Seite und bestätigen sein Wort und Werk durch ihr Zeugnis; denn sie redeten nicht bloß von der Sünde der Menschen, sondern auch von Gottes Gerechtigkeit. Sie haben verkündigt, daß, wenn auch der Mensch unrecht hat, Gott ohne Fehl und Makel gerecht bleibt und den Menschen aus seiner Ungerechtigkeit erlöst. Bisher blieb dies eine Verheißung. Jetzt hat sie aber durch Jesu Sendung, Tod und Auferstehung die Bestätigung erlangt. Darum steht jetzt neben der Botschaft Jesu die alttestamentliche Schrift und gibt ihm das Zeugnis, daß durch ihn die Gerechtigkeit Gottes erschienen ist.

Wie macht Gott seinen Gerechtigkeit wirkenden Willen an uns offenbar? Dadurch, daß er uns zum Glauben an Christus beruft. Christus ist zu uns gekommen; jetzt geht uns der Glaube auf. Solange unser Blick auf uns selbst gerichtet ist, einerlei, ob wir uns selbst wohlgefällig oder widerwärtig sind, solange wir uns mit uns selbst beschäftigen, mit unserer Tugend und unserem Glück oder mit unserer Sünde und unserem Elend, hat der Glaube keinen Raum in uns. Nun aber steht Christus vor unserem Blick; jetzt sehen wir, daß wir glauben dürfen, glauben sollen. Da wir sehen, was Christus will und kann, legen wir unser Los in seine Hand und stimmen seinem gnädigen Werk zu, lassen es für uns gelten und stellen unsere Zuversicht auf ihn, daß er uns die Gerechtigkeit und alle Güter Gottes zuwende. Setzen wir aber unser Ja zu dem, was Christus für uns sein will, dann ist die göttliche Gerechtigkeit auf unserer Seite und uns gegeben. Christus sagt nicht nein, wenn wir ja zu seiner Gnade sagen; er zieht sich nicht von uns zurück, wenn wir zu ihm hinzutreten. Er ist dazu gekommen, um Glauben in uns zu erwecken; wo Glaube erwacht und nach ihm begehrt, da erhört er ihn.

So ist der Glaube kein Werk, kein Verdienst, kein Ruhm und vermag doch, was unser Werk, Verdienst und Ruhm nicht vermögen. Wie geschieht dies? Wer wissen will, was der Glaube wirkt, der erkenne, was Christus wirkt! Unser Glaube ist genau soviel wert, wie Christus wert ist: nicht mehr, denn er vermag durch sich selber nichts und ist leer und nichtig ohne den, dem wir glauben; nicht weniger, denn Christus läßt kein Vertrauen dahinfallen, das ihm erwiesen wird. Der Glaube hat es, das bedeutet: Christus gibt es. Christus gibt es, das besagt: Der Glaube hat es. Der Glaube wird uns zur Gerechtigkeit, das will sagen: Christus verleiht uns die Gerechtigkeit.

Gott macht seine Gerechtigkeit in derselben Weise an allen Glaubenden offenbar. 3,22b-24: *Denn eine Unterscheidung findet nicht statt* (10,12; Apg. 15,9); *denn alle sündigen und bleiben fern von Gottes Herrlichkeit, da sie umsonst gerechtgesprochen werden von seiner Gnade durch die Erlösung, die im Christus Jesus ist* (Eph. 2,8). Gott macht in der Aufnahme der Glaubenden so wenig wie in der Beurteilung der Sünder irgendeinen bösen Unterschied. Es gibt nur einerlei Sünde vor ihm, nämlich verdammliche, nicht zweierlei, solche, die man ungestraft tun kann, und solche, die man nicht tun darf. Ebenso gibt es vor ihm auch nicht zweierlei Glauben, solchen, auf den er achtet und den er erhört, und solchen, den er abweist und zuschanden macht; Gott nimmt vielmehr den Glauben bei allen in derselben Weise an und macht ihn für alle zur Gerechtigkeit. Darum machte Paulus uns alle in unserer Sündigkeit einander gleich und setzte die heidnische und die jüdische Sünde nebeneinander als zu gleichem Verderben führend, weil wir einander auch im Glauben gleich sind und keiner, der auf Christus vertraut, hintangesetzt wird. Auch hier finden sich Juden und Heiden wieder am gleichen Ort zusammen als die Empfänger derselben Gerechtigkeit, derjenigen nämlich, die wir vor Gott durch den Glauben haben. Damit werden die strafenden Worte des Briefs alle zum Verständnis des Evangeliums fruchtbar. Läßt Paulus uns nicht zu, daß wir uns von Gottes Zorn ausnehmen, so tut er es deshalb, damit sich keiner von Gottes Gnade ausschließen kann. Ich darf nicht sagen: Ich bin zu gut für Gottes Zorn; ich darf aber ebensowenig sagen: Ich bin zu schlecht für Gottes Gnade. Gott war derselbe gegen die Sünde aller und stellte uns alle unter dasselbe Gericht; deshalb ist er auch derselbe gegen den Glauben aller und bewährt an uns allen dieselbe herrliche und gnädige Gerechtigkeit.

Es liegt Paulus daran, daß wir begreifen, daß die Gerechtigkeit, von der er spricht, solchen gegeben wird, die gesündigt haben. Das ist ihr Unterschied von der Gerechtigkeit des Gesetzes, und deshalb fällt sie uns nur durch Glauben zu. Darum erinnert er uns an den offenkundigen Verlust, den uns unser Sündigen eintrug. Gott hat den Menschen zu seiner Herrlichkeit geschaffen. Er ist die Ehre und Krone für alle, die ihm verbunden sind, und wird ihnen Verklärung durch ewiges Leben geben. Allein von der göttlichen Herrlichkeit ist am Menschen nichts mehr zu sehen. Wir bedecken uns mit der Schande unseres Falls und kommen nicht zu dem uns vorgehaltenen Ziel. Und wenn uns nun Gott zu Hilfe kommt und uns erspart, daß wir um eine verlorene Herrlichkeit trauern müssen, so rechtfertigt er uns umsonst durch seine Gnade. Wir geben ihm dazu keinen Grund. Unser Eigendünkel darf sich hier nicht einmischen. Gott gibt uns recht, nicht weil wir recht haben, und stellt uns zu den Gerechten, nicht weil wir gerecht sind, sondern obwohl wir kein Anrecht daran haben und obwohl wir Sünder sind. Hierdurch ist dem Glauben Raum gemacht, und dies für alle. Was sehen wir auf uns? Gott sieht nicht auf uns bei dem, was er uns tut. Wir sehen bei uns niemals Gerechtigkeit, wie auch Gott sie an uns nicht sieht. Schaue auf Christus! Es gilt zu verstehen, was uns Gott in Christus gibt.

Gott rechtfertigt uns. Vordem versuchten wir selbst, uns zu entschuldigen; wir gaben uns Mühe, etwas zu finden, was wir vorzeigen dürften, damit es Gott wohlgefalle und uns Anteil an seinen Gaben verschaffe. Das war ein eitles Bemühen. Alle unsere Entschuldigungen waren Lügen, und es fand sich nichts, was unsere Sünden bedecken konnte. Nun aber gibt uns Gott selbst die vollkommene Entschuldigung. Er handelt nicht mit uns nach unseren Sünden (Ps. 103,10). Was als Klage wider uns steht, hat Gott nicht bestätigt, sondern abgetan. Sein Wohlgefallen ist über uns. Er stellt uns dahin, wo vor ihm die Gerechten stehen. Nichts scheidet uns von ihm. Er erkennt uns alles zu, was die Gerechtigkeit mit sich bringt. Das geschieht durch seine freie Gnade. Nur Gnade hat kein Ohr für die Klagen, die wider uns stehen, und kein Auge für die Sünde, die an uns ist. Nur Gnade kann Menschen, wie wir sind, für gerecht achten. Werden wir gerechtfertigt, so tut die Gnade ihre Macht und Größe an uns kund.

Das Werk Jesu erklärt uns, warum alle Beschuldigungen gegen uns erledigt sind. Gottes Gerechtigkeit wurde für uns offenbar, als Christus starb und uns dadurch die Erlösung bereitete. Nachdem wir wissen, was es heißt „unter der Sünde sein" (V. 10), „vor Gott schweigen müssen", „Gottes Recht wider uns haben" (V. 19), „Gottes Zorn sich an uns offenbaren zu sehen" (1,18), wissen wir auch, was „Erlösung" bedeutet. Wir liegen in einer Gefangenschaft, in die uns unsere Sünde versetzt hat und über der Gottes Recht und Gericht die Wache hält (Gal. 3,23). Aus dieser Gefangenschaft hat uns Jesus herausgeholt; er hat gemacht, daß Schuld und Zorn und Gericht nichts mehr mit uns zu schaffen haben. Dadurch, daß er uns das getan hat, sind wir gerechtfertigt.

3,25.26: *Ihn hat Gott hervorgestellt als Gnadenthron*[1] *durch den Glauben in seinem Blut* (3. Mose 16,12 ff.; 1. Joh. 2,2), *um seine Gerechtigkeit zu zeigen, wegen der Nachsicht gegen die früher geschehenen Sünden durch Gottes Geduld, um in der jetzigen Zeit seine Gerechtigkeit zu zeigen, damit er selbst gerecht sei und den gerechtspreche, der aus dem Glauben an Jesus ist.* In der Bundeslade waren die Gesetzestafeln durch den Deckel mit den Cherubim bedeckt; sie standen im Allerheiligsten als das Zeichen der gnädigen Gegenwart Gottes, einer Gegenwart, in der der Sünder leben darf,

[1] Falls Paulus bei der Wahl seines Wortes nicht an den Deckel der Bundeslade gedacht hat, wäre zu übersetzen: Ihn hat Gott hervorgestellt als den, der uns Verzeihung verschafft durch den Glauben mit seinem Blut.

weil das Gesetz und die Sünde durch die Gnade bedeckt sind. Durch die Lade des alten Heiligtums lehrt uns Paulus Jesu Mittlerwerk zwischen Gott und den Menschen verstehen. Gott hat ihn uns dazu gegeben, damit es zur Gemeinschaft zwischen ihm und uns komme, und dies trotz unserer Sünde, dadurch, daß sie bedeckt und begraben wird. Nun dürfen wir an Gottes guten Gaben teilnehmen, und sein Geist, sein Licht, sein Leben, seine Liebe sind in uns. Was bei Israel durch ein Zeichen und Bild angedeutet war, das gibt uns jetzt die lebendige Person, der Sohn Gottes; er hat das Vermögen in sich, ins Leben zu führen, was im Tempel Israels nur Bild und Verheißung blieb. Darum war auch der Gnadenthron dort in die Verborgenheit gesetzt; den Christus aber hat Gott offen vor die Augen der Welt hingestellt.

Wie macht Gott Jesus für uns zum Mittler seiner Gnade? Durch den Glauben. Wir finden bei Christus Gott mit einer vollkommenen Gnade; weil wir uns ihm glaubend anschließen, ist unsere Scheidung von Gott aufgehoben, unsere Sünde bedeckt, Gottes Angesicht uns in Erbarmung und Freundlichkeit zugewandt, die Fülle seiner Gaben uns geöffnet, das Reich Gottes uns aufgetan. Ich muß mir nicht erst Vergebung meiner Sünden erwirken, das kann kein Mensch; ich muß nicht Gott mir gnädig machen, das kann kein Mensch; ich muß nicht erst versuchen, ob ich es dahin bringe, daß er mir sein Reich und Leben gibt, ein unmögliches Beginnen. Was muß ich denn? Glauben! Denn dies alles ist im Christus für uns vorhanden und durch Gott in ihm uns bereitet. Daher wird dies alles durch Glauben mein; Christus ist durch Glauben der, der mich in die gnadenvolle Nähe Gottes bringt.

Gott hat aber Jesus in seinem Blut als Gnadenthron vor uns gestellt. Gott hieß ihn sein Leben opfern und sein Blut dargeben; in seiner Todesgestalt, als der, der sein Blut vergossen hat, ist er uns zum Heiland gegeben. So ist im Christus zur kräftigen Wahrheit geworden, was im alttestamentlichen Heiligtum dadurch nur angedeutet war, daß der Gnadenthron mit dem Blut des Opfers zu besprengen war. Das Sterben Jesu macht sein Werk für uns zu einer vollständigen, wirklichen Rechtfertigung. Hier geschieht kein Bruch des göttlichen Rechts, sondern eine gerechte Erledigung aller Anklagen, die wider uns stehen. Unsere Sünde ist darum erloschen, weil sie gebüßt ist. Ihre Büßung sehen wir vor uns in Jesu Kreuzesgestalt. Im früheren Weltlauf hat Gottes Geduld die Sünde der Menschen vielfältig verziehen und ungestraft gelassen nach dem Reichtum seiner Güte, die uns zur Umkehr führen will. Dabei fehlte aber noch etwas Wesentliches zur völligen Offenbarung Gottes, nämlich eben die Gerechtigkeit. Damit diese in ihrer reinen Herrlichkeit erscheine, hat sich Christus in herzlichem Erbarmen mit uns verbunden, hat den Zorn getragen, der auf uns liegt, und sich unter das Urteil gebeugt, das wider uns steht. Er hat den Sold, mit dem uns die Sünde lohnt, mit uns gelitten und die tödliche Frucht unseres Falls mit uns gekostet. So wurde sein Blut der Preis, mit dem er uns für sich erkaufte (1. Petr. 1,18 f.). Dies war der Weg, den die Gnade sich zu uns gebahnt hat, dies der Schlüssel, mit dem sie ihre Schätze uns geöffnet hat.

Damit ist offenbar geworden, wie vollständig es gilt: Gott ist gerecht. Auch Gottes Widerwille gegen unsere Ungerechtigkeit erscheint in Jesu Kreuz. Hier wird die Bosheit nicht gelobt, sondern in ihrer Todeswürdigkeit aufgedeckt dadurch, daß sie dem den Tod brachte, der uns die Hilfe bringt. Zugleich erscheint aber auch Gottes Geduld und Erbarmung hier in ihrer höchsten Kraft. Die Sünde wird hier nicht dazu gerichtet, damit der Sünder verderbe, sondern er erhält Vergebung, Erlösung, Einführung in die Gerechtigkeit. Darum ist hier mehr als Zorn, der den Sünder verfolgt und seine Bosheit ihm zum Verderben macht, mehr auch als Geduld, wie sie Gott von jeher schon in den früheren Zeiten den Sündern erwies, eine Geduld, die sie schont, ihre Bosheit übersieht und ihre Bestrafung verschiebt. Hier erscheint Gottes ganze Vollkommenheit: Zorn und Geduld sind in *ein* Werk zusammengefaßt und Gericht und Erbarmung uns miteinander erwiesen. Hier waltet das Recht so, daß es dem Ziel der Gnade dient, und die Gnade so, daß sie das Recht zum Sieg bringt; die ganze Fülle der göttlichen Gerechtigkeit wird offenbar.

Darum werden wir durch Jesu Tod gerechtfertigt. Hier hat Gott sein Urteil über uns kundgetan, und was ist nun das Ergebnis für uns? Sind wir verurteilt, verdammt, unter den Fluch gestellt, wie Kain unstet und flüchtig weggetrieben von Gott in die Finsternis hinaus? Oder wird uns zwar verziehen, doch so, daß Gott uns seine Gaben entzieht, sein Haus verschließt, und wir beschämt und traurig in der Ferne stehen müssen? Nein! Durch das Sterben des Christus ist uns unsere Sünde völlig vergeben und Gottes ganzes Wohlgefallen uns zugewandt. Der Gerichtsthron ist durch sein Blut für uns zum Gnadenthron geworden. Wir sind von Gott gesucht, herzugerufen, zum Glauben aufgerichtet, in seine Gemeinschaft gezogen und mit ihm verbunden; denn Jesus starb für uns.

Jesus hat nach des Vaters Willen das Rätsel gelöst, wie zugleich Gottes Recht in Kraft und der Sünder am Leben bleiben können, und die Lösung lautet in göttlicher Einfachheit: auferstehen, sterben zuerst um der Sünde willen, damit die Sünde gerichtet sei, aber auferstehen um der Gnade willen, damit wir Sünder durch ihn leben (4,25). Darum ging Jesus mit uns und für uns den Todesweg und wurde nicht anders als in seinem Sterben unser Gnadenthron. Er heiligte Gottes Recht an sich selbst bis in den Tod, und auf diesem gerechten Grund erbaut er die Gnade für uns. So verschafft uns Gott eine volle Rechtfertigung. Aller Zwiespalt, den Gottes Gesetz zwischen uns und Gott aufrichtet, ist beseitigt. Um deswillen, daß Christus für uns starb, steht Gottes Urteil nicht gegen uns, sondern für uns. Um deswillen behandelt Gott uns als die Gerechten, denen er alles gibt, was ein Gerechter empfangen kann. So führt Jesu Tod zu einem wunderbaren Ausgang: Wir Sünder sind begnadigt, und Gott bricht doch seine Gerechtigkeit nicht dadurch, daß er die Bosheit unserer Sünde übersähe und ungerichtet ließe. Wiederum: Gott ist gerecht und doch nicht wider uns, sondern für uns, und unserer Sünde wird nicht gedacht. Gott steht da als gerecht und auch wir stehen da als gerecht, weil Christus für uns starb. Das gilt dem, der aus dem Glauben an Jesus ist, dem, der sein Geschick an Jesus bindet und kein anderes Gut kennt, als was Jesus ihm gibt. Ein solcher hängt am Glauben, hat im Glauben die Wurzel seines Lebens und erlangt alles, was ihm zuteil wird, aus dem Glauben heraus.

Denken wir an die Zeit, da wir unter dem Gesetz nach der Gerechtigkeit strebten, wie ganz anders ging es damals her! Damals wollten wir uns selber die Gerechtigkeit bereiten und erst hernach vor Gott treten, damit er unsere Gerechtigkeit lobe und nach seiner göttlichen Gerechtigkeit kröne (Phil. 3,1-10). Da gingen wir auf dem Weg der Gerechtigkeit voran, und Gott sollte erst nachfolgen. Das Ende war Ungerechtigkeit. Wir beschönigten und verleugneten unsere Sünde und bestritten und verklagten Gottes Gerechtigkeit. Weil er uns Geduld erwies, verlangten wir ungerechte Gunst von ihm; weil er uns demütigte, murrten wir über ungerechte Härte. Das alles hat aufgehört. Der Glaubende verurteilt seine Sünde und ehrt Gottes Gericht als gerecht; er sieht aber auf Christus und sein Blut, wie dort die Gnade als Gerechtigkeit erscheint, und nun fällt ihm, weil er an Christus glaubt und seinem Geist offen ist, die Gerechtigkeit zu als ein Besitz. Jetzt geht Gott auf dem Weg der Gerechtigkeit voran und führt selbst uns zu ihr empor.

Wie wissen wir denn, daß wir gerechtfertigt sind? Ist nicht die Rechtfertigung die Sache des himmlischen Richters so gut wie die Verurteilung? Aber Gott trägt seinen Spruch nicht nur bei sich selbst in der stillen Heimlichkeit seines Herzens; auch wird dieser Spruch nicht nur im künftigen Gericht des Christus laut. Was er bei sich festgestellt hat, ist schon Tat geworden in der Dahingabe seines Sohns, im Opfer Jesu. Jesu Blut ist für uns zur Rechtfertigung vergossen; sie wird das Eigentum unseres Herzens dadurch, daß wir glauben. Ob wir aber glauben oder nicht, das wissen wir.

Können wir noch fragen, ob es wirklich mit rechten Dingen zugehe, wenn Gott uns Sündern erklärt: Ihr seid gerecht? Es ist eine reine und herrliche Sache, daß Gott uns hilft seines Erbarmens wegen im Reichtum seiner Gnade. Auch ist es eine reine und heilige Tat, daß Jesus die Welt mit solcher Liebe umfaßt hat, daß er für sie starb. Rein und recht ist es, daß er unsere Sünde für verdammlich achtet, Gottes Zorn und Gericht als gerecht und heilig ehrt und darum durch Sterben unser Heiland wird. Rein und recht ist es auch, daß wir ihm glauben, und Unglaube ihm gegenüber ist böse Versündigung und tiefer Fall. Es ist gerecht, daß wir uns selbst als ungerecht verwerfen und kein Vertrauen zu uns selbst haben, dagegen Gottes Gerechtigkeit preisen und Christus danken und unser Vertrauen auf ihn stellen. Aber bei all dem bleibt es doch dabei, daß Gott in uns, den Glaubenden, Sünder gerechtfertigt hat und uns dadurch vor sich einen Namen gegeben hat, der unserem Werk und Willen nicht gebührt. Worauf beruht denn die Wahrheit dieses göttlichen Urteils? Darauf, daß Gott so geurteilt hat, er, der tut, was er spricht, und vollendet, was er will. Verzeiht *er* uns, so tut er dies mit einer vollkommenen Liebe, die unsere Bosheit gänzlich tilgt und uns wesenhaft in alle Gerechtigkeit hinaufleitet. Das sehen wir freilich noch nicht an uns selbst, wohl aber an Christus. In ihm sind die Wege und Mittel für uns bereitet, damit uns alles zufalle, was Gottes Urteil in sich schließt. An Christus glauben heißt: es ihm zutrauen trotz allem, was wir an uns selbst erleben, daß er unsere Bosheit vollständig überwinden und uns ohne Fehl und Makel vor Gottes Thron stellen wird. Daß uns Gottes Urteil mehr gilt als das, was wir durch uns selbst sind, daß wir seinem Spruch die wirksame Kraft und siegreiche Macht anerkennen, das eben ist die Glaubenstat.

3,27: *Wo bleibt also das Rühmen? Es wurde ausgeschlossen. Durch was für ein Gesetz? Durch das der Werke? Nein, sondern durch das Gesetz des Glaubens* (1. Kor. 1,29; Gal. 6,14; Eph. 2,9). Daß das Rühmen infolge der Weise, wie Gott an uns handelt, in der Christenheit kein Recht mehr hat, hält Paulus für einen großen Gewinn. Wieviel Unheil richtet das hoffärtige Großtun der Menschen an! Streit, Neid, Lügen, Heuchelei, Undankbarkeit und Verachtung Gottes verbinden sich damit (12,3; Gal. 5,26). Mit Freude sieht Paulus, wie das Rühmen hinausgesperrt wird, und zwar so, daß es nicht mehr wiederkehren darf und ganz hinausgeschlossen ist. Nun erst ist eine vor Gott einträchtige Gemeinde möglich. Solange jeder sich selbst erhöht und die anderen deshalb erniedrigt, solange der Jude sich selbst rühmt und den Heiden verachtet, und der Heide ihm Gleiches mit Gleichem vergilt oder sich durch seinen Ehrgeiz fortreißen läßt, es ihm gleichzutun, statt daß er bei seinem Beruf bleibt, wie soll es da eine Gemeinde geben, die in Eintracht verbunden ist? Und wie wollen wir Gott geben, was Gottes ist, und ihm danken, wie es sich gebührt, solange wir darauf bedacht sind, uns zu rühmen? Darum muß das Rühmen hinausgetan werden, und es ist hinausgetan durch das Gesetz des Glaubens. Es kommt im Christus eine unzerbrechliche göttliche Ordnung ans Licht, ein Gesetz, das uns den Weg vorzeichnet, das wir nicht umgehen können. Nun aber lautet Gottes Weisung, die uns mit Macht ergreift und uns unsere Stellung vor Gott zuteilt, nicht: „Wirke!", sondern: „Glaube!", und: „Durch Glauben bist du vor mir gerecht."

3,28: *Denn wir urteilen, daß ein Mensch durch Glauben ohne Werke des Gesetzes gerechtgesprochen wird.* Nachdem uns Gott an Christus zeigt, wie er seine Gerechtigkeit an uns offenbart, bleibt uns kein anderer Schluß übrig als der, daß wir durch Glauben und nicht durch unser Werk bei Gott Rechtfertigung finden. An solcher Gnade stirbt die Eitelkeit, und der leere, hoffärtige Ruhm ist endlich aus. Wir können ihn jetzt mit freudigem Herzen begraben. Es ist nicht mehr so wie damals, als wir die Verurteilung vor uns sahen und verstummen mußten. Das war ein schmerzliches Schweigen, weil der Mensch nicht ohne Ruhm, Lob und Würde bestehen kann. Das Verstummen des Sünders ist der Stille des Gefängnisses und dem Schweigen des Todes verwandt. Darum wehren wir uns gegen das Urteil des Gesetzes und richten einen unwahren Selbstruhm auf. Jetzt aber ist uns Gottes Gabe gezeigt, und der Glaube hat in uns sein Danken und Frohlocken begonnen. So ist uns das Herz erwärmt von einer anderen Freude und der Mund gefüllt mit einem anderen Ruhm, mit dem Ruhm dessen, der uns geliebt und in die Gerechtigkeit erhöht hat. Wir erheben den, der uns erhoben hat, nicht mehr uns selbst. Kann man sich nicht auch mit dem Glauben selber zieren als mit einem Verdienst? Es geschieht oft genug, ist aber jedesmal ein tiefer Fall. Wie sollten wir, die wir von der Gnade leben und nichts haben, als was sie uns gibt, ihre Gaben dazu mißbrauchen, um uns selbst zu erhöhen und nicht den, durch den wir alles haben, was jetzt unser eigen ist? Dadurch schlüge unser Glaube in Undank um und wäre in seiner Wurzel zerstört. So würde sich unser Blick wieder zu uns selber wenden und in uns die Größe, Kraft und Gerechtigkeit suchen; wir würden nicht an Jesus, sondern an uns selbst glauben. Der Glaube besteht darin, daß wir von uns selbst wegsehen und mit allen Kräften unseres Wesens nach dem greifen, was Christus uns erworben hat. Darum hört mit ihm das Rühmen auf.

Dafür kommt Gottes Größe und Einheit darin zur Offenbarung, daß er derselbe für alle ist. 3,29.30: *Oder ist Gott einzig Gott der Juden, nicht auch der Völker? Ja, auch der Völker, wenn doch Gott der Eine ist, der die Beschnittenen aus Glauben und die Unbeschnittenen durch den Glauben gerechtsprechen wird.* Wäre die Gerechtigkeit an Bedingungen gebunden, so wäre Gott nur für die da, die sie erfüllen können. Wäre das Gesetz der Weg in die Gerechtigkeit, so hätte nur der Jude teil an Gott. Jetzt aber gilt in der Tat: Gott sieht nicht die Person an. Glauben können wir alle, Heilige und Sünder, Toren und Weise, Juden, Griechen und Barbaren. Indem Gott uns durch Glauben zu sich ruft, offenbart er sich als unser aller Gott.

Gott wird groß durch die den Glaubenden gegebene Rechtfertigung. Was geschieht aber mit dem Gesetz? 3,31: *Tun wir also durch den Glauben das Gesetz ab? Nimmermehr, sondern wir richten das Gesetz auf.* Haben wir Paulus aufmerksam auf seinem Gang begleitet, so kann uns dieses Wort nicht befremden. Wie ernst und eifrig hat er für das Gesetz und seine Heiligkeit gesprochen und uns eingeschärft, daß wir es tun und nicht bloß wissen müssen, daß nur der Täter des Gesetzes vor Gott als gerecht gelte, daß wir das Gesetz nicht mißbrauchen dürfen, um unsere Sünde zu entschuldigen, daß es uns zur Erkenntnis der Sünde helfen wolle und weil es sie richte, uns vor Gott schuldig mache. So gibt Paulus dem Gesetz, was ihm gebührt, und dies deshalb, weil er sich im Glauben zu Christus stellt. Darum hat er das Gesetz nicht mehr wider sich, sondern ist oberhalb des Gesetzes im Christus fest gegründet und hat an der Gerechtigkeit Anteil. Wer noch ohne Glauben unter dem Gesetz steht, wird mit ihm streiten, seinem Urteil widersprechen und trotz des Gesetzes sich selbst rechtfertigen. Erst im Glauben stimmen wir dem Spruch des Gesetzes zu und nehmen ihn als gültige und heilige Wahrheit auf. Dadurch wird nicht widerrufen, daß uns Paulus Christus gezeigt hat, der höher ist als das Gesetz und, weil ihn die Gnade sandte, nicht dasselbe tut wie das Gesetz. Was wollte das Gesetz? Gerechtigkeit. Und was schafft die Gnade? Gerechtigkeit. Christus hat dem Urteil des Gesetzes gegen die Sünde nicht widersprochen; er hat es an sich selbst getragen und mit seinem Blut besiegelt. Dem stimmen wir im Glauben zu als für uns geschehen. Nun ist freilich das Gesetz nicht mehr unser Mittler mit Gott, sondern Christus ist es; die Glaubenden sehen allein auf ihn. Christus befindet sich aber mit dem göttlichen Gesetz in völliger Eintracht. Sein Urteil gegen die Sünde trägt er an sich selbst; die Gerechtigkeit, die es vom Gerechten fordert, schafft er in den Glaubenden. So kommt das Gesetz in ihm zur Kraft und zum Leben; es steht aufgerichtet da, nicht mehr nur als Gebot, das auf unser Werk wartete, sondern zur Erfüllung gelangt in Jesu Werk, in das wir im Glauben eingeschlossen sind.

Damit hat sich die Armut, in die uns Paulus in den ersten Kapiteln hinabführte, in Reichtum verwandelt. Wir hatten uns unter die Verurteilung des Gesetzes zu beugen, und – die Verurteilung wurde uns zur Rechtfertigung. Wir gaben uns selber preis, als dem Recht Gottes verfallen und – finden uns wieder als die Empfänger einer Gnade, die uns Gerechtigkeit verleiht. Wir mußten bekennen, daß wir das Gesetz nicht erfüllen können, und – es steht in Christus vor uns erfüllt und ins Leben gesetzt. Wir gaben unsere Werke hin und wandten uns dem Glauben zu; wir werden auch das Wirken wiederfinden, einen Dienst für Gott, der Leib und Leben ihm als Waffen der Gerechtigkeit dargibt.

Wem die alttestamentliche Verheißung gehört

(4,1-12)

Paulus hat uns die große Wandlung gezeigt, die mit der Erscheinung des Christus angebrochen ist. Nun aber, heißt es 3,21, ist alles anders geworden als bisher, alles anders als unter dem Gesetz. Diese große Veränderung stellte der Erkenntnis der Christenheit eine wichtige Aufgabe. Sie mußte nicht bloß den Unterschied zwischen der bisherigen Offenbarung Gottes und dem Evangelium sehen, sondern auch die Einheit und den inneren Zusammenhang. Wie sollte sie dem Evangelium glauben, wenn es ihr schien, es stoße alles um, was Gott bisher gesagt und geschaffen hat? Jetzt galt es, in das Alte Testament hineinzusehen und zu erwägen, wie Gottes Weg mit Israel sich mit dem Evangelium zu einem einigen Rat und Werk der göttlichen Gnade zusammenschließt.

Israels Berufung zum Volk Gottes geht auf Gottes Verkehr mit Abraham zurück. Abraham hat die Zusage Gottes empfangen, die seinen Söhnen Gottes Segen erteilt. Auf dieser Zusage steht das ganze Alte Testament. Sie wiederholt sich immer neu dadurch, daß Gott als Israels Gott erscheint, der seine Gnade Israel im Unterschied von allen anderen Völkern erfahren läßt. An der Wahrheit dieses göttlichen Versprechens zu zweifeln kam nie in des Apostels Sinn. Es steht ihm durch die Schrift völlig fest, daß Gott Abraham die Ehre gegeben hat, daß alle von ihm herkommen sollen, denen

Gottes Segnungen zuteil werden. Nachdem aber Gott seine Gnade so wunderbar ausgedehnt und sie durch Christus auch den Heiden erwiesen hat, fällt neues Licht auf die Weise, wie er Abraham für alle, die sein Reich ererben werden, zum Vater gemacht hat. Darum stellt Paulus die Frage auf, 4,1: *Was werden wir nun von Abraham, unserem Ahnen nach dem Fleisch, sagen?*[1]

Der Jude redete von Abrahams Frömmigkeit, als hätte er seine Berufung sich selbst zu verdanken und durch seine Werke sich vor Gott als gerecht erwiesen. Darin sieht Paulus eine Abweichung von dem, was die Schrift über Gottes Gemeinschaft mit Abraham sagt. 4,2: *Denn wenn Abraham aus Werken gerecht gesprochen wurde, hat er Grund zum Ruhm; aber bei Gott hat er ihn nicht.* Ob Abrahams Gerechtigkeit der Erfolg seiner Werke oder das Geschenk der Gnade war, das muß sich darin zeigen, ob er es zum Ruhm gebracht hat, und zwar nicht bloß vor Menschen, wenn er mit anderen Menschen verglichen wird, sondern vor Gott, wenn Gottes Auge auf ihm ruht. An diesem Punkt scheiden sich ja der Weg der Werke und der des Glaubens. Wer durch sein Wirken nach dem Gesetz die Gerechtigkeit gewinnt, der hat vor Gott Ruhm; er steht vor ihm als der Sieger, dem Gott den Lorbeer reichen kann, und Gott würde ihm diesen Ruhm nicht versagen oder schmälern. Wo aber der Glaube die Gnade anruft, da hört der Ruhm auf; denn dann habe nicht ich das Ziel erreicht, sondern Gott hat mich zum Ziel der Gerechtigkeit gebracht. Wie steht es nun mit Abraham? Gott stellte ihn nicht so vor sich, daß er ihm einen Anlaß gäbe, sich selbst zu rühmen. 4,3-5: *Denn was sagt die Schrift? Abraham glaubte Gott, und es wurde ihm zur Gerechtigkeit gerechnet* (1. Mose 15,6; Gal. 3,6; Jak. 2,23). *Dem aber, der Werke tut, wird der Lohn nicht aus Gnade, sondern aus Pflicht angerechnet; dem aber, der nicht Werke tut, dagegen an den glaubt, der den Gottlosen gerechtspricht, wird sein Glaube als Gerechtigkeit angerechnet.* Beide Aussagen der Schrift, durch die sie Gottes Urteil über Abraham ausspricht, nehmen ihm den Ruhm. Er glaubte, das will sagen: er sah ein, daß sein eigenes Wirken ihm nichts helfe; darum legte er sich in Gottes Hand

[1] Verbreiteter als diese Fassung des Satzes ist in den alten Handschriften die folgende: Wovon werden wir sagen, daß es Abraham, unser Vorfahre, mit Rücksicht auf sein Fleisch erlangt habe? Die Antwort, die Paulus im Sinn hätte, wäre dann: Nichts hat Abraham so erlangt, daß dabei seine natürliche, menschliche Art den Ausschlag gab.

und erwartete Gottes Werk. Gott rechnete ihm die Gerechtigkeit zu, das heißt: er hatte keinen Anspruch an sie, so daß er seine Rechtfertigung hätte fordern können; nichts verpflichtete Gott zu seinem rechtfertigenden Urteil über ihn; nichts trieb ihn dabei als seine eigene Gütigkeit. In Gnaden ließ er sich den Glauben Abrahams als Gerechtigkeit wohlgefallen. Sein Glaube wurde ihm zur Gerechtigkeit, das will schließlich sagen: Gott hat in ihm den Gottlosen gerechtgesprochen, und gottlos war er nicht nur einst, als er noch in Mesopotamien in heidnischer Umgebung war, sondern eben damals, als er sich glaubend an Gott wandte; da brauchte er den Gott, der den Gottlosen gerechtspricht, weil er eine vergebende und heilende Gnade hat, und er fand ihn auch.

Paulus hat das viele Rühmliche, das die Schrift von Abraham erzählt, nicht übersehen. Er übersieht das Gute am allerwenigsten an den heiligen Männern Gottes in der Schrift. Er kennt wohl den gehorsamen Abraham, der auszog, ohne zu wissen wohin, den Mann des Friedens, der Lot das Beste des Landes überließ, den heldenmütigen Abraham, der seinen Sohn Gott zum Opfer bringen konnte. Aber dadurch, wird es nur um so wichtiger, daß Abraham dann, wenn Gottes Verheißung an ihn ergeht, nichts anderes tun konnte, als sie glaubend hinzunehmen; hier ist keine Rede von Werk und Leistung, sondern nur von dankbarem Aufblick zu der Gnade, die ihm gebend entgegenkommt, und eben dieser sein Glaube gilt vor Gott als Gerechtigkeit.

Neben Abraham steht David, dem der als ein seliger Mann gilt, dem Gott die Sünden vergeben hat. 4,6-8: *wie auch David über den Menschen die Seligpreisung spricht, dem Gott Gerechtigkeit ohne Werke zurechnet: Selig sind die, deren Auflehnung gegen das Gesetz vergeben wurde und deren Sünden bedeckt wurden; selig ist der Mann, dem der Herr Sünde nicht anrechnet* (Ps. 32,1.2). Rechnet uns Gott unsere Sünden nicht an, so bedeutet das, daß er uns Gerechtigkeit zurechnet, weil seine Gnade es nicht dabei bewenden läßt, unsere Sünde zu decken; wenn er sie vergibt, stellt er uns als die Gerechten vor sich und gibt uns allen Lohn und alle Güter der Gerechtigkeit. Zu ihr steht uns aber der Weg nach Davids Wort deshalb offen, weil Gott unsere Übertretungen bedeckt. Das will sagen: er rechnet uns Gerechtigkeit an ohne Werke, ohne daß seine Gnade von unserem Werk abhängt. Wenn unsere Übertretungen bedeckt werden, verfährt Gott nicht mit uns nach unserem Werk.

Das sind zwei Worte aus dem Alten Testament, zu denen Paulus noch viele ähnliche hätte fügen können. Denn wie die Schrift die Sünde Israels mit durchdringendem Ernst bezeugt, so stellt sie nicht weniger gewaltig die Größe der göttlichen Vergebung ans Licht und zeigt die Regel der Gnade, nach der Gott die Menschen regiert. Und nun stellt Paulus die Frage: Wem macht die Schrift diese Zusage? Sagt sie, daß Gott dem Juden die Sünde verzeiht, dem Heiden aber nicht? Reicht die göttliche Gnade nur so weit, als die Beschneidung reicht? 4,9.10: *Geht nun diese Seligpreisung auf die Beschnittenen oder auch auf die Unbeschnittenen? Denn wir sagen: Abraham wurde der Glaube als Gerechtigkeit angerechnet. Wie wurde er ihm also angerechnet: als er in der Beschneidung war oder in der Vorhaut? Nicht in der Beschneidung, sondern in der Vorhaut.* Die Beschneidung grenzte Israel von den Heiden ab. Diese Scheidewand war durch das Gesetz selbst errichtet und nicht bloß durch den jüdischen Übermut. Das Gesetz machte einen Unterschied zwischen den Menschen und stellte auf die eine Seite die Beschnittenen, auf die andere die Unbeschnittenen. Ist nun die Meinung der Schrift, daß Gottes vergebende Gnade an dieser Grenze haltmache und nur die Beschnittenen umfasse, nicht auch zu den Unbeschnittenen komme? An der Neigung, das zu behaupten, fehlte es dem Juden nicht; er zeigte dabei auf Abraham hin, der ja als der Empfänger der göttlichen Verheißung zugleich der Anfänger der Beschneidung war. Ganz recht, sagt Paulus, seht nur auf Abraham, wenn ihr wissen wollt, wie weit Gottes Gnade reicht, ob sie die Unbeschnittenen nicht umfaßt, sondern bloß die Beschnittenen! Als Abrahams Glaube Gottes Wohlgefallen fand und ihm seinetwegen Gerechtigkeit zugemessen wurde, war er unbeschnitten. Abraham selbst ist der erste Heide gewesen, der ohne Beschneidung durch den Glauben allein die Gerechtigkeit gefunden hat. An ihm hat Gott ein für allemal gezeigt, daß seine Gnade nicht an die Beschneidung gebunden ist und nicht nur die Beschnittenen umfaßt. 4,11a: *und das Zeichen der Beschneidung erhielt er als Siegel der Gerechtigkeit des Glaubens, den er in der Vorhaut hatte* (1. Mose 17,10f.). Abraham hat die Beschneidung nicht empfangen, damit er durch sie gerecht werde; sondern weil er vor Gott durch seinen Glauben gerecht war, darum wurde er mit dem Zeichen der Beschneidung versehen. Sie bildete das göttliche Siegel auf die in seinem Glauben bestehende Gerechtigkeit. Er hat aber, um glauben zu können, der Beschneidung nicht bedurft, und Gott hat nicht auf sie gewartet, um seinen Glauben anzunehmen. Vielmehr war er bereits in Gottes Gnade und Gerechtigkeit eingeschlossen, ehe er nach dem Maßstab des Gesetzes ein Jude war.

Jetzt wissen wir, an wen Gott dachte, als er von Abrahams Kindern sprach, denen seine Gnade zufallen wird. 4,11b.12: *damit er ein Vater aller in der Vorhaut Glaubenden sei, damit ihnen die Gerechtigkeit zugerechnet werde, und ein Vater der Beschnittenen für die, die nicht nur aus der Beschneidung sind, sondern auch für die, die den Spuren des Glaubens Abrahams, unseres Vaters, folgen, den er in der Vorhaut hatte.* Abrahams Kinder erlangen die Gerechtigkeit auf demselben Weg, wie sie Abraham gefunden hat. Gottes Absicht schaute auf die Heiden hinaus. Gott wollte die Heiden zum Glauben berufen und ihnen die Gerechtigkeit um des Glaubens willen zurechnen; darum hat er Abraham berufen, darum seinen Glauben sich wohlgefallen lassen und darum ihn mit der Verheißung gekrönt, daß er der Vater des Geschlechts sei, das Gottes Eigentum werden wird. Das ist die kühne Spitze in der Predigt des Apostels, die er gegen das jüdische Großtun mit der natürlichen Abstammung von Abraham kehrt. Darum haben sich auch die Juden so heftig gegen ihn erbittert. Wenn er ihnen sagte: Darum ward Abraham erst, nachdem er Gott geglaubt hatte, die Beschneidung gegeben, weil die Heiden sein Same werden sollten, so griff das dem jüdischen Stolz tief ins Herz. Aber Paulus sagt das nicht, um die Juden zu ärgern; er schaut anbetend auf die Größe der göttlichen Gnade, die schon bei ihrem ersten Wort ihren die weite Welt umfassenden Reichtum so deutlich kundgemacht hat. Wie könnte Paulus Abraham höher ehren und preisen als dadurch, daß er ihm eine so große Kinderschar zugesellt, die durch die Völkerwelt sich ausbreitet und aus allen Gerechten besteht, aus allen, die die einzige echte und bleibende Gerechtigkeit besitzen, die, mit der Gott die Glaubenden begabt?

Nun fragt aber der Jude: Wo bleiben denn wir? Darum fährt Paulus fort, daß Abraham auch für die Beschnittenen, also für

Israel, Vater sei und nicht allein unter den Heiden Kinder habe. Aber nach dem Vorangehenden bedarf dieses Wort noch einer Erläuterung. Die, die nur aus der Beschneidung sind, gehören nicht zu seinem Geschlecht. Ihre Beschneidung ist eine andere als die Abrahams; denn ihr fehlt das, was sie als Gottes Siegel dem Abraham bekräftigte. Ohne Glauben und ohne dessen Gerechtigkeit ist sie nichtig und leer; somit ist der Jude nicht deshalb schon Abrahams Sohn, weil er beschnitten ist, sondern muß es erst werden, und zwar dadurch, daß er sich von der Beschneidung innerlich löst. Er darf sie nicht als die Stütze brauchen, auf die er seinen Ruhm vor Gott gründen will, sondern muß sich auch, ganz wie der Heide, zum Glauben wenden, wie Abraham es tat. Es geschieht somit dem Juden kein Unrecht, wenn Paulus ihm verwehrt, sich auf seine Beschneidung zu verlassen. Er mutet ihm nicht mehr zu, als daß er sich Abraham beigeselle, der in seiner Vorhaut gläubig war. Wenn dem Juden die Beschneidung als das gilt, wozu sie Abraham gegeben war, als das Siegel der Gerechtigkeit des Glaubens, dann ist er sich zum Segen beschnitten; dann kommt an ihm das Wort des Apostels zur Erfüllung, daß der Nutzen der Beschneidung in jeder Hinsicht groß ist; dann sträubt er sich aber auch nicht mehr, in den glaubenden Heiden die Brüder zu erkennen, die zum Geschlecht Abrahams so gut wie er gehören.

Paulus sagt nicht nur: Gott hat Abraham so geführt, damit die Heiden ihm nachfolgen und sein Beispiel nachahmen, sondern er heißt die Heiden Kinder Abrahams und Abraham ihren Vater. Nun soll das Kind freilich in den Fußtapfen des Vaters wandeln; es ist ja gleicher Art mit ihm und hat darum auch denselben Weg. Aber die Worte „Vater" und „Kind" zielen nicht bloß auf die Nachfolge, sondern sprechen von einem Lebenszusammenhang. Wer mich bloß lehrt, der ist noch nicht mein Vater, sondern der ist es, der mich ins Dasein setzt und mir das Leben gibt. Paulus könnte nicht so sprechen, wäre ihm der Glaube ein Selbstgemächte des Menschen, ein Gebilde des eigenen Willens, das er selbst hervorbrächte. Allein der Glaube wird von uns empfangen; er entspringt aus dem, an den wir glauben, aus Gott, der seine Gnade uns entgegenbringt. Diese Gnade, die uns zu Gläubigen macht, hat Gott zuerst Abraham erzeigt. Abraham hat er zuerst gegeben, was nun auch in unser Herz eingegangen ist und unser Leben vor Gott ausmacht. Von Abraham her gehen die Gnade und der Glaube aus in die Welt und breiten sich zu den Menschen aus, erfüllen ihr Herz und machen ihr Wesen und Leben neu. Aus dem glaubenden Abraham kam zuerst Israel, aus Israel Christus, aus Christus die glaubende Gemeinde der Heiden. Da ist Fortpflanzung, nicht des Bluts, wohl aber dessen, was des Herzens Kraft und Saft ausmacht und in uns zum ewigen Leben wird. Und je heller der Blick des Apostels die große Veränderung ermißt, die Jesu Sendung in der Welt hervorgebracht hat, je mehr er erfaßt, daß das Alte vergangen und alles neu geworden ist (2. Kor. 5,7), mit um so größerer Freude hebt er auch die Einheit der göttlichen Regierung im alten und neuen Bund hervor. Er sieht etwas Großes in diesem durch den Wandel der Zeit stetig fortschreitenden Gotteswerk, in diesem Stammbaum des Glaubens und der Erkenntnis Gottes, in dieser Zusammenfassung der Menschheit zu einer großen Familie, in der dieselbe Gnade Gottes vom einen auf den anderen übergeht (Eph. 3,1-6).

Wir werden auch verstehen, daß der Apostel hiebei gerade jetzt verweilt, als er nach Rom schreibt und daran denkt, das Evangelium dorthin zu bringen. Immer weiter entfernte er sich von Jerusalem und der Judenschaft; immer größer wurde die Zahl der Heidengemeinden. Wäre das ein Bruch der Zusage Gottes, die Abraham und sein Geschlecht empfangen hat, wie könnte er dann mit gutem Gewissen Apostel der Heiden sein, und wie könnte die Christenheit sich an seiner Arbeit freuen? Aber es bleibt dabei, daß niemand als die Söhne Abrahams die Erben des Reichs sind. Nur haben sich Gottes Gedanken als unendlich größer erwiesen, als die Juden erwarteten. Sie wollten den Kreis der Söhne Abrahams einschränken auf die, die dem Leib nach von ihm herkommen oder wenigstens innerhalb des Gesetzes stehen. Gott aber hat den Glauben Abrahams auch den Heiden geschenkt und sie dadurch zu Kindern Abrahams gemacht. So dient gerade die Arbeit des Paulus, der das Evangelium in die weite Welt hinausträgt, der göttlichen Zusage zur Erfüllung, und die Römer lernen auch hier wieder den Eifer verstehen, der Paulus bewegt. Jetzt ist die Zeit, da Gottes Verheißung sich erfüllt und die zahlreiche Kinderschar Abrahams geboren und gesammelt wird. Da kann er nicht müßig sein.

Der Unterschied zwischen der Verheißung und dem Gesetz

(4,13-16)

Paulus hat den Glaubenden nur die Verheißung zugeeignet, nicht auch das Gesetz. Das wollten die Juden nicht zugeben. Das Gesetz, meinten sie, lasse sich von der Verheißung nicht trennen; diese könne nur denen gelten, die auch das Gesetz haben; denn das Gesetz sei die Voraussetzung für den Empfang der Verheißung. Aber die Verheißung und das Gesetz liegen weit auseinander, und ihr Amt ist von ganz verschiedener Art. Beide sind Gottes Wort, beide also heilig, gültig, mächtig, unaufhebbar durch des Menschen Macht. Aber die Verheißung ist das Wort Gottes, das sagt, was Gott tun will; das Gesetz dagegen ist das Wort Gottes, das sagt, was der Mensch tun soll. Das macht den großen Unterschied. Darum stehen beide in ihrem Ausgang gegeneinander wie Leben und Tod, wie Gnade und Zorn. Es entsteht nicht dasselbe Ergebnis, wenn Gott oder wenn der Mensch die Hand ans Werk legt. Durch die Verheißung tritt Gott hervor und zeigt, was er für uns tut. Das Gesetz ruft den Menschen auf, daß er zeige, was er für Gott leistet. Der Ausgang ist verschieden.

4,13: *Denn nicht durch das Gesetz kam die Verheißung zu Abraham oder zu seinem Geschlecht, daß er der Erbe der Welt sei, sondern durch die Gerechtigkeit des Glaubens.* Von Anfang an hat Gott die Verheißung vom Gesetz unabhängig gemacht. Abraham hat nicht zuerst ein Gesetz erhalten und erfüllen müssen, ehe Gott ihm sein Versprechen gab, sondern dieses kam als Gottes freie Zusage zu ihm und lautete: Ich will es tun. Auf demselben Weg kommt Gottes Verheißung zu allen, denen sie wie Abraham gehört, weil sie Abrahams Kinder sind. Gerechtigkeit müssen sie gefunden haben, ehe es für sie Anteil an Gottes Reich und seinen Gütern geben kann. Für die Ungerechten gibt es keine Verheißungen. Die Gerechtigkeit, die zur Verheißung führt, ist aber des Glaubens Besitz und Eigenschaft.

Gott versprach Abraham und seinem Geschlecht, daß sie die Erben der Menschheit seien. So groß war die Hoffnung Israels; es erwartete den Tag, an dem alle Völker sich vor ihm beugen und ihm dienen. Paulus stimmt zu. Gott führt seine Gemeinde zur Freiheit und Herrlichkeit empor und wird sie vor der ganzen Welt verklären, so daß sich alle mit ihr vereinigen werden. Aber wie kommt uns das? Nicht durch das Gesetz, nicht durch unser Werk und unsere Kraft. Nicht wir erheben uns durch die Größe unserer eigenen Tat über die Welt. Gott wird die vor der Welt verherrlichen, denen er ihres Glaubens wegen Gerechtigkeit zuteilt.

Wer sich auf das Gesetz stützt, so daß ihm das Gesetz das Erbe zuteilen soll, der hat auf das Erbe verzichtet. 4,14.15: *Denn wenn die aus dem Gesetz Erben sind, so ist der Glaube leer gemacht und die Verheißung entkräftet* (Gal. 3,18). *Denn das Gesetz bringt Zorn zustand. Wo aber das Gesetz nicht ist, ist auch die Übertretung nicht* (5,13; 7,8 f.). Bekäme der das Erbe, der sich auf seine frommen Leistungen beruft, so könnte kein auf Gott gestellter Glaube wahr werden und kein von Gott gegebenes Versprechen sich erfüllen. Wenn der Glaube uns die Gaben Gottes bringt, so geschieht dies nicht nach dem Gesetz, sondern nach Gottes Güte; wenn die Verheißung Gottes sich erfüllt, so geschieht dies wiederum nicht nach dem Gesetz, sondern weil Gott treu und gnädig tut, was er versprochen hat. Wenn uns aber Gott das Erbe nicht geben darf, sondern wir selbst verpflichtet sind, es zu erwerben, werden wir es nie erlangen. Denn das Gesetz ist nicht die Himmelsleiter, auf der wir zum Leben emporsteigen; es erweckt den göttlichen Zorn gegen uns. Paulus läßt uns immer tiefer hineinsehen in die heilige, ernste Aufgabe des göttlichen Gesetzes. Er zeigte uns zuerst, wie es uns zur Tat beruft, weil es uns verpflichtet, zu tun, was Gott gefällig ist (2,13); sodann, daß es uns deshalb zur Erkenntnis der Sünde führt (3,20); jetzt zeigt er uns, wie es uns von der Gnade Gottes scheidet, weil der Mensch an ihm den göttlichen Zorn gegen sich erweckt. Gott schirmt das Gesetz gegen die, die es übertreten. Wie Gott seine Wahrheit mit Zorn an denen rächt, die sie unterdrücken (1,18), so steht auch neben dem Gesetz der Zorn Gottes gegen die, die sich ihm nicht unterwerfen. Es läßt sich aber keiner mit dem Gesetz ein, ohne daß er es übertritt. Darum verdirbt sich ein jeder, der sein Heil und Leben auf das Gesetz erbauen will. Er hat in törichter Verblendung Heil und Leben von dem erwartet, was die Waffe Gottes gegen uns Sünder ist, die uns den Tod bringt.

Mit diesem Wort tut Paulus dem Gesetz die höchste Ehre an, eine viel größere Ehre, als je ein Pharisäer ihm angetan hat. Der Pharisäer hieß das Gesetz wohl heilig, aber zugleich sagte er: Du darfst es auch übertreten; nur mache es nicht zu schlimm; etwas Übertretung schadet nicht. Paulus sagt ihm: Du weißt nicht, was das heißt: „Gesetz“! Du meinst, es sei wie Wachs, und du könntest es biegen und drehen. Wenn aber Gott spricht: Du sollst! so bleibt das stehen in Gültigkeit und Kraft; du wirfst ein solches Wort nicht um. Streitest du dagegen, so fällt nicht das Gebot, sondern du selbst kommst zu Fall. Das übertretene „du sollst“ kostet dir dein Leben; denn daraus bricht der Zorn hervor.

Nur da, wo das Gesetz nicht ist, gibt es keine Übertretung. Das Gesetz ist aber da nicht, wo Gottes Verheißung ist, ist da nicht, wo die Gnade ist, ist da nicht, wo der Glaube ist. Darum ist hier auch keine Übertretung und kein Zorn, vielmehr der offene Weg zu Gottes Reich. 4,16: *Deshalb geschieht es aus dem Glauben, damit es nach der Gnade geschehe, damit die Verheißung für das ganze Geschlecht gültig sei, nicht bloß für das aus dem Gesetz, sondern auch für das aus dem Glauben Abrahams, der unser aller Vater ist.* Gott will uns nicht unter seinen Zorn stellen, sondern er will uns wirklich das Erbe geben, und seine Verheißung soll für uns gültig sein; darum hat er sie nicht an das Gesetz gebunden, sondern den Glauben zum Mittel ihrer Erfüllung gemacht. Nun steht die Verheißung auf Gottes Gnade, und mein Erbe hängt nicht an dem, was ich tue, sondern Gott hält es in seiner eigenen Hand; deshalb ist es mir gewiß. Dadurch erhält auch die ganze Nachkommenschaft Abrahams an seinem Erbe Anteil, alle, die mit ihm eines Glaubens sind, während das Gesetz den Unterschied zwischen den Menschen aufrichtet und den Heiden vom Juden sondert.. Für die Gnade aber gibt es keinen Unterschied.

Wie sich Abraham gläubig erwies

(4,17–25)

Wie wir durch Christus zum Glauben berufen sind, so hat auch schon die alttestamentliche Verheißung im Menschen Glauben erweckt. An dem, was in Abrahams Seele vorging, zeigt Paulus, wie

Abrahams Glaube unserem Glauben, mit dem wir Christus umfassen, ähnlich war. Diese Ähnlichkeit besteht darin, daß auch Abraham völlig von dem absehen mußte, was er selber war, um sich ganz an den Gott zu halten, der vermag, was Abraham unmöglich war, und wirkt, was Abraham fehlte. Sich an den lebendigen Gott allein zu halten, das ist die Art des Glaubens im Alten wie im Neuen Testament.

Abraham ist für uns alle der Vater, 4,17: *wie geschrieben ist: Ich habe dich zum Vater vieler Völker gesetzt* (1. Mose 17,5), *vor dem Gott, dem er glaubte, der die Toten leben macht und, was nicht besteht, als vorhanden ruft* (Hebr. 11,19). Daß Gott Abraham sagte, er habe ihn zum Vater vieler Völker gemacht, das ist der von Gott gelegte Grund seines Glaubens, der ihm Wahrheit und Inhalt gibt. Aber so sprach Gott zu ihm, als er noch keinen Sohn hatte und auf dem Weg der Natur keinen mehr erhalten konnte. Und doch sagt ihm Gott: Du bist Vater; ich habe dich dazu gesetzt. Dadurch war er Vater, aber nicht vor sich selbst oder vor den Menschen, wohl aber vor Gott. Ihn hindert der Tod nicht, Leben zu gewähren. Er läßt auch aus dem toten Abraham Völker werden. Er kann von dem, was noch nicht ist, reden, als wäre es schon, weil er es mit seiner Schöpfermacht ins Dasein ruft. Er spricht darum von den künftigen Geschlechtern, als wären sie schon da. Auf die Schöpfermacht Gottes ist Abrahams Vatername gestellt; auf sie gründet sich der Glaube, und um ihretwillen ist er wahr.

4,18-22: *Er glaubte gegen die Hoffnung um der Hoffnung willen, damit er der Vater vieler Völker werde nach dem Wort: So wird dein Geschlecht sein* (1. Mose 15,5), *und weil er durch den Glauben nicht schwach wurde, nahm er wahr, daß sein Leib erstorben war, da er etwa hundertjährig war, und die Erstorbenheit des Mutterschoßes der Sara* (1. Mose 17,17; Hebr. 11,12); *aber an der Verheißung Gottes zweifelte er nicht durch den Unglauben, sondern wurde durch den Glauben gestärkt, da er Gott die Ehre gab und gewiß war, daß er das, was er verhieß, auch zu tun vermag. Deshalb wurde es ihm auch als Gerechtigkeit angerechnet.* Weil Abraham nur vor Gott Vater ist, nicht vor sich selbst, erhält seine Seele eine doppelte Bewegung. Er wird in die Hoffnung versetzt; unermeßlich groß steigt sie vor seinem Auge auf; denn wie die Sterne des Himmels soll sein

Volk sein. Und doch steht er zugleich in der Hoffnungslosigkeit. Alle Hoffnung erstirbt, wenn er sich selbst ansieht. Denn sich selbst und Sara muß er für erstorben erachten. Was soll er nun tun, da er zwischen die Hoffnung und die Hoffnungslosigkeit gestellt ist? Glauben! Er muß die von Gott ihm dargebotene Hoffnung ergreifen und festhalten gegen alles, was er an sich selbst sieht. Das war seine Glaubenstat. Er blickte von sich selbst weg und stimmte dem bei, was Gott über ihn gesagt hatte; er ließ es gelten, daß er der Vater vieler Völker sei, weil Gott ihn dazu bestimmt hatte, obwohl dies himmelhoch über seinem Vermögen stand; er ließ sich durch seine Ohnmacht nicht schwach machen und begann nicht, in seinem Herzen zu schwanken; er spaltete seine Gedanken nicht und ließ sie nicht wider einander streiten, so daß er neben Gottes Zusage sich doch durch seinen eigenen Zustand noch hätte erschrecken lassen, sondern er ergriff mit kräftiger Überwindung seiner eigenen Gedanken Gottes Verheißung. Das heißt: er hat Gott geglaubt. Was ihn dazu bewegt, ist der Wille, Gott die Ehre zu geben, die ihm gebührt. Wie soll er der Macht und Güte Gottes Schranken setzen? Er muß sich für das halten, wozu Gott ihn bestimmt, wenn er Gott als Gott ehren und sich nicht an seiner Majestät vergreifen will. Darum gewinnt der Gedanke in ihm die Herrschaft, daß Gott tun kann, was er verspricht. Das kann er nicht leugnen, sowie er den Blick zu Gott erhebt, und nun wird er dieser Wahrheit untertan, so daß sie als Gewißheit in ihm lebt.

4,23-25: *Er wurde aber nicht bloß um seinetwillen geschrieben, daß es ihm angerechnet wurde, sondern auch um unseretwillen, denen es angerechnet werden wird, die wir an den glauben, der Jesus, unseren Herrn, aus den Toten auferweckt hat, der wegen unseres vielfachen Falles dahingegeben und wegen unserer Rechtfertigung auferweckt worden ist.* Auch wir sind auf Gott allein geworfen und von allem, was wir von Natur und nach dem Fleisch sind, gelöst, da wir durch das Evangelium Gott als den kennen, der Christus auferweckt hat. Dadurch sind auch wir von Gott zu etwas gemacht, was wir in uns selbst nicht sind. Wir sind in die Gerechtigkeit versetzt und haben sie doch nicht in uns; wir sind in das Leben erhöht und stehen doch im Tode. Es wird uns an Christus beides gezeigt, unser Fall und unsere Rechtfertigung, unser Tod und unser Leben. Im Blick auf das Kreuz des Christen müssen wir uns für Übertreter halten; denn für uns geht er in den Tod. Im Blick auf die Auferstehung des Christus dürfen wir uns als Gerechtfertigte wissen; denn Gott hat ihn als den Fürsten des Lebens, der uns in sein Reich erhöht, eben darum auferweckt, weil er uns in seinem Blut die Rechtfertigung bereitet hat. Was bleibt uns anderes übrig, als zu hoffen, wo nichts zu hoffen ist? Von uns selbst läßt sich nichts erhoffen, da wegen unserer Übertretungen Christus sterben muß; hoffen sollen wir, weil Gott durch seinen Tod uns als die Gerechten vor sich stellt. Da gilt es auch für uns, das zu bejahen, wozu Gott uns macht, und es mit einer ungeteilten, dankbaren Zustimmung ohne Schwanken und Zweifeln mitten in der täglichen Erfahrung unserer Sündigkeit und Sterblichkeit festzuhalten. Heißt uns Gott gerecht, so sind wir gerecht; heißt uns Gott lebendig, so stehen wir im Leben. Er vermag zu tun, was er verspricht. Was wir bei uns selbst sind, kann uns nicht mehr gelten, als was wir im Christus sind. Dadurch geben auch wir Gott seine Ehre. Wir können ihn dadurch ehren, daß wir mit Dank und Anbetung seine Gnade annehmen.

Der Anteil des Glaubenden an Gott

(5,1-11)

Immer heller läßt Paulus auf Gottes Gabe ein Licht fallen, Strahl um Strahl. Die Gnade ist von Anfang an eine vollkommene; darum finden wir, sowie wir uns ihr zuwenden, gleich das höchste Gut, die Gerechtigkeit. Daher besteht der Fortschritt im Christenleben darin, daß wir uns in zunehmender Kraft und Fülle das aneignen, was schon mit dem ersten Aufleuchten des Glaubens unser Eigentum geworden ist. Daher rollt auch der Brief des Apostels mit zunehmender Klarheit vor unseren Augen auf, was Gottes Werk für uns in sich schließt. Das nächste dabei ist, daß wir zu Gott emporschauen: Wie gestaltet sich nun unsere Stellung vor Gott?

5,1: *Da wir also aus Glauben gerechtgesprochen wurden, haben wir Frieden mit Gott durch unseren Herrn Jesus Christus* (Gal. 6,16; Eph. 2,15.17; Phil. 4,7). Wir hören ja von Christus nicht das Wort des Zorns und werden von Gott nicht zurückgestoßen, sind vielmehr an- und aufgenommen und gerechtgesprochen. Gottes Friede mit uns wird uns von Christus zugeteilt, und dadurch beendet er unseren Streit mit Gott. Sind wir in die Rechtfertigung eingeschlossen, die Christus uns erworben hat, wie sollten wir nicht mit Gott zufrieden sein? Da hören wir auf, gegen ihn zu murren und zu klagen; die Flucht vor ihm endet, und der stille und doch so giftige Ärger über ihn hat keinen Raum mehr in uns; wir lassen uns ihn und seine Wege wohlgefallen. Und wenn sich je wieder die Stimme der Unzufriedenheit in uns regen will, so muß sie ersterben, wenn wir neu bedenken: Gott hat mir, dem Gottlosen, Gerechtigkeit aus Glauben bereitet. Als das Ziel und Ende des Gesetzes hat uns Paulus die Ergebung vor Gott gezeigt, daß wir vor ihm verstummen und uns in seine Entscheidung und in seine Hand legen (3,19.29). Nun stehen wir höher; nun ist nicht mehr zur Ergebung unser Los, sondern Friede ist uns geschenkt. Wir müssen uns nicht bloß wohlgefallen lassen, was Gott tut, nein, es gefällt uns wohl. Diese Änderung kommt von Gott; sie rührt daher, daß Gott nicht gegen uns ist, sondern sich väterlich in reicher Gnade zu uns hält. Weil Gott den Zwist zwischen ihm und uns aufgehoben hat, hat er uns in den Frieden versetzt.

Darum ist unser Friede mit Gott ganz und gar die Gabe Jesu. 5,2a: *Durch den wir auch im Glauben den Zugang zu dieser Gnade erlangt haben, durch die wir stehen* (Eph. 2,18; 3,12; Röm. 11,20; 1. Kor. 15,1; 2. Kor. 1,24). Mit der Sendung Jesu in die Welt und seiner Erhöhung aus dem Tod in die Herrlichkeit ist noch nicht alles getan, was zu unserer Rettung geschehen muß. Es müssen uns weiter die Wege geöffnet werden zu Christus hin, so daß wir die Gnade hören, merken und fassen können. Durch die Verkündigung des Evangeliums, durch den Dienst der Apostel, durch die Arbeit der Kirche, im Zusammenwirken innerer und äußerer Erlebnisse und Führungen werden wir hinzugeleitet zur Gnade, die uns im Christus bereitet ist. Auch diese Hinzuführung ist sein Werk. Sie bildet die Fortsetzung seiner Arbeit auf Erden, die immer wiederholte Erneuerung seines Rufs: Kommt alle zu mir! Diesen Ruf setzt er nun als der Verherrlichte mit einer die Welt umfassenden Tätigkeit ins Werk. Dadurch verschafft er uns die Aufrichtung aus unserem Fall und die Bewahrung vor dem uns verderbenden Sturz; nun stehen wir.

Deshalb ist uns der Mund zu freudigem Rühmen aufgetan. 5,2b-5: *Und wir rühmen uns wegen der Hoffnung auf Gottes Herrlichkeit* (Phil. 3,3); *aber nicht bloß das, sondern wir rühmen uns auch der Bedrückungen, da wir wissen, daß der Druck Standhaftigkeit bewirkt, die Standhaftigkeit aber Bewährtheit, die Bewährtheit aber Hoffnung. Die Hoffnung aber beschämt nicht, weil Gottes Liebe in unserem Herzen durch den heiligen Geist ausgegossen ist, der uns gegeben ist.* Wir rühmen uns der Gerechtigkeit, darum aber auch der Herrlichkeit Gottes. Was die Lebensfülle Gottes bildet, das läßt Paulus unzerteilt. Wo Gerechtigkeit ist, da ist Herrlichkeit. Wird die Gerechtigkeit für uns wirksam zur Rechtfertigung, so steigt auch die Herrlichkeit zu uns herab uns zur Verherrlichung. So erlebt es schon der Sünder, daß er um seiner Ungerechtigkeit willen auch die Herrlichkeit verloren hat (vgl. 3,23). So sehen wir es an Christus, den die Gerechtigkeit Gottes in den Tod gegeben und darum die Herrlichkeit Gottes auferweckt hat (vgl. 6,4). So handelt Gott auch an uns, den Glaubenden, als der Einige und Unteilbare; er vergißt seine Herrlichkeit nicht, wenn er sich zu uns kehrt, sondern kleidet uns in sie, daß wir ein Abglanz und Abbild seiner Herrlichkeit werden. Daß wir ungeteilt lassen, was Gott gehört, in der Gewißheit, daß wir um Jesu willen Gott ganz und ungeteilt für uns haben, das eben ist des Glaubens Art.

Dies ist Hoffnung, vorerst noch nicht mehr. Denn Christus kam zwar als der Diener der göttlichen Gerechtigkeit, aber noch nicht als der Bringer der göttlichen Herrlichkeit. Darauf warten wir. Aber schon dies ist ein großer Gewinn, daß wir jetzt hoffen lernen. Solange wir fern von Gott sind, wissen wir gar nicht, was hoffen heißt. Wir hegen wohl beständig Bilder und Träume von Glück und Lust in uns; aber sie haben stets den inneren Zeugen gegen sich, der sie als Traum kennzeichnet und unsere Erwartungen widerlegt. Und die wahrhaftigen Güter schauen uns, ehe der Glaube erwacht, leer und frostig an; sie erwecken unser Verlangen nicht. Erst glaube, dann wirst du sehen, was hoffen heißt, mit einer Hoffnung, deren man sich rühmt, weil sie eine lebendige und wahrhaftige Hoffnung ist.

Die Gegenwart unseres Lebens steht freilich oft genug zu unserer Hoffnung in hartem Widerstreit. Not bedrängt uns, nicht nur die natürlichen Schmerzen des leiblichen Lebens, sondern noch mehr der Druck, den die Menschen auf uns legen, die sich der Botschaft Jesu widersetzen und alles, was sie an Gott erinnert, mit Leidenschaft bekämpfen, so daß aus dem Dienst der Christenheit ein sie aufreibender Kampf entsteht. Paulus kannte ja diese Trübsal aus besonders reichlicher Erfahrung; sein Christenleben war ein beständiger Leidenslauf. Aber auch das erschüttert unsere Hoffnung nicht, sondern befestigt sie. Je mehr Druck, desto mehr Tragkraft; denn unter der Last erstarkt die Kraft (Jak. 1,27). Je mehr ausharrende, tragende Geduld, desto mehr Erprobung; da bewährt sich unser Glaube, daß er nicht Einbildung und Phantasterei ist, sondern ein ernsthaftes Halten und Hängen an Gott. Je mehr Erprobung, desto mehr Hoffnung; sie gibt uns das gute Gewissen zu Gott, das freudige Bewußtsein, daß wir in Aufrichtigkeit mit entschlossenem Willen auf seinem Weg wandeln und darum seine Hilfe suchen dürfen. Und die Hoffnung bereitet uns keine Enttäuschung. Daß wir umsonst auf Gott hoffen, wenn wir nur wirklich auf ihn hoffen, das ist eine Unmöglichkeit; denn Gott verleugnet sich nicht, und seine Güte bleibt ewig in ihm. So kommt Paulus zu dem Ergebnis: je mehr Leiden, desto mehr Hoffnung und desto mehr Erfüllung der Hoffnung. Die Trübsal kann allerdings auch die entgegengesetzte Wirkung haben, daß sie Ungeduld wirkt; die Ungeduld aber führt nicht zur Bewährung, sondern zum Fall, und der Fall führt nicht zur Hoffnung, sondern zur Furcht; die Hoffnungen, die wir uns dennoch machen, werden zuschanden, und die schlimme Ahnung unserer Furcht behält recht. Ob unser Kampf mit der Welt für uns zum Anfang der einen oder der anderen Kette von Erlebnissen wird, hängt davon ab, ob wir im Glauben an Christus stehen oder nicht. Für den an Christus Glaubenden tritt das Leiden unter die Mittel, die seine Hoffnung kräftigen und dadurch deren Erfüllung herbeiführen. Und darum stellt der Apostel auch die Bitterkeiten, die uns die Menschen bereiten, unter die Dinge, deren wir uns rühmen und freuen; darin, daß wir auch zum Leiden willig und freudig werden und im Blick auf den Ausgang zu sprechen vermögen: „Ich will, Herr, mit dir leiden", bewähren wir, daß unser Streit mit Gott zu Ende ist und wir den Frieden mit ihm haben.

Paulus gründet unsere Hoffnung auf das Höchste, was unserem Auge erreichbar ist, auf Gottes Liebe. Warum sind wir so reich geworden? Warum haben wir die Herrlichkeit vor uns und alle Kränkungen der Menschen unter uns? Warum schwächt kein Leiden unser Hoffen, mehrt und kräftigt es vielmehr und macht, daß es die Gewißheit seiner Erfüllung bei sich hat? Gottes Liebe ist in uns eingeströmt. Nachdem Gottes Gerechtigkeit für uns offenbar geworden, der Friede Gottes zu uns gekommen und unsere Entzweiung mit Gott begraben ist, winkt uns nicht nur in der Zukunft die Herrlichkeit Gottes, sondern die Liebe Gottes sucht jetzt unser Herz. Damit ist das Innerste und Heiligste in Gott vor uns aufgetan. Die Liebe verbirgt sich nicht; sie macht sich spürbar und gibt sich zu genießen. Sie erfaßt das inwendige Leben derer, die sie liebt. Sie will nicht bloß Hilfe leisten, Gaben bringen, Dienste erweisen, nützlich sein; sie will das Herz erfüllen, Einheit stiften, uns persönlich an Gott binden, daß wir mit ihm und für ihn leben dürfen. Das geschieht dadurch, daß Gott in das Menschenherz heiligen Geist einziehen läßt. Heiliger Geist in einem Menschenherzen – das hat Gottes Liebe erdacht und hat sie allein ins Werk gesetzt. Hier kann unser Denken nur in tiefem Erstaunen still werden. Gott läßt seinen Hauch und Odem von sich ausgehen als den Boten seiner Liebe, daß er unser Herz bewegt, es aus seiner Erstarrung erweckt, Göttliches in unser eigenes Wesen senkt und uns durch ein lebendiges, wesenhaftes Band mit ihm verbunden hält! Was ist heiliger Geist? Daß wir Gottes Liebe spüren, daß die Erkenntnis hell in uns aufbricht: welch eine Liebe hat uns der Vater gezeigt! Daß aus solcher Erkenntnis der Wille entbunden und gereinigt sich zur Liebe dessen erhebt, der uns zuerst geliebt hat, das ist nach unserer Stelle heiliger Geist.

Unsere Hoffnung hat noch eine andere Erprobung als die Trübsal zu bestehen: die, die der Blick auf unsere Zukunft uns bringt. Nicht so läßt Paulus die Sorge um unsere Zukunft zu Worte kommen, daß er fragen würde: Werde ich wohl beharren und im Glauben bleiben? Diese Sorge kann leicht ungläubig sein; ihr würde Paulus antworten: Statt zu zweifeln, ob du beharren wirst, glaube doch! fasse nur die Hand Gottes, die dich ergriffen hat! Was Paulus vor uns hinstellt, damit die Zuversicht und Hoffnung des Glaubens sich daran bewähre, das ist das kommende Gericht Gottes, die Offenbarung des göttlichen Zornes, an die uns der Anblick der menschlichen

Sünde beständig erinnert. Wir werden Jesus als unseren Richter sehen. So gewiß wir auf unsere Verklärung hoffen, so gewiß erwarten wir auch unser Gericht. Gottes Werk hat stets Recht und Gericht in sich; je mächtiger sich das Reich Gottes offenbart, um so ernster ist das damit verbundene Gericht. Was Paulus in 2,5 gesagt hat, darf nie von uns vergessen werden. Wie nun? Erträgt unser Hoffen den Blick auf den Richter, vor dem unser Verborgenes offenbar ist?

Paulus hält uns zuerst vor, was für eine Liebe Christus uns erwiesen hat. 5,6-8: *Denn als wir noch schwach waren, starb Christus der Zeit nach noch für Gottlose. Denn kaum wird jemand für einen Gerechten sterben; denn es wagt vielleicht jemand, für den Guten auch zu sterben. Aber Gott bewährt seine Liebe gegen uns, weil Christus für uns starb, als wir noch Sünder waren.* Damals, als Christus sein Kreuz trug, waren alle, die jetzt zu seiner Gemeinde vereinigt sind, schwach und krank, noch gottlos; es war noch nichts Heiliges in ihnen. Gottes Geist lebte noch nicht in ihren Herzen; sie waren aus ihrem Fall noch nicht durch Gottes Liebe aufgerichtet. Als Christus sich zum Sterben für die Menschheit anschickte, war nichts um ihn her als eine gottlose Schar. Nun mißt Paulus die Größe seiner Tat an dem, was wir für einander zu tun bereit sind. Wir haben nicht Lust, für gottlose Menschen zu sterben, auch dann nicht, wenn wir sie durch unser Sterben retten könnten. Gottlose lassen wir dahinsinken. Warum sind sie gottlos gewesen? Warum haben sie sich ihren Fall selbst zugezogen? Sollten wir uns für sie aufopfern? Ja, auch wenn einer gerecht ist und im Kampf für das, was recht und gut ist, sein Leben einsetzt, findet er schwerlich jemand, der sein Leben für ihn hingibt. Es kann ihm leicht widerfahren, daß er von allen verlassen und verraten wird, daß alle ihn nicht mehr kennen, wenn sie dabei ihr Leben einsetzen müßten, daß seine Gerechtigkeit niemand herbeilockt, um mit ihm und für ihn das Leben zu opfern. Es kommt freilich auch unter den Menschen vor, daß einer für den anderen um dessen Gerechtigkeit und Guttat willen sein Leben gibt. So sind schon Kinder für Eltern, ein Freund für den Freund, ein Mann für sein Volk gestorben um des Rechts und der Pflicht und der Guttat willen. Aber stets erscheint uns dies als die Tat eines seltenen Muts, die Bewunderung verdient.

Nun, sagt Paulus, seht Christus an! Wir Menschen hatten weder

Gerechtigkeit noch Guttat aufzuweisen. Nichts Heiliges war an uns, was ihn verpflichtet hätte, bei uns zu stehen bis in den Tod. Ließ er uns sterben, so geschah uns Sündern unser Recht. Aber trotz seines heiligen Widerwillens gegen die Sünder, trotz seines gänzlichen Unterschieds von allen Gottlosen starb er für sie. Dadurch hat er Gottes Liebe an den Tag gebracht.

Nachdem uns Gottes Sinn und Wille so kundgeworden ist, wissen wir auch, wie unsere Zukunft ausfallen wird. 5,9-11: *Darum werden wir noch viel mehr, nachdem wir jetzt durch sein Blut gerechtgesprochen sind, durch ihn vor dem Zorn gerettet werden. Denn wenn wir, als wir Feinde waren, mit Gott durch den Tod seines Sohnes versöhnt wurden* (2. Kor. 5,18), *so werden wir noch viel mehr, nachdem wir versöhnt sind, durch sein Leben errettet werden. Aber nicht bloß das, sondern wir rühmen uns auch Gottes durch unseren Herrn Jesus Christus* (1. Kor. 1,31), *durch den wir jetzt die Versöhnung empfingen.* Unsere Zuversicht, die sich auf die neue Erscheinung Jesu freut und sich vor seinem Gericht nicht fürchtet (2. Tim. 4,18; 1. Joh. 2,28; 4,17), beruht nicht auf unserem Werk, auch nicht auf dem, was wir im Glauben Gott zur Ehre und in Jesu Dienst tun; sie steht auf der Gabe, die Christus uns bereits gegeben hat. Um dieser Glaube willen sagt Paulus mit freudigem Triumph: Jetzt ist es noch viel sicherer und gewisser, daß wir errettet werden! Was Christus während seines irdischen Lebens für uns tat, war vollkommene Feindesliebe. Er mußte uns in unserer Tiefe suchen, und dennoch hat er uns so wert gehalten, daß er für uns starb. Jetzt aber stehen wir vor ihm im Schmuck seiner Gaben, sind durch sein Blut gerecht und durch seinen Tod versöhnt; wie sollten wir uns vor ihm fürchten? Als ob er seines Todes Frucht an uns zerstörte! Aus der empfangenden Gnade strömt neue Gnade, und die suchende Liebe, die uns mitten in unserer Sünde fand, erwarb uns die vollendende Liebe, die uns auch am Tag des Zorns zu erhalten weiß. Hat uns schon sein Tod so viel gebracht, wieviel mehr wird uns sein Leben bringen! Was wir jetzt besitzen, ist alles die Frucht seines Todes. In seiner Erscheinung in himmlischer Herrlichkeit kommt dagegen sein Leben zur Offenbarung; dann tut er kund, was er als der Lebendige uns geben kann. Sollten wir uns vor dem Leben dessen fürchten, der für uns gestorben ist? Da haben wir wieder den Glauben des Apostels unmittelbar vor uns in seiner Kraft, wie er von der einen Gabe zur anderen Gabe aufwärts dringt: Du bist für mich gestorben, so wirst du auch für mich leben; Gott hat mich in deinem Blut gerechtfertigt, er wird mich auch in deiner himmlischen Gerechtigkeit rechtfertigen. Diese Folgerung ziehen, das heißt auf Jesus trauen, an Jesus gläubig sein.

So wird uns Gott durch Christus zum Grund der Freude und des Ruhms. Paulus hat bisher die Gabe, die uns Jesu Tod gewährt, Rechtfertigung genannt. Nun läßt er uns ihren Wert von einer neuen Seite sehen, indem er sie Versöhnung heißt. Unser Unrecht hat uns mit Gott verfeindet. Wir sind wider ihn, und er ist wider uns. Aber Gottes Liebe ist durch alle Trennungen hindurchgebrochen, die unser Abfall von ihm hervorgerufen hat, und hat uns zu sich gezogen. Die Liebe, die Christus für uns in den Tod dahingegeben hat, hat mit unserer Ungerechtigkeit und Schuld auch alle Feindschaft abgetan. Und aus der Versöhnung haben wir jetzt den Gewinn, daß wir uns Gottes freuen und uns seiner rühmen lernen, während wir ihn zu vergessen suchten und in heimlicher Angst vor ihm flohen.

Wie reich sind wir schon bei diesem ersten Blick auf die Entfaltung des Christenlebens geworden! Der Glaube ist nicht mehr allein, sondern die Hoffnung steht neben ihm, und die Liebe ist geboren. Und die Hoffnung pflanzt auch dem Leiden Freude und dem Blick auf das Gericht Zuversicht ein. So triebkräftig ist die Wurzel, die Gott im Glauben unserer Seele eingesenkt hat.

Christus ist mächtiger als Adam

(5,12-21)

Es ist für uns hell geworden, wenn wir zu Gott aufsehen. Rechtfertigung und Versöhnung, Friede und Liebe ist bei Gott für uns. Aber wir können nicht nur zu Gottes Thron aufwärts sehen, sondern müssen auch das menschliche Wesen und Leben ins Auge fassen. Hält die Zuversicht unseres Glaubens diesen Anblick aus? Oder sinkt uns das Herz, wenn wir auf den Stand und Gang der Menschheit sehen? Darum wendet Paulus unseren Blick nicht nur auf den Anfang Israels zurück (Kap. 4) und zeigt er uns nicht nur an Abraham die Einheit der göttlichen Regierung, die Abraham zum Vater der ganzen Gemeinde machte und nach derselben Regel auch uns in die Gerechtigkeit führt. Er sieht nun auf den Anfang der ganzen Menschheit zurück und zeigt uns, daß der Verlauf der gesamten menschlichen Geschichte unter dem göttlichen Willen steht, der sich in der Sendung Jesu offenbart. Jetzt, da er von der künftigen Offenbarung Jesu spricht, die der Menschheit die Vollendung bringen wird, stellt er Adam neben Jesus. Wir sollen erkennen, wie der Anfang der Menschheit, aus dem ihr gegenwärtiger Zustand entstand, mit der Vollendung zu einem großen Gotteswerk zusammenwächst.

5,12: *Deshalb, wie durch einen einzigen Menschen die Sünde in die Welt eintrat und durch die Sünde der Tod* (1. Mose 2,17; 3,19; 1. Kor. 15,21 f.) *und so der Tod zu allen Menschen kam, worauf sie alle sündigten.* Unser Geschlecht ist in allen seinen Gliedern in die Sündhaftigkeit und Sterblichkeit hineingestellt und der Herrschaft dieser Mächte in einer Weise unterworfen, der sich niemand entziehen kann. Das hat ein einziger Mensch zustande gebracht. Die gottlose Art der Menschen hat nicht Gott gemacht; der Mensch ist ihr Schöpfer. Aber nicht jeder einzelne der vielen Menschen bereitet sich selbst mit eigener Wahl durch seinen eigenen Entschluß die Sündhaftigkeit und das Todeslos. Die Paradiesesfrage: Willst du Gott untertan sein und leben, oder willst du fallen und sterben? – ist für uns alle entschieden; sie wird uns nicht mehr vorgelegt. Wenn wir zur eigenen Entscheidung und zum bewußten Handeln gelangen, ist für jeden unter uns die Wahl bereits gefallen. Das ist die Folge aus der Tat jenes Einzigen. Er hat unser aller Los bestimmt, hat uns alle mit sich selbst in die Sünde und die Sterblichkeit hinabgerissen. Was gab ihm hiezu die Macht? Das liegt an der Bösartigkeit und Fluchwürdigkeit der Sünde. Weil der eine Mensch sich dem Willen Gottes widersetzte, gab es in der Welt Böses, und daraus entstanden sofort die gewaltigen Folgen. Nun kam der Tod, und deshalb, weil der eine Mensch der Sünde und dem Tod den Eintritt in die Welt verschaffte, ergriffen Sünde und Tod alle. Es ist zunächst der Tod, der vom ersten Menschen her auch sein ganzes Geschlecht erfaßt. Aber wir folgen ihm nicht bloß im Tod, sondern auch in der Sünde nach; das kann nicht anders sein, nachdem das wahrhaftige Leben von uns gewichen ist und wir von der Gegenwart Gottes geschieden sind.

5,13.14: *Denn bis zum Gesetz war in der Welt Sünde vorhanden; aber Sünde wird nicht angerechnet, wenn das Gesetz nicht besteht* (4,15). *Aber der Tod kam von Adam bis auf Mose auch über die zur Herrschaft, die nicht nach dem Abbild der Übertretung Adams sündigten, der für den Kommenden die Regel ist.* Für die Macht des Todes, die aus dem Fall des ersten Menschen hervorgebrochen ist, sind die Geschlechter, die ihm zunächst folgen, ein besonders deutlicher Beweis, weil sie lebten noch vor der Erteilung des Gesetzes. Sündig waren auch sie; aber darin, daß Gott ihnen das Gesetz noch nicht gegeben hatte, liegt das Zeichen, daß er nicht nach seinem strengen Recht mit ihnen rechnen wollte und ihre Sünde nicht mit seiner richterlichen Heiligkeit verfolgte. Sie standen unter Gottes Geduld. Ihr Sündigen begann zwar nicht mit einem Fall, wie es die Übertretung Adams war, der ein ausdrückliches, ihm zur Bewährung der Unschuld gegebenes Gebot zerrissen hat; dennoch war der Tod auch über sie Herr, und seiner Macht sind sie alle erlegen. So dienen gerade jene Geschlechter zum besonders deutlichen Beweis dafür, daß der Tod sein Anrecht an uns nicht erst auf unser eigenes Handeln gründet, sondern mit königlicher Macht vom ersten Menschen an unser ganzes Geschlecht umfaßt.

Hat nun Christus eine so mächtige Hilfe, daß er dieser uns alle beherrschenden Gewalt der Sünde und des Todes ein Ende macht? Paulus anwortet freudig: Ja! An Adam wird sichtbar, was Christus schafft. Wie durch einen Menschen die Sünde und der Tod zu allen kam, so ist wiederum durch einen einzigen Menschen, durch Jesus, uns allen die Gerechtigkeit und das Leben gebracht worden. Gerechtigkeit und Leben stehen hinter der Macht der Sünde und des Todes nicht zurück. Auch sie entstehen nicht erst durch unseren Willen, als wären sie unser Erwerb und unser Werk, sondern sind durch Jesus für unser ganzes Geschlecht in seinen vielen Gliedern hergestellt. Sie kommen uns als Gaben zu, die uns bereitet sind, ehe wir wollen und wirken konnten, als ein Erbe, das uns durch den Willen dessen zugefallen ist, der es uns zugedacht hat. Auch die Gerechtigkeit und das Leben sind durch Christus in der Menschheit königliche Mächte geworden, für alle fest gegründet, unzerstörbar, mit einer durch alle Geschlechter der Erde hin wirksamen Gewalt. Jeder Mensch, der geboren wird, hat an der Sünde und am Tod Anteil; jeder Mensch hat aber auch an der Gerechtigkeit und am Leben Anteil, weil Christus sie auch für ihn erworben hat. Im Gebiet der Sünde wie der Gerechtigkeit ist das Erbe das erste, unser eigenes Verhalten und Wirken das zweite, das erst aus jenem Erbe entsteht und nach ihm gestaltet ist. Wie wir hernach mit unserem eigenen Wollen und Wirken uns in die Sünde hineingeben und uns selbst den Tod bereiten, so haben wir uns auch mit unserem eigenen Glauben, Lieben und Dienen der Gerechtigkeit zuzuwenden und unsere Seligkeit zu schaffen (Phil. 2,12); aber wir wachsen damit in eine Gerechtigkeit hinein, die uns bereitet ist.

Auch die Gerechtigkeit hat ein einziger Mensch für alle zustande gebracht. Es geht hier wie dort nach derselben Ordnung Gottes: sie löst und isoliert uns nicht voneinander, sondern faßt uns zusammen und setzt uns ein Haupt, auf das wir angewiesen sind und dem wir gleichgestaltet werden. Unser natürliches Haupt ist Adam, dessen Kinder wir alle sind. Das, was er sich von Gott erwarb, wurde unser aller Eigentum; weil er durch Sünde und Fall Gericht auf sich herabzog, haben wir alle daran teil. Nun aber erschien der neue Mensch, Jesus; von ihm ist Adam erst das irdische, natürliche Vorbild, während Jesus das wahrhaftige, uns von oben gegebene Haupt unseres Geschlechtes ist, an das wir alle gewiesen sind, daß wir ihm verbunden seien in Geist und Glauben, wie wir mit Adam verbunden sind durch Fleisch und Blut. Auch hier gilt, was der eine getan hat, für alle; auch die Folgen der Gerechtigkeit Jesu umspannen unser ganzes Geschlecht.

Was wir von Natur sind und was wir durch Christus sind, ist somit einander genau angepaßt. Von Natur stehen wir im Mangel, in der Sünde, im Tod; durch Christus dagegen entsteht die Gabe, die Gerechtigkeit, das Leben. Und zwar ist die Gabe so beschaffen, daß sie unseren Mangel völlig deckt. Der Sünde tritt die Gerechtigkeit in solcher Gestalt entgegen, daß sie ihr gewachsen ist und dem Tod das Leben so, daß es ihn überwindet. Auf Adam, von dem unser Leben seine natürliche Art empfängt, folgt Christus, durch den es erneuert wird, und auch er reicht mit seiner Wirkung durch die ganze Menschheit hindurch.

Allein Jesu Werk und Adams Werk stehen nicht nur im Gleichgewicht. So kämen die Gerechtigkeit und das Leben noch nicht zum

Sieg, wenn zwischen Adam und Christus bloß Gleichheit bestände. 5,15: *Aber mit der Gnadengabe verhält es sich nicht so wie mit dem Fall. Denn wenn durch den Fall des einen die vielen starben, so wurde noch viel mehr die Gnade Gottes und die Gabe in der Gnade des einen Menschen Jesus Christus gegen die vielen groß.* Dieses „noch viel mehr" beruht darauf, daß Jesus der göttlichen Güte zum Werkzeug dient. Gottes Gnade, Jesu Gnade wenden sich hier der Menschheit zu und erreichen alle noch viel sicherer als der Fall; denn sie sind das Höchste und Heiligste, was Gott uns erzeigen kann. Ihnen dienen auch Gottes Recht und Gericht.

Der erste Grund, auf dem die Macht Jesu steht, ist die Gnade, deren Diener er ist. Nun kommt weiter dazu, daß die Gnade in ihm der Gerechtigkeit dient. Die Gerechtigkeit ist aber mächtiger als die Sünde. 5,16: *Und die Gabe ist nicht so wie das, was durch einen Einzigen, der sündigte, entstand. Denn das Urteil kam vom einen her zur Verurteilung, aber die Gabe der Gnade vom vielfachen Fall zur Festsetzung der Gerechtigkeit,* Daß der Tod alle ergriff, beruht auf Gottes richterlichem Urteilsspruch. Die eine Sünde des ersten Menschen rief Gottes Gericht hervor, und dieses legte Verurteilung auf ihn, der gesündigt hatte, mit seinem ganzen Geschlecht. Es sollte offenbar werden, was die Sünde vor Gottes Augen ist; darum versank die ganze Menschheit in den Tod. Hat aber Gott sein strafendes Urteil zum Weltgesetz gemacht, das alle bindet, so ist das Werk seiner Gnade noch mächtiger. Dieses hat es nicht nur wie das Gericht Gottes im Paradies mit einem einzigen Schuldigen zu tun, sondern jetzt ist der Fall ein vielfältiger geworden. Nun erweist sich die Macht der Gnade darin, daß sie diese große Menge von Versündigung dennoch nicht in Verurteilung enden läßt, sondern für sie eine Rechtfertigung bewirkt. Das Urteil über diese mit vielfacher Sünde beladene Schar lautet jetzt: „Ihr seid vor mir gerecht." Das ist der zweite Pfeiler, auf dem Jesu Macht ruht.

5,17: *Denn wenn durch den Fall des einen der Tod durch den einen zur Herrschaft kam, so werden noch viel mehr die, die den Reichtum der Gnade und der Gabe der Gerechtigkeit empfangen, im Leben durch den Einen, Jesus Christus, zur Herrschaft kommen.* Durfte sich der Tod zu königlicher Macht erheben, so ist jetzt in Christus das Leben erschienen. Das ist das dritte, was Christus stärker macht. Das Leben ist stärker als der Tod; es wird uns noch viel gewisser in das königliche Herrschen führen um der Gnade und Gerechtigkeit willen, die uns gegeben sind. Gnade, Gerechtigkeit, Leben, diese drei heben Christus über Adam empor.

Paulus heißt uns auf den inwendigen Unterschied zwischen beiden achten. 5,18: *Also wie es durch einen einzigen Fall bei allen Menschen zur Verurteilung kam, so kommt es auch durch eine einzige Festsetzung der Gerechtigkeit bei allen Menschen zur Rechtfertigung des Lebens.* Adams Tat war Fall, Jesu Tat die Vollstrekkung des göttlichen Rechts zur Herstellung der Gerechtigkeit. Er hat, was vor Gott recht ist, nicht fallen lassen, sondern sich unter Gottes Recht gestellt und es mit ganzem Willen und vollkommener Tat durchgeführt. Was Adam die Macht gab, unser aller Leben zu verderben, das lag darin, daß er der Sünde die Türe in die Welt öffnete. Was Christus die Macht gab, unser aller Leben aufzurichten, das liegt darin, daß durch ihn die Gerechtigkeit in die Welt gekommen ist. Wie ein einziger Bruch des göttlichen Rechts alle ins Verderben riß, so hat eine einzige Erfüllung desselben allen geholfen. Wie die Sünde in Gottes Auge so verdammlich ist, daß um der einen Sünde willen Gottes Urteil gegen alle stand, so ist auch die Gerechtigkeit in Gottes Augen so hoch und teuer geachtet, daß im Blick auf die eine Erfüllung der Gerechtigkeit sein Urteil für uns alle auf Gerechtsprechung lautet. Wo aber Rechtfertigung ist, da ist Leben, wie da, wo Sünde ist, der Tod eintritt.

5,19: *Denn wie durch den Ungehorsam des einen Menschen die vielen als Sünder hingestellt wurden, ebenso werden auch die vielen durch den Gehorsam des Einen als Gerechte hingestellt werden.* Adam wollte die Schranken, die Gott ihm gesetzt hatte, nicht ertragen, sondern griff selbst nach der Frucht der Erkenntnis; er wollte sich von Gott nicht leiten lassen, wollte vielmehr selbst weise sein und begehrte, gleich zu werden wie Gott. Jesus griff nicht nach der Gestalt Gottes als nach seinem Besitz (Phil. 2,6), sondern ordnete sich dem Vater unter, ließ sich die Knechtsgestalt wohlgefallen, beugte sich unter Gottes Hand bis in den Tod hinab; er wollte nicht sein wie Gott, sondern wurde uns gleich und begehrte nichts, als seine Sendung zu erfüllen, der göttlichen Gnade zu dienen und ihr Werk zu tun. So hat Christus den Gehorsam gegen den Ungehorsam gestellt. Wie nun der Ungehorsam uns der Herrschaft der Sünde unterwarf, so verschafft uns Jesu Gehorsam die Gerechtigkeit. Sein Gehorsam ist der Grund der uns rechtfertigenden Gnade.

Die große Wandlung uns zur Hilfe, die über die Sünde die Gerechtigkeit, über den Tod das Leben setzt, hat uns erst Christus, noch nicht das Gesetz gebracht. 5,20.21: *Das Gesetz aber trat dazwischen hinein, damit der Fall größer werde. Wo aber die Sünde größer wurde, ist die Gnade überreich geworden, damit, wie die Sünde durch den Tod zur Herrschaft kam, so auch die Gnade durch Gerechtigkeit in ewigem Leben zur Herrschaft komme durch Jesus Christus, unseren Herrn.* Nicht im Gebot, sondern erst in seiner Erfüllung durch den vollkommenen Gehorsam des Christus entspringt uns der Lebensquell. Darum ist das Gesetz nur eine vorübergehende, zwischen den Fall und die Erlösung hineintretende Einrichtung Gottes; es gehört noch der von Adams Fall ausgehenden Geschichte der Sünde und des Todes an. Es hat den Fall nicht aufgehoben, sondern schwerer gemacht; denn es macht mit seinem Licht die Sünde sündiger, den Widerspruch gegen Gott bösartiger und den Abfall von ihm tiefer. Aber nun läßt Paulus ein neues Licht auf den Beruf des Gesetzes fallen, indem er zeigt, wie es gerade dadurch ebenfalls dem Werk der Gnade dient. Zwar bringt es uns keine Hilfe und ist weder halb noch ganz unser Erlöser; wohl aber steigt, je tiefer der Fall wird, um so höher Gottes Erbarmen. Je größer die Not ist, um so näher ist die Hilfe, um so näher ist Gott. Er läßt, ob auch der Mensch von ihm abfällt, ihn doch einerseits nicht fallen, sondern stellt der zu königlicher Gewalt und Wirkung gelangten Sünde des Menschen seine noch viel königlicher waltende Gnade entgegen.

So öffnet sich uns ein großer Blick in Gottes Weltregierung, und die dunkle Seite am Menschenleben wird uns hell. Hätten wir nur Gottes Urteil über Adam und die Macht der Sünde und des Todes vor Augen, so wäre uns Gottes Führung ein Rätsel, das niemand deuten könnte. Es läßt sich erst deuten, wenn wir auf Christus sehen und auf die Gerechtigkeit, die er uns bringt. Adam wäre uns nicht zum natürlichen Haupt gesetzt, wäre nicht Christus uns zum ewigen Herrn gegeben. Die Sünde wäre nicht mächtig geworden, wäre ihr nicht auch die Heilung in der Macht der Gnade bereitet. Das Gesetz, das unseren Fall noch tiefer macht, wäre uns nicht gegeben, wäre uns nicht in Christus die Aufrichtung aus jedem Fall bereitet. Durch den Rat der Gnade kommt in den Weg der Menschheit Licht, Einheit, Friede; Gottes Größe wird an ihr offenbar: die Größe seines Gerichts in der Weise, wie er die Sünde durch den Tod uns beherrschen läßt, die Größe seiner Gnade in der Weise, wie er durch Christus ebenso mächtig Gerechtigkeit und ewiges Leben schafft. Das sind freilich alles Glaubensworte, deren Wahrheit wir nicht mit den Sinnen messen und mit den Händen greifen. Sünde und Tod haben sich in unsere Natur eingesenkt und pflanzen sich darum vor unseren Augen fort. Aber Gnade, Gerechtigkeit und Leben sind nicht Natur, sondern des Geistes Wesen und Frucht, und Geist ist in uns noch das Verborgene. Aber können wir im Blick auf Jesu Gehorsam, auf Jesu Auferstehung, auf die Gnade, die in ihm erscheint, ungläubig sein? Nein! Nichts anderes als Glaube ist die durch Gottes Weltregierung uns gezeigte Antwort. Auf ihn zielt die Doppelwirkung hin, die von den beiden Häuptern der Menschheit auf uns übergeht. Da wir durch den Fall des einen Menschen in die Sündigkeit und Sterblichkeit hineingesetzt sind, ist uns jeder andere Weg als der des Glaubens verschlossen, und eben dieser Glaubensweg ist uns durch den Gehorsam unseres neuen Herrn und Hauptes aufgetan.

Los von der Sünde

(6,1-14)

Paulus hat uns den Sieg und die Überlegenheit der Gnade und Gerechtigkeit im großen Gang der Geschichte Gottes mit der Menschheit gepriesen. Aber was hilft uns das, wenn nicht in unserem eigenen Leben der Sieg über die Sünde sichtbar wird? Sind wir wirklich im Glauben dem Bösen überlegen und von ihm getrennt? Das war damals und ist heute die große Hauptfrage, an der es sich bewähren muß, daß der Glaube unsere Gerechtigkeit ist.

6,1: *Was werden wir also sagen? Wollen wir bei der Sünde bleiben, damit die Gnade desto größer werde? Nimmermehr.* Damit stellt Paulus die Versuchung ans Licht, die dem Glauben immer wieder kommt. Er hat soeben die Freiheit und Macht der Gnade aufs höchste erhoben und gesagt, daß da, wo die Sünde mächtig geworden ist, die Gnade nicht schwach wird und abnimmt, vielmehr noch mächtiger und größer wird. Sie folgt uns in alle Tiefen unseres Falls und steigt, je tiefer wir sinken, desto tiefer zu uns herab. Der verlorene Sohn steht dem Herzen Gottes nicht ferner, sondern näher, weil er der verlorene ist. Daraus kann die Lust an der Sünde den krummen Schluß ziehen, von dem der Apostel schon 3,5 geredet hat, als wüßten wir der Gnade mit neuem Sündigen erst Grund und Stoff verschaffen und ihr dadurch zur Verherrlichung verhelfen, daß wir erst recht bei der Sünde bleiben. Dieser versuchliche Gedanke stellt uns mit blendendem Schein auch die Sünde als eine Glaubenstat dar, als einen Beweis unseres Vertrauens auf die Gnade. Warum sollten wir vor ihr erschrecken, warum uns um sie bekümmern? Das wäre ja Unglaube, Mißtrauen gegen die Gnade, die um so größer wird, je erbärmlicher wir sind. Die Bosheit solcher Gedanken besteht darin, daß wir sogar aus unserem Glauben einen Antrieb zur Sünde machen.

Paulus geht damit zugleich auf die Bedenken ein, die sich gegen die Predigt vom Glauben immer wieder erheben. Man hat oft gesagt: „Das ist ein bequemer Heilsweg; wir rühmen uns, obgleich wir Sünder bleiben, dennoch der Gerechtigkeit; damit ist ja allen bösen Gelüsten, aller sittlichen Trägheit und Schlaffheit die Türe aufgetan.“ Die Gegner des Paulus sprachen so, um seine Predigt zu ersticken; aber auch in der Christenheit kam Ähnliches ans Licht da, wo sich mit dem Glauben die alte Eigensucht verschmolz, die Sündliches begehrt und die uns geschenkte Freiheit zu ihrer Stärkung mißbraucht. Entständen solche Gedanken auf geradem Weg aus Jesu Werk, wollten wir, die wir glaubend in Jesu Tod unsere Rechtfertigung besitzen, bei der Sünde bleiben, dann wäre freilich alles, was wir von der Gerechtigkeit, dem Frieden und der Hoffnung des Glaubens rühmen, nur Selbstbetrug und eine gottlose Lüge. Die erste und wichtigste Probe, an der der Glaube seine Wahrheit und Kraft bewähren muß, ist die, daß er den bösen Willen, jenen Willen, der sündigen will, in uns ersterben läßt; wenn er das nicht vermag, wenn er sich hier ohnmächtig und kraftlos zeigt, dann ist er nichts.

Wer um der Gnade willen bei der Sünde bleiben will, redet aus der Sündenlust heraus, aus einem verdorbenen Willen, der gern sündigte. Darum kann der Glaubende nicht so sprechen. 6,2: *Wir, die wir der Sünde starben, wie werden wir noch in ihr leben?* (1. Joh. 3,4-10; 1. Petr. 2,24). Gestorben für die Sünde! – so entschieden ist die Scheidung vom Bösen, die mit dem Glauben an Christus in uns entsteht. Wir mögen ein totes Glied drücken, schütteln oder stechen, wie wir wollen, alle diese Reizungen erreichen es nicht; es antwortet nicht auf sie. Der Tod hebt alle Gemeinschaft auf und macht jeder Verbindung ein Ende. Sind wir der Sünde gestorben, so haben wir für sie ein rundes Nein. Wir sprechen: Ich will nicht sündigen, ja mehr noch: Ich kann nicht sündigen. Die gefährliche Versuchung, daß wir aus dem Glauben selbst einen Antrieb zur Sünde machen, ist abgewehrt, sowie uns der Glaube in diese geschlossene Abkehr von allem Bösen stellt. Sie wird durch ein Sterben erreicht. Wenn wir auf den Weg zurücksehen, auf dem uns Paulus bis hieher geleitet hat: wieviel ist dahingesunken, was früher mit kräftiger Regsamkeit ein Stück unseres Lebens bildete! Er hat uns die echte Buße gezeigt, in die uns der Glaube versetzt; das ergibt ein Entkleidetwerden von dem, was unsere Lust und Begierde war, ein Erlöschen unserer alten, verkehrten Triebe, ein Abbrechen und Aufheben unserer früheren Willensgestalt. Das Wort „Sterben" ist dafür keineswegs nur ein bildlicher Ausdruck, sondern hat sehr reale Bedeutung.

Paulus stellt jener versuchlichen Frage nicht ein Gebot oder eine Drohung entgegen: Stirb der Sünde, sonst tötet sie dich! Er beantwortet sie auch nicht mit einem Vorsatz, indem er etwa spräche: Laßt uns der Sünde sterben; sondern er zeigt uns die Gabe, die wir in Christus empfangen haben. Wir *sind* der Sünde gestorben; das ist unser innerer Besitz, die Stellung, in die wir hineingesetzt sind, das Werk Gottes in uns, das uns durch den Glauben zuteil geworden ist. Könnte der Apostel auf jene Frage nur mit einem Gebot antworten, so würde er uns auf den Boden des Gesetzes zurückversetzen; es wäre nicht mehr wahr, daß uns die Gerechtigkeit ohne Zutun des Gesetzes in Christus gegeben wird und daher durch Glauben zu uns kommt. Wir bekämen dann zwei nebeneinanderstehende Heilsursachen: Christus und das Gesetz, Gottes Werk und unser Werk, den Glauben und die Heiligung, die Religion und die Moral. Nun aber kann Paulus den Glaubenden nicht nur sagen: Ihr sollt der Sünde sterben, sondern: Ihr seid der Sünde gestorben und habt die

Lösung vom Bösen als euer Eigentum empfangen; sie ist in Christus für euch vorhanden und ist im Glauben euer Besitz. So bleibt es dabei, daß Gott uns Christus durch den Glauben an ihn zur Gerechtigkeit verordnet hat, und zwar zu einer Gerechtigkeit, die ihre Wahrheit darin erweist, daß sie uns von der Sünde frei macht.

Damit wir erkennen, daß wir der Sünde gestorben sind, zeigt uns der Apostel den, an den wir glauben. Christus faßt der Glaubende ins Auge; er sucht nicht in sich, sondern in Christus die Freiheit von der Sünde. Dadurch, daß der Glaube sich an Jesus anschließt, wird Jesus in uns zum Schöpfer eines guten Willens, der nicht sündigen kann. Auf Jesus sehen heißt aber, ihn als den Gekreuzigten in seiner Todesgestalt vor Augen haben. Damit ist uns die Kampfesregel für jede Lage unseres Lebens gegeben, in der sich uns immer wieder die Frage stellt: Wollen wir bei der Sünde bleiben? Im Glauben schauen wir auf Christus und stellen uns zu ihm, dem Gekreuzigten; das gibt unserem Urteil die Klarheit zur richtigen Entscheidung und dem Willen die Kraft, festzustehen.

6,3.4: *Oder wißt ihr nicht, daß wir alle, die wir auf Christus Jesus getauft wurden, auf seinen Tod getauft wurden? Wir wurden also mit ihm durch die Taufe in den Tod begraben, damit, wie Christus durch die Herrlichkeit des Vaters aus den Toten auferweckt wurde, ebenso auch wir durch die neue Gabe des Lebens wandeln* (Kol. 2,11-13). Wer sich noch nicht als tot für die Sünde ansieht, der weiß noch nicht, was seine Taufe ist. Jeder, der auf Christus getauft wird, wird auf seinen Tod getauft. Um seines Todes willen wird Jesus uns als Heiland verkündigt; um seines Todes willen treten wir glaubend zu ihm hinzu; um seines Todes willen wird uns die Taufe angeboten. Sie sagt uns, daß wir aus unserer Unreinheit erlöst sind, weil uns Reinheit und Gerechtigkeit vor Gott als die Frucht seines Todes verliehen ist. Wer das bedenkt, der ist inwendig in Jesu Tod eingeschlossen und hat an ihm teil. Weil er für uns gestorben ist, umfaßt sein Tod auch uns. Sein Kreuz macht offenbar, was wir vor Gott sind. Das Gericht, das Jesus sterbend trug, trifft uns; Gott legt damit sein Urteil auf unsere Art, unser Fleisch und Blut, unseren sündigen Willen. Im Glauben lassen wir dieses göttliche Urteil gegen uns gelten und behaupten nicht im Widerspruch gegen Jesu

Kreuz, wir seien lebendig, sondern geben dem Urteil Gottes recht und beziehen Jesu Tod auf uns als für uns geschehen und für uns gültig; wir ziehen mit dem Apostel den Schluß: Ist einer für alle gestorben, so sind sie folglich alle gestorben (2. Kor. 5,14). Dieser Einschluß in sein Sterben ist uns keine harte Notwendigkeit; danach verlangt unser Herz mit voller Kraft. Denn auch die Gnade, die in Jesu Tod ihr Werk vollbringt, gilt uns. Wir erkennen in Jesu Tod die Liebe Gottes und unsere Rechtfertigung und Versöhnung, die unsere Schuld und Verlorenheit von uns nimmt. Wie sollten wir nicht mit kräftigem, freudigem Verlangen sprechen: Dein Tod ist unser Tod? Damit sind wir für die Sünde tot.

Wir können unmöglich sagen: „Christus hat mir dadurch die Gnade gebracht, daß er für mich starb und sich selbst unter die Schärfe des göttlichen Gerichts stellte; aber ich werde in der Sünde leben und meine Lust an ihr sehen, für mich ist sie ungefährlich und ergötzlich; hat Gott ihn dem Tode unterstellt, obwohl er von keiner Sünde wußte, so wird er sie gleichwohl an mir hegen und pflegen und mit ewigem Leben verherrlichen!" Das wären lügenhafte Gedanken, die den Grundschaden aller Gottlosigkeit und Ungerechtigkeit wiederholten, wie er 1,18 beschrieben ist: Wir würden die Wahrheit in uns unterdrücken. Dabei wäre unsere Schuld um so größer, je heller und reicher die Wahrheit ist, die Jesu Kreuz uns sichtbar macht, je mächtiger uns durch sie Gottes Gerechtigkeit und Liebe ergreift. Bringen wir statt solcher Lügen Jesus vielmehr Glauben entgegen, so beugen wir uns unter Gottes Recht, richten unsere Sünde, wenden uns von uns selbst und vor allem von unserem Sündigen ab; wir greifen nach Jesu Gabe, durch die er uns vom Bösen erlöst, und sind zuerst ihm dafür dankbar und darin mit ihm eins, daß er uns von der Sünde befreit und dazu den Tod für uns getragen hat. So hilft uns Jesu Sterben dazu, daß wir der Sünde abgestorben sind.

Doch Christus ist aus dem Tod erstanden. Die Herrlichkeit des Vaters, in der die Fülle des göttlichen Lebens in hellem Glanz erscheint, erhob ihn aus der Schar der Toten in ein neues, verklärtes Leben. Und weil wir am Tod Jesu Anteil haben, darum wird uns auch ein Abbild seiner Auferstehung zuteil. Wir sind dazu in sein Sterben eingeschlossen, damit ein neuer Stand, der nun Leben, wahrhaftiges, bleibendes Leben ist, uns gegeben sei (8,29). Jetzt bestimmt dieser unser Verhalten; durch ihn „wandeln" wir.

Paulus weist auf die Taufe hin als auf die Stunde, in der die Gemeinde mit Christus begraben und der Sünde abgestorben ist. Das tut er deshalb, weil durch die Taufe unsere Verbindung mit Christus beginnt und uns die Gemeinschaft mit ihm verliehen ist, in der wir die Frucht seines Todes und seines Lebens erlangen. Zugleich hielt die Taufe in ihrer Ausführung nach der alten Weise auch äußerlich dem Glaubenden ein anschauliches Bild seiner Teilnahme an Jesu Tod und Auferstehung vor. Der Mensch wurde im Wasser begraben, damit er aus ihm gereinigt zu einem neuen Wandel auferstehe. Wir haben nur innerlich festzuhalten, was uns Jesus schon durch die Taufe sagt, so sind wir von der Sünde getrennt. Je mehr sodann unser Glaube wächst, um so mehr wachsen wir mit seinem Tod und Leben zusammen, und um so fester, begründeter und mächtiger wird dadurch in der Verbindung mit Gott unsere Scheidung vom Bösen. Sie ist aber schon im ersten Anfang des Glaubens wesentlich und unverlierbar enthalten. Wir würden, wenn wir der Frage bei uns Raum geben wollten, ob wir nicht bei der Sünde bleiben können, sogar unsere Taufe widerrufen. Diese Frage fällt hinter die Taufe ins alte Heidentum zurück; im Christenleben hat sie keinen Raum.

6,5: *Denn wenn wir mit dem Abbild seines Todes verwachsen sind, werden wir es auch mit dem der Auferstehung sein.* Damit wir vom Bösen frei werden und das tun, was vor Gott recht ist, muß uns das Ziel deutlich sein, das uns in der Auferstehung Jesu gezeigt ist. Unsere Verbindung mit ihm gibt uns nicht nur an seinem Tod, sondern auch an seiner Auferstehung Anteil. Wenn wir beherzigt haben, was sein Sterben uns bereitet hat, daß nämlich das Abbild seines Todes untrennbar, unverlierbar mit lebendiger Kraft an uns ist – nicht nur äußerlich durch die Taufhandlung, sondern auch innerlich und kräftig dadurch, daß uns sein Tod mit seiner heiligen Kraft durchdringt –, dann dürfen wir gewiß sein, daß das Abbild seiner Auferstehung ebenfalls an uns erscheinen wird. Wie der Schluß gilt: ist Christus gestorben, so sind auch wir gestorben – so gilt der andere Schluß nicht weniger: ist er auferstanden, so sind wir mit ihm auferstanden. Beide, sein Sterben und sein Leben, umfassen uns in derselben Weise, da er uns zu sich ziehen und in sein Bild gestalten will. Unsere Gemeinschaft mit ihm so weit auszudehnen, dazu gibt uns seine Gnade das Recht. Hat er sein irdisches Leben für uns in den Tod gegeben, so ist es dazu geschehen, damit sein Leben in Herrlichkeit uns zugute komme; wir sollen es aus seiner Hand empfangen und bei ihm und mit ihm besitzen. Glauben wir an den Auferstandenen, so trachten wir nach der neuen Lebensgestalt, die an ihm für uns erschienen ist, und ergreifen sie als unseren Besitz. Und damit ist die Scheidung vom Bösen vollends in uns aufgerichtet und der reine und gute Wille in uns geboren. Wer es ergreift: ich bin mit Christus auferstanden, für den ist die Sünde dahingesunken; sein Trachten hat sich nach oben gewendet. Man kann nicht die Reinheit ewigen Lebens als unser ewiges Erbe ergreifen, ohne daß das Herz sich von den falschen Gütern löst und der Wille sich von den bösen Zielen scheidet und sich Gott dargibt, um ihm zu leben, wie wir in der Ewigkeit mit Christus allein für Gott leben werden, von allem Bösen los.

So freudig und dankbar können wir nur dann auf Jesu Auferstehung sehen, wenn wir uns unter Gottes Urteil stellen, das sich durch Jesu Kreuz gegen uns richtet. 6,6a: *da wir dies erkennen, daß unser veralteter Mensch mitgekreuzigt wurde* (Eph. 4,22; Kol. 3,9; Gal. 2,19; 6,14). Nachdem Jesus zu uns gekommen und für uns auferstanden ist, sind wir Menschen alt geworden, veraltet und überholt; denn Christus hat an sich ein neues Menschenbild dargestellt, das aus Gott in heiligem Geist gebildet ist. Der veraltete Mensch kommt wohl immer wieder in die Welt; er wird in jedem neuen Glied der Menschheit neu geboren, solange das Geschlecht Adams in seiner gegenwärtigen Natur weiterwächst. Aber auch diese Menschen allerjüngsten Datums sind doch von Anfang an alte Menschen, weil sie nur das wiederholen, was von Adam her immer in der Welt vorhanden war. Sie kleiden es in neue Formen und wandeln es nach dem Wechsel der Zeit; aber es sind die alten verwerflichen Begehrungen, die alten vergeblichen Künste, die alten unheilbaren Schäden, die immer wiederkehren. Einen Menschen, der etwas Neues war, was vorher nirgends zu sehen war, hat es nur einmal gegeben: Jesus. Sein Gehorsam gegen Gott war neu; die Gerechtigkeit, die in ihm ist, war neu; die Einigung mit Gott, in der er steht, war neu; sein verklärter Leib und sein erhöhtes Leben waren neu. Das alles war unter uns Menschen unerhört. Wenn wir uns mit Jesus im Glauben zusammenschließen, so gibt er uns an seiner Art teil und schafft, daß sein Bild an uns erscheint. Dadurch sind wir aus alten Menschen zu neuen Menschen geworden.

Wir reden oft sehr verkehrt vom „alten Menschen", als wäre er nur ein Stück und Teil unseres Wesens und nur dies oder das an uns schadhaft und der Verwandlung und Erneuerung bedürftig. Nein, der Mensch ist alt, und der Mensch, das bin ich, ich selbst nach meinem ganzen Wesen. Zum Menschen gehören Seele und Leib. Mein Leib ist alt und gleicht nicht dem Leib, in dem Jesus lebt. Meine Seele ist alt und von ganz anderen Trieben und Gedanken erfüllt, als sie in Jesu Seele leben. Meine Gedanken fassen Gott nicht anders, als wie ihn der sündige Mensch in seiner Trennung von Gott von jeher zu erfassen vermochte. Jesus dagegen schaut in neuer Weise in Gottes Angesicht. Mein Herz empfindet und strebt, wie ein Sünderherz immer empfand und immer in vielerlei dunkle und kranke Begehrungen sich spaltete. Jesus dagegen lebt und handelt im heiligen Geist. Mein Gottesdienst hat die alte Schwäche und Beflecktheit an sich. Jesus dagegen ist Gottes Diener in neuer und wahrhaftiger Art. Kurzum: der alte Mensch, das bin ich selbst mit allem, was ich denke und tue, bin und habe. Und neu ist an mir nur das, was von Christus kommt, was Christus gleicht, was mich zu seinem Bild macht. Und das ist ebenfalls nicht bloß ein Stück und Teil an uns, sondern ist ein Mensch mit allem, was zu ihm gehört, mit allen Teilen und Gliedern seines Wesens nach Geist, Seele und Leib. Christus setzt nicht nur einen neuen Flicken auf unser altes Wesen; er macht aus uns einen fertigen, vollendeten Menschen mit erneuertem Leib und erneuerter Seele, mit erneuerter Erkenntnis und erneuerter Liebe, mit neuen Gaben und neuen Aufgaben. Wir erhalten einen neuen Platz bei Gott und einen neuen Platz auch in Gottes Kreatur.

Nun hat uns aber Jesus den neuen Menschen dadurch gebracht, daß er am Kreuz starb. Daran sehen wir, was unserem alten Menschen gebührt und widerfährt. Unser altes Menschenleben hat Jesus den Tod gebracht; seinetwegen hat ihm Gott das Kreuz auferlegt. Also wurde damals, als Jesus an den Kreuzespfahl gehängt wurde, unser alter Mensch mit ihm dorthin gehängt. So löst uns das Kreuz

Jesus von allem, was wir in uns selber sind. Wie sollten wir bezaubert hineinschauen in die Bilder, die unser lüsternes Begehren entwirft; wie uns fangen lassen von den ehrgeizigen Regungen unseres Herzens; wie unseren Fleiß darauf richten, zu hegen und zu pflegen, was von Natur in uns vorhanden ist? Das alles haben wir dem Kreuz anheimgegeben. Wem die Kreuzesgestalt Jesu zum Spiegel geworden ist, in dem er sein eigenes Bild erkannt hat, dem ist all das in die Vergangenheit und Ohnmacht hinabgesunken, was uns ohne Christus als höchst wichtig und unsagbar wertvoll reizt und betrügt.

Wenn man einen Menschen an ein Kreuz hängt, tut man es dazu, damit sein Leib zerstört werde. Eben dies ist Gottes Absicht bei der Kreuzigung unseres alten Menschen. Unser alter Mensch ist mit Christus an das Kreuz gehängt worden, 6,6b: *damit der Leib der Sünde abgetan werde, damit wir nicht mehr der Sünde dienstbar seien.* Wundern wir uns, daß Paulus hier vom Leib spricht, hier, wo er uns zeigen will, wie wir vom Sündigen befreit werden? Unser Sündigen hat es beständig mit unserem Leib zu tun, nicht nur dann, wenn unsere sinnlichen Triebe krankhaft und unnatürlich entzündet sind, sondern noch viel mehr dadurch, daß unser Leib sich uns als das vorstellt, dem wir zuerst vor allem anderen Dienst und Rücksicht schuldig sind. Unser Leib ist der Herr, dem wir dienen; in seine Lust setzen wir unser Glück; was ihm weh tut, das fliehen wir um jeden Preis. Und weil unser Trachten auf die Erhaltung unseres Leibes zielt, wird es ans Irdische gebunden und in seine selbstsüchtige und gottlose Bahn gebracht. Diese Kette fällt im Glauben von uns ab; sie schwindet dadurch, daß wir im Kreuze Jesu den uns geltenden Willen Gottes erkennen. Am gekreuzigten Christus sehen wir, daß unser jetziger Leib wert ist, abgebrochen zu werden, und wir lassen uns dies wohlgefallen, da wir ja nach dem begehren, was der Auferstandene hat. So hebt uns Jesu Kreuz, im Glauben erfaßt, aus der Fesselung durch unseren Leib empor. Als die Glaubenden begehren wir nach der Ähnlichkeit mit dem Auferstandenen; dadurch löst sich unser Herz von der Erde und von dem, was sie uns jetzt zu bieten vermag, und unser Trachten greift nach dem, was uns in Gottes Gemeinschaft als unser ewiges Gut geschenkt werden wird. Im Glauben einigen wir uns mit Jesu Tod; damit wendet sich unser Herz von unserem Leibe weg, und die Knechtschaft, die uns zum

Diener unseres Leibes macht, hat ein Ende. Hier ist das eine ohne das andere völlig undenkbar. Wie kann ich mich über die Erde erheben, ohne von meinem irdischen Leib frei zu sein? Und wie sollte ich meinen Leib hintansetzen können, wäre mir nicht im Ebenbild des Auferstandenen ein anderes Gut gezeigt, in das Herz und Wille sich senken kann? Den Leib der Sünde heißt ihn Paulus, weil er ihr mächtiges Mittel ist, durch das sie uns reizt und bindet. Die blinden Gedanken und verkehrten Triebe, die uns heimsuchen, entspringen aus unserem leiblichen Leben; sie haben in der natürlichen Einrichtung unseres Wesens tiefe Wurzeln. Daher rührt auch unsere Gebundenheit an die Sünde, unser Sündigen ohne, ja gegen unseren Willen. Das leibliche Leben läuft ohne unseren Willen seine Bahn und wirft immer wieder die versuchlichen Reize in unsere Seele. Der Leib trägt sie uns teils aus der Welt zu, teils erregt er das Böse, das in unserer eigenen Seele liegt. Paulus begehrt nach einer gründlichen und gänzlichen Befreiung von der Sünde und streckt sich deshalb auch nach der Zeit, in der ihn nicht mehr ein Leib umfängt, durch den das Böse uns beherrscht, sondern eine neue geheiligte Natur zu ewigem Leben umkleidet. Deshalb tritt er freudig und gläubig zum Kreuz Jesu hinzu. Denn daß uns unser mit der Sünde verwachsener Leib nicht verderben kann, vielmehr uns abgenommen und durch ein neues, heiliges Gebilde ersetzt wird, das hat uns Christus mit seinem Tod erworben; das ist eine Frucht aus seinem Kreuz.

Schließen wir uns in Jesu Tod ein, so sind wir rechtmäßig von allen Ansprüchen der Sünde frei. 6,7: *Denn wer gestorben ist, ist von der Sünde freigesprochen.* Von einem Toten hat die Sünde nichts mehr zu fordern. Was ihr von Rechts wegen zukommt, ist geschehen. Wir dürfen uns sagen, daß wir in keiner Weise mehr mit ihr verflochten oder verwickelt sind, sowie wir Jesu Tod im Glauben an uns ziehen, das gibt uns das fröhliche Gewissen in jeder einzelnen Entscheidung für oder wider die Sünde und den guten Mut in jedem Kampf. Ich darf in jeder versuchlichen Lage glaubend mit unzerspaltenem Herzen nach Gottes Bewahrung und Leitung greifen; denn meiner Sünde ist ihr Recht geschehen duch Jesu Tod.

6,8: *Wenn wir aber mit Christus starben, so glauben wir, daß wir auch mit ihm leben werden.* Je tiefer und völliger Jesu Sterben für uns wirksam wird, um so gewisser wird auch unsere Zuversicht, daß er uns bei sich das Leben geben wird (1. Thess. 4,17; 2. Kor. 5,8; Phil. 1,23). Sein Leben ist uns freilich noch nicht zum sichtbaren Genuß und zur wirksamen Erfahrung verliehen. Wir glauben es und müssen es so lange glauben, bis die Trennung von ihm ein Ende hat und er in seiner Herrlichkeit bei uns ist. Aber auch der Glaube ist schon ein Ergreifen, Haben und Besitzen, wenn auch noch nicht in Sichtbarkeit, so doch im Geist und deshalb im Kern unserer Person.

Paulus heißt uns die Herrlichkeit eines Lebens bedenken, das jetzt nicht mehr von Tod und Sünde berührt wird. 6,9.10: *da wir wissen, daß Christus, da er aus den Toten auferweckt ist, nicht mehr stirbt. Der Tod ist nicht mehr über ihn Herr. Denn was er starb, starb er einmal für die Sünde; was er aber lebt, lebt er für Gott.* Er litt den Tod der Sünde wegen, um sie zu büßen, um Gottes Gericht über sie zu tragen und uns dadurch zu rechtfertigen. Nun aber hat er keine Berührung mehr mit ihr. Jetzt gehört sein Leben einzig Gott, und er ist ohne Hindernis völlig der Diener seines gnädigen Willens. Diese herrliche Freiheit Jesu zum wahrhaftigen, völligen Gottesdienst ergreifen wir im Glauben als das uns beschiedene Teil.

Jetzt hat auch das Gebot seinen rechten Platz. 6,11-14: *Also auch ihr betrachtet euch als tot für die Sünde, als lebend aber für Gott im Christus Jesus. Darum herrsche nicht die Sünde in eurem sterblichen Leib, damit ihr seinen Begierden gehorcht, und bietet eure Glieder nicht der Sünde dar als Waffen des Unrechts, sondern bietet euch Gott dar als solche, die aus den Toten zum Leben kamen, und eure Glieder Gott als Waffen der Gerechtigkeit. Denn die Sünde wird über euch nicht Herr werden; denn ihr seid nicht unter dem Gesetz, sondern unter der Gnade.* Auf Gottes Gabe in Jesu Tod und Auferstehung hat Paulus unser ganzes Trachten gestellt. Sie ist uns aber dazu gegeben, daß wir sie mit Wissen und Willen ergreifen. Sie erfaßt unser personenhaftes Leben und wird die Wurzel eines neuen und guten Willens in uns. Unser Wille entsteht jedoch nicht ein für allemal in unwiderruflicher Beharrung; er ist ein Lebendiges, und alles Lebendige erhält sich nur dadurch, daß es stets neu entsteht. Und da die sündigen Reize nicht nur von außen kommen, sondern auch in uns selber sind, stehen wir immer wieder vor der Entscheidung, ob wir der bösen Lust Gehör geben wollen oder nicht; wir haben uns deshalb immer neu bewußt in Jesu Tod und Auferstehen hineinzustellen. Das ist der Christenkampf, den es durchzufechten gilt. Damit sinken wir jedoch nicht unter das Gesetz zurück. Denn hier ist nicht das Gebot das erste, sondern das erste ist die Gabe, und aus der Gabe erwächst uns das Gebot. Und darin, daß das Gebot und die Pflicht für uns auf dem beruhen, was im Christus uns bereitet ist, besteht die herrliche Freiheit des Evangeliums. Darum lautet das Gebot hier so: Halte, was du hast! Du bist mit Christus der Sünde gestorben, so sei für sie auch tot! Du bist mit Christus zum Leben mit Gott auferweckt, so lebe nun für ihn! Du bist in die Freiheit gesetzt, so sei nun frei!

Hiebei sind gerade unser Leib und seine Glieder das Feld, auf dem wir Gott Treue erzeigen, Wachsamkeit und Fleiß zu üben haben. Die Erkenntnis, daß der Leib der Sünde zum Werkzeug dient, darf uns nicht bewegen, ihn zu verachten. Vielmehr haben wir ihn seinem heiligen Gebrauch und reinen Zweck, um dessen willen Gott ihn geschaffen hat und einst nach Jesu Bild verklären wird, zurückzugeben. Durch unseren Leib sind wir der Welt verbunden; daher richten wir mit ihm unseren Beruf in ihr aus. Unsere Glieder können der Ungerechtigkeit oder der Gerechtigkeit als Werkzeug dienen. Wir können sie benützen, um Unordnung, Bosheit, Zerrüttung in uns selbst und den anderen zu erzeugen, oder wir können mit ihnen der Gerechtigkeit dienen bei ihrem Frieden stiftenden, Hilfe schaffenden, alles zurechtbringenden Werk. Je nachdem mehren und fördern wir mit unserem Leib die Macht der Sünde oder die Herrschaft Gottes. Das ist die Ehre unseres Leibes, daß er uns als Waffe in diesem edlen Streit gegeben ist. Darum ist auch alle Pflege und Fürsorge, die ihn zu diesem Dienst tauglich macht, rein und recht. Wir dürfen die Waffen nicht stumpf und brüchig machen, durch die wir unseren Gottesdienst ausrichten.

Wir treten in diesen Kampf mit der Gewißheit des Sieges. Unsere Zuversicht ist darin begründet, daß wir über uns nicht das Gesetz, sondern die Gnade haben. Wären wir unter das Gesetz gestellt, so gäbe es für uns keinen Sieg. Das Gesetz wiese uns nur an unsere Macht, und es würde jeden Fall unerbittlich richten und uns zum Verderben machen. Aber die Gnade trägt und hebt, richtet die Strauchelnden auf und gibt immer neue Erquickung und Kraft. Weil die Kraft Gottes jedem Glaubenden zur Seite steht, ihm zur Errettung, darum gewinnen wir den Sieg.

Es ist eine ernste und völlig nüchterne Lebensvorschrift, die uns der Apostel damit vorgehalten hat. Ernst ist sie, weil sie keine Lust am Schlechten zuläßt, sondern es völlig aus dem Christenleben entfernt. Nüchtern ist sie, weil sie unsere naturhafte Sündigkeit wohl im Auge behält und uns mitten in den sündigen Regungen und Reizungen unserer Seele lehrt, nach Jesu Bild heilig zu wandeln. Freiheit von der Sünde gibt es für den Glaubenden nicht in dem Sinn, als käme im natürlichen Verlauf unseres Lebens unsere Sündigkeit nicht beständig zur Äußerung. Paulus beschreibt das als unsere Heiligkeit, daß wir uns selbst für tot achten, uns selbst verleugnen und uns von uns selbst, dem alten Menschen, und von unserem Leib, dem Leib der Sünde, abwenden. Freiheit von der Sünde haben wir auch nicht in dem Sinn, als müßte nicht beständig unsere Scheidung von ihr in uns erneuert werden – als wäre unser auf Christus gerichteter Glaubenswille nicht versuchlichen Reiz und Druck ausgesetzt –, als könnten wir nicht fallen. Wohl aber sind wir im Glauben von der Sünde frei in dem Sinn, daß wir, die wir uns mit Christus verbunden haben, unserer eigenen Sünde abgesagt und uns Gott zugesagt haben. Wir haben uns dem zu eigen gegeben, der wahrhaft heilig ist. Er wird uns einst völlig sich gleich gestalten; er bildet uns auch jetzt schon im Glauben innerlich sich nach und senkt sein Abbild in uns ein, aus dem uns Antrieb und Kraft zu einem neuen Wandel im Dienst der Gerechtigkeit zufließt. Sündigen wir, so zerreißen wir nicht nur das uns gegebene Gebot, sondern wir werfen auch die uns geschenkte Gabe weg; wir verletzen nicht nur unsere Pflicht, sondern zerstören das, was wir durch Gottes Werk in Christus geworden sind. Unsere Aufgabe besteht also darin, daß wir uns glaubend zu Christus wenden und nach dem verlangen, was er hat und gibt. Darin liegt für uns Bewahrung und Sieg; denn Gott läßt uns nicht mit unserem eigenen Vermögen allein, sondern macht gebend und helfend sich selbst für uns zum Quell des Lichts und der Kraft. So ist es dieselbe Gnade, die uns zu Christus führt und die uns auch bei ihm erhält, dieselbe Gnade, die uns gerechtgesprochen hat und die uns auch heiligt.

Gebunden an die Gerechtigkeit

(6,15-23)

Paulus schrieb uns die Freiheit von der Sünde zu, weil wir in Gott nicht bloß Gesetz, sondern Gnade finden. Aber hieran schließen sich wieder jene Bedenklichkeiten und Einwürfe, die uns doch nur deshalb kommen, weil unsere Lust noch mit dem Bösen verflochten ist. Wenn das Gesetz nicht über uns steht, sind wir nicht eben dadurch des Schutzes gegen die Sünde beraubt? Was soll die Sünde von uns fernhalten, wenn nicht das Gesetz? Begleitet es uns nicht mehr mit seinem Gebot und Verbot, mit seiner Warnung und Drohung, so werden wir doch sicherlich sündigen! Nein, antwortet Paulus, das Gegenteil findet statt.

Er hat in einem wohlbedachten Lehrgang im folgenden drei Sätze vor uns hingestellt. Wir bedürfen des Gesetzes nicht, um vom Bösen geschieden zu sein; die Gerechtigkeit macht uns innerlich zu ihrem Knecht (6,15-23). Gott selbst hat uns gültig und kräftig vom Gesetz gelöst; wir werfen es nicht mit eigenmächtiger Willkür von uns weg (7,1-6). Wir brauchen die Erlösung vom Gesetz, weil es uns in der Sündigkeit festhält und nicht von ihr befreit (7,7-25). So bahnt er sich den Weg zu einer neuen, noch reicheren Betrachtung der göttlichen Gabe.

Der reinen Lehre vom Gesetz hat Paulus große Sorgfalt gewidmet; denn das Gesetz kann auf zweifache Weise dem Evangelium hinderlich sein. Wir können uns mit ihm von Anfang an den Weg zum Glauben versperren. So brauchten es diejenigen Juden, die Jesus verwarfen. Sie stützten sich auf das Gesetz und hielten sich darum vor Gott für reich und gerecht. Dasselbe wiederholt sich heute, wenn uns statt des Evangeliums irgendeine Tugendlehre empfohlen wird, welcher Art sie auch sei, wenn uns gesagt wird: „Was sollen wir mit Christus machen? Sagt den Menschen, was sie tun sollen, was zur guten Ordnung des menschlichen Lebens richtig und nötig ist, das genügt!" Da ist wieder das Gesetz die Verhinderung des Glaubens von Anfang an. Aber das Gesetz tritt dem Evangelium noch an einer zweiten Stelle in den Weg. Wenn wir das Evangelium gehört haben, so müssen wir, scheint es uns, doch noch ein Gesetz hinzufügen, das uns von der Sünde trennt und zum Guten treibt, eine Lebensvorschrift, Kirchenordnung, Heiligungsregel oder wie man es nennen mag, jedenfalls ein Gebot, das unseren Weg bestimmt. So wird das Gesetz von denen aufgerichtet, die sich zu Christus bekennen, und zu dem Glauben hinzugefügt, um ihn zu ergänzen und zu sichern.

Paulus hat beiden ernstlich widersprochen. Dem, der sich des Gesetzes wegen vom Evangelium abwendet, hat er Kap. 2 gesagt: Daß du das Gesetz rühmst, ist eine Lüge; du tust, als ob du kein Sünder wärest. Nun wendet sich Paulus gegen die andere Aufrichtung des Gesetzes, die feiner und frömmer ist – und doch so schädlich! Er zeigt, daß wir im Glauben an Christus alles haben, was uns zur Gerechtigkeit nötig ist, und mit dem Gesetz uns nur schwach machen und der Sünde ausliefern, während in Christus die Befreiung von ihr von uns gefunden werden kann.

Warum hat Paulus auf diesen Punkt so viel Gewicht gelegt? Des Christus wegen und unseretwegen. Des Christus wegen: denn wir stellen uns dabei so, als ob er uns doch nicht wirklich und gründlich helfen könnte. Wenn er uns aber nicht vom Bösen frei macht, dann hilft er uns nichts. Das Evangelium ist völlig wertlos, wenn es nicht Erlösung von der Sünde ist. Ich habe dem Evangelium seine Wahrheit und Ehre genommen, wenn ich sage, daß es mich nicht bessert und vom Bösen löst, sondern ich mich erst noch hintendrein mit einem anderen Mittel selbst bessern, heiligen und von der Sünde freihalten muß.

Eben darum spricht Paulus auch unserer selbst wegen so ernst über diesen Punkt; er ist überzeugt, daß von uns nichts Gutes kommt, daß uns im Evangelium allein die Macht gegeben ist, die der Sünde ein Ende bereitet, daß wir mit dem Gesetz, und sei es noch so vollkommen und Gottes eigenes Gesetz, doch in der Sünde bleiben und deren Macht und Sieg an uns erleben. Er möchte uns gern vom Bösen wahrhaft trennen; darum ruft er uns weg vom Gesetz.

Nicht das ist verkehrt, daß wir uns die Gebote Gottes in ihrer unverletzlichen Heiligkeit und ihrer drängenden Forderung klar vorhalten; das gehört im Gegenteil zu den Früchten des Glaubens in uns. Paulus selbst hilft uns fleißig dazu durch die mannigfachen Gebote, durch die er uns anweist, nach Gottes Willen und Jesu Sinn unser Leben einzurichten. Wenn wir aber gläubig auf das Gebot Gottes sehen, halten wir fest, daß im Christus das Gebot mit der Gabe vereinigt ist und all unser Wirken deshalb auf unserem Empfangen steht. Der Dienst, den Gott im Christus von uns fordert, besteht darin, daß wir seine Gabe nehmen, bewahren und in und durch uns schaffen lassen, was sie schaffen will. Stellen wir aber neben Christus ein Gesetz, so reißen wir das Gebot von der Gabe los und betreiben dessen Ausführung als unser eigenes Werk. So verlieren wir beides zugleich, den Glauben und das gute Werk. Dann hören für uns das Werk Jesu und unser Empfangen und Schöpfen aus seiner Fülle gerade bei der Hauptsache auf, nämlich da, wo es sich um unseren Gottesdienst handelt; wir trauen ihm nicht zu, daß er uns zu einem rechtschaffenen Dienst Gottes in allem guten Werk ausrüste, sondern helfen seinem Werk mit unserer Frömmigkeit nach. Dann ist unser Vertrauen auf den Herrn nicht mehr völlig, unser Glaube geknickt und gebrochen; wir haben seiner Macht und Gabe ungläubig Schranken gesetzt. Mit dem Glauben geht aber auch das Wirken unter. Zum Wirken nach Gottes Sinn bringen wir es nur dann, wenn es aus seiner Gabe geschieht. Wir empfangen unsere Werke, finden sie aber nimmermehr, wenn wir sie bei uns selber suchen.

Die Freiheit vom Gesetz hat Paulus dadurch auf einen sicheren Grund gestellt, daß er uns im vorhergehenden Abschnitt, 6,1-14, vor Augen führte, wie das christliche Leben wird, wenn wir uns an Jesus halten. Diese Anweisung zum christlichen Wandel hat uns nicht an das Gesetz, sondern ausschließlich und vollständig auf Christus verwiesen. Und doch führt sie uns unzweifelhaft zu einer rechtschaffenen Heiligung und einem redlichen Wandel vor Gott. Verlangen wir nach der Ähnlichkeit mit Christus, begehren wir nach seinem Tod und seinem Leben als für uns geschehen, so sind wir auf die richtige Bahn gestellt. Das Sterben Jesu am Kreuz trennt uns von unserer Sünde und die Erhöhung Jesu in das Leben richtet unser Trachten auf das jenseitige Ziel und macht unser Leben zu einem Leben für Gott. So ist uns bereits gezeigt, daß wir des Gesetzes nicht bedürfen. Aber Paulus geht nun ausdrücklich auf die Frage ein, ob unser Widerstand gegen das Böse vielleicht dadurch geschwächt wird, daß das Gesetz mit seinen Verboten und seinen Drohungen nicht mehr auf uns liegt.

6,15.16: *Wie nun? Wollen wir sündigen, weil wir nicht unter dem*

Gesetz, sondern unter der Gnade sind? Nimmermehr. Wisset ihr nicht, daß ihr dem, dem ihr euch als Knechte zum Gehorsam darbietet, verknechtet seid, wem ihr gehorcht, entweder der Sünde zum Tod oder dem Gehorsam zur Gerechtigkeit? An den, dem wir gehorchen, sind wir gebunden; das gilt ebenso von der Gerechtigkeit wie von der Sünde. Es hebt sich die sündige Begehrung in mir empor und klopft bei mir an, ob ich sie in meinen Willen aufnehme; ich gehorche ihr und senke mein Wollen in diesen schlimmen Reiz hinein – bleibt das ohne Nachwirkung? Nein! Damit findet eine Bindung an die Sünde in mir statt, die ich nicht nach meinem Belieben wieder aufheben und abschütteln kann; sie wird vielmehr in mir fortwirken und mein Trachten immer neu sündlich erregen und bestimmen. Der Sünde gehorchen, das heißt sich ihr zum Knecht hingeben und sie zum Herrn über uns machen, dem wir nun dienen müssen, und zwar bis in den Tod hinein. Gerade darin, daß uns die Sünde zum Tod führt, erweist sie sich als unseren Herrn, der uns sich unterworfen hält; ich erschrecke ja vor dem Tod und habe keineswegs meine Lust an ihm; dennoch arbeite ich mich selbst in ihn hinein, nicht weil ich will, sondern weil ich als der Sünde Knecht es muß.

Aber diese bindende Kraft in unserem Gehorchen wird nicht nur dann wirksam, wenn wir der Sünde gehorsam sind, sondern auch dann, wenn wir Gott gehorsam sind. Auch der Gehorsam, nicht bloß die Sünde, macht uns zu Knechten, so daß Gerechtigkeit daraus entsteht; er wird in uns eine Macht, der wir dienen müssen, weil sie uns in unserer Lust und Begehrung an sich gekettet hält; nun heißt es: Ich kann nicht ohne die Gerechtigkeit sein, und wenn es mich das Leben kostet, lieber das Leben verloren als die Gerechtigkeit! Wie die Sünde, wenn ich sie durch meinen Gehorsam ergreife, ihrerseits mich ergreift, so läßt mich auch die Gerechtigkeit, wenn ich meinen Gehorsam ihr ergebe, nicht los, sondern nimmt mich in ihren Dienst, der mich inwendig mit einem festen Band an sie knüpft. Ich bedurfte keines Gesetzes, um zu sündigen, und hatte es nicht nötig, daß mir von außen zugerufen wurde: Nun sündige dies und nun das! Vielmehr entstand in meinem bösen Wollen eine Lust aus der anderen, eine Begierde aus der anderen, so daß ich fortgetrieben wurde, sogar dahin, wohin ich nicht wollte. Ebenso bedarf ich auch zur Gerechtigkeit keines Gesetzes, das mich von außen immer wieder stieße: Nun mach es so und nun tue das! Auch hier erwächst ein Gehorsam aus dem anderen, ein gutes Wollen aus dem anderen, und die Gerechtigkeit pflanzt sich meinem Willen ein, so daß er in ihr lebt und webt.

Damit ergänzt und erweitert der Apostel den Blick, den uns der erste Teil des Kapitels eröffnet hat. Dort sahen wir, wie uns die Scheidung von der Sünde und die Aufrichtung zu Gott von Christus her als Gabe zugefallen ist, wie aber diese Gabe immer neu von uns ergriffen werden muß. Nun zeigt er uns, wie unser Griff nach dem, was Christus ist, uns nicht in einen losen, schwankenden und schwebenden Zustand versetzt, so daß wir uns immer wieder nach allen Seiten, zur Sünde wie zur Gerechtigkeit, bewegen könnten; nein, unser Griff nach der Gerechtigkeit führt in das Ergriffensein durch sie, und wir halten uns an das, was uns hält. Wir haschen nicht nach etwas, was sich unserem Griff entzieht, mit einem erfolglosen Versuch, der immer von neuem anfangen muß, sondern aus dem Gehorsam erwächst uns Kraft und aus der Entscheidung wird Entschiedenheit. Wenn ich gehorche und darauf stehe, daß ich der Sünde tot, aber für Gott lebendig bin, so wächst das, was Jesu Tod und Leben uns bereitet hat, in mir zu einer festen Lebensgestalt, und die Scheidung von der Sünde und der Dienst Gottes schreiten von Kraft zu Kraft vorwärts.

6,17.18: *Gott aber sei Dank, daß ihr Knechte der Sünde waret, aber von Herzen der Regel der Lehre gehorchtet, der ihr übergeben seid* (1. Kor. 6,11). *Da ihr aber von der Sünde frei geworden seid, seid ihr Knechte für die Gerechtigkeit geworden.* Nicht das sagt Paulus, daß wir deshalb des Gesetzes nicht bedürfen, weil wir nur von innen heraus geleitet würden, so daß wir bloß unserem inneren Trieb zu folgen hätten. Nein, was uns leitet, steht über uns und darum zunächst außer uns. Die Lehre ist uns unentbehrlich und wird uns in der christlichen Gemeinschaft dargereicht. In ihr empfangen wir die Unterweisung, die uns sagt, wie wir uns richtig verhalten, Gottes Willen tun und uns von unserer Sünde reinigen. Paulus sagt mit Absicht nicht, daß die Lehre uns übergeben sei, sondern daß wir ihr übergeben sind. Sie ist nicht uns unterworfen, so daß wir sie nach unserem Gutfinden bilden könnten, sondern sie entsteht aus

Gottes Wort und Werk, und wir sind unter ihre uns verpflichtende Macht gestellt. Das ist die Leitung von außen, ohne die unser Leben verkümmert und irregeht. Da die Lehre die wechselnde und unerschöpfliche Mannigfaltigkeit unseres Handelns ordnet, muß sie jedesmal wieder frisch, mit neuer Aufmerksamkeit auf Gottes Führung erarbeitet werden. Sie zerfällt aber deshalb nicht in ein widerspruchsvolles Vielerlei von Geboten, sondern folgt einer klaren Regel und wendet dasselbe deutliche Muster auf alle unsere Anliegen an; denn sie zeigt uns den festen Willen Gottes, der unser ganzes Verhalten umfaßt. Wenn wir aber der Lehre von Herzen gehorsam sind, so zieht sie in uns ein und übernimmt in unserem Leben die Leitung. Das Band wird uns nicht nur auswendig angelegt, so daß inwendig ein Widerstreben dagegen bliebe; die Lehre Gottes macht uns vielmehr sich herzlich und völlig untertan in der Macht ihrer Wahrheit und Gerechtigkeit. Das gibt die selige Harmonie, die die Stimme, die von außen zu uns redet, und die Stimme, die in uns selbst spricht einstimmig macht. Diese Harmonie schafft nur Gottes Wort.

So sind in unserem Leben Freiheit und Gebundenheit beisammen, und die eine besteht nur zugleich mit der anderen. Wir werden von der Sünde frei und sind zugleich an die Gerechtigkeit gebunden, oder wir werden von der Gerechtigkeit frei und sind damit an die Sünde gebunden. Wir können nicht nach allen Seiten zugleich losgebunden, aber auch nicht nach allen Seiten hin zugleich festgebunden sein. Jeder Dienst hat seine Freiheit, jede Zuneigung ihre Abneigung, jeder Glaube seinen Unglauben neben sich. Sage mir, wem du glaubst, so will ich dir sagen, wem du nicht glaubst; was du ergreifst, zeigt, was du fahren läßt; indem du dir deinen Herrn wählst, bestimmst du auch, von wem du los und ledig bist. Christus hat uns die Gerechtigkeit zum Band gemacht, in das wir eingefaßt sind; damit sind wir der Sünde gegenüber in die Freiheit versetzt. Wäre es anders, wären wir nicht an die Gerechtigkeit mit einem Band gebunden, das uns zur Sünde keinerlei Freiheit läßt, so hätten wir uns noch nicht dem Wort Jesu ergeben und wüßten noch nicht, was ihm gehorchen heißt. Der halbe Gehorsam, der sich zugleich die Freiheit vorbehält, auch nicht zu gehorchen, ist kein Gehorsam. Der rechte und echte Gehorsam ist eine ganze Hingabe an Christus; er öffnet ihm die Türe des Herzen und verschließt sie damit allem anderen. Nun kennt Paulus die menschliche Schwachheit wohl; gerade deshalb mahnt er so. 6,19a: *Menschliches sage ich wegen der Schwachheit eures Fleisches.* Unsere menschliche Art macht uns beständig Not, stellt unserem Gehorsam immer wieder Schwierigkeiten entgegen und macht deshalb stets wieder die Mahnung nötig: Gebt eure Glieder der Gerechtigkeit als ihre Diener hin! Aber wenn wir auf den Ausgang sehen, zu dem die beiden verschiedenen Dienstverhältnisse führen, so muß unsere Wahl entschieden sein und unser Wille fest werden.

6,19b-23: *Denn wie ihr eure Glieder der Unreinheit und der Auflehnung gegen das Gesetz als Knechte darbotet zum Aufruhr gegen das Gesetz, ebenso bietet jetzt eure Glieder der Gerechtigkeit als Knechte dar zur Heiligung. Denn als ihr Knechte der Sünde wart, wart ihr von der Gerechtigkeit frei. Was für eine Frucht hattet ihr nun damals? Solches, worüber ihr euch jetzt schämt; denn das Ende davon war der Tod. Jetzt aber, da ihr von der Sünde frei, für Gott aber Knechte geworden seid, habt ihr eure Frucht in der Heiligung, als das Ende aber ewiges Leben. Denn der Sold der Sünde ist Tod; die Gnadengabe Gottes aber ist ewiges Leben im Christus Jesus, unserem Herrn.* Verwenden wir unseren Willen und unsere Kraft für das Böse, so wird das Ergebnis für uns schließlich immer Beschämung und Tod sein. Die Sünde gibt niemand einen anderen Sold und Lohn. Wer sich in ihren Dienst ergibt, dem lohnt sie seine Treue und Beharrlichkeit damit, daß sie ihn in den Tod begräbt. Aus dem Dienst der Gerechtigkeit kommt dagegen Heiligung; wer ihr sich untergeben hat, hat sich Gott ergeben und wird darum auch von ihm als sein Eigentum anerkannt, so daß die Weihe dessen, der Gott gehört, ihm zugefallen ist. Gottes Heiligkeit legt ihren Glanz auf ihn, und sein herrliches Bild leuchtet in uns wieder auf, und das Ende ist ewiges Leben, das uns Gott als die Gabe seiner Gnade schenkt. Wie sollten wir noch schwanken, wem wir dienen sollen? Schauen wir auf Gottes Gnadengabe! Das macht das Herz im Gehorsam gegen die Gerechtigkeit fest.

Durch Gott befreit vom Gesetz
(7,1-6)

Stießen wir das Gesetz eigenmächtig weg, so würde uns das nichts helfen. Denn Rebellion führt nicht über das Gesetz empor, sondern unter es hinunter und bindet erst recht fest an sein Strafurteil. Wir bedürfen einer rechtmäßigen göttlichen Lösung von ihm; nur dann, wenn wir uns nicht selbst, sondern wenn uns Gott über das Gesetz emporgehoben hat, ist die Freiheit unser Eigentum. Darum zeigt uns Paulus nicht nur, daß die Befreiung vom Gesetz für uns eine Wohltat ist, sondern auch, daß wir zu ihr rechtmäßig durch Gott ermächtigt sind. Namentlich für die, die im Dienst des Gesetzes herangewachsen waren, war dieser Nachweis eine unschätzbare Hilfe. Nur so konnten sie sich mit gutem Wissen allein zum Glauben an Jesus wenden in der Erkenntnis, daß sie gerade so das Gesetz nach Gottes Sinn gebrauchen, also auch nach des Gesetzes eigenem wahren Sinn und Zweck. Wir wurden zwar schon wiederholt darauf hingewiesen, daß das Gesetz im Ganzen des göttlichen Werks nur eine zeitweilige und dienende Stellung hat: Christus ist ohne Zutun des Gesetzes zu uns gesandt, damit er für uns sterbe und auferstehe (3,21); auch Abraham ist die Gabe Gottes nicht durch die Vermittlung des Gesetzes zuteil geworden, sondern als reine, lautere Verheißung (4,13f.); das Gesetz ist zwischen Adam und Christus nebeneingekommen und hat die Wirkung der Sünde und des Todes, die von Adam ausging, nicht aufgehoben, sondern vertieft; erst Christus bringt die Gegenwirkung zur Wirkung Adams (5,20). Nun aber zeigt uns Paulus noch ausdrücklich, daß das Gesetz an uns, die wir glauben, keinen Anspruch hat, daß wir nicht gegen das Gesetz, sondern nach dem Sinn des Gesetzes selbst in der Freiheit stehen.

Der Apostel erläutert uns dies durch einen Schluß aus dem Gesetz selbst. 7,1-3: *Oder wißt ihr nicht, Brüder – denn zu solchen, die das Gesetz verstehen, rede ich –, daß das Gesetz über den Menschen Herr ist, solange er lebt? Denn die unter einem Mann stehende Frau ist an den lebenden Mann durch das Gesetz gebunden (1. Kor. 7,39); starb aber der Mann, so ist sie vom Gesetz des Mannes gelöst. Folglich wird sie, solange der Mann lebt, Ehebrecherin heißen, wenn sie einem anderen Mann zu eigen wird; starb aber der*

Mann, so ist sie vom Gesetz frei, damit sie nicht mehr Ehebrecherin sei, wenn sie einem anderen Mann zu eigen wird. Das Gesetz bindet die Frau an den Mann zu unverbrüchlicher Treue, solange der Mann lebt. Die Frau darf sich nicht eigenmächtig vom Mann losreißen und sich einem anderen hingeben. Solchen Bruch der Ehe verdammt das Gesetz als schwere Schuld, die es mit dem Tod bestraft. Wenn aber die Frau dem Mann bis zu seinem Tod Treue hielt, dann hat sie dem Anspruch des Gesetzes ganz genügt. Über den Tod hinaus erstreckt sich seine bindende Kraft nicht; es verpflichtet die Frau nicht auch noch dem verstorbenen Mann. Dem irdischen Menschen ist es gegeben, und die natürlichen Verhältnisse des Lebens ordnet es; es hat darum keine Beziehung mehr zu dem, der durch den Tod den irdischen Verhältnissen abgestorben ist. Somit hat die Frau durch den Tod des Mannes die Freiheit erhalten, eine neue Ehe einzugehen; wenn sie jetzt tut, was bei Lebzeiten des Mannes vom Gesetz verboten war und bestraft wurde, ist ihre Tat kein Bruch des Gesetzes, sondern recht- und gesetzmäßig; ja der Tod bildet die Grenze, an der das Gesetz selbst seine Forderung und seine Macht enden läßt. Durch diese Freiheit der Frau zu einer neuen Ehe begründet der Apostel unser Recht, uns Christus ganz hinzugeben. Wir sind im Glauben Eigentum des Christus geworden, wie die Frau dem Mann gehört. Das ist freilich für uns erst eine zweite und neue Verbindung, in der wir nicht von Anfang an stehen; vielmehr sind wir zunächst dem Gesetz untergeben und haben in ihm unseren Herrn, dem wir dienen sollten. Wenn jetzt aber Christus für uns an die Stelle des Gesetzes getreten ist und all unser Trachten darauf geht, ihm zu gefallen und seinen Willen auszurichten, so ist das kein unrechtmäßiges, einem Ehebruch vergleichbares Entlaufen aus dem Dienst, den wir dem Gesetz schuldig wären, sondern wir sind ermächtigt und von Gott her berechtigt, uns Christus allein hinzugeben; denn auch hier kam der Tod dazwischen, nämlich Jesu Tod, der uns die von Gott bereitete Lösung unserer ersten Verbindung durch die Stiftung eines neuen Bundes brachte.

7,4: *Gerade so, meine Brüder, wurdet auch ihr für das Gesetz zu Toten gemacht durch den Leib des Christus* (Gal. 2,19; Kol. 3,13), *damit ihr einem anderen zu eigen werdet, dem, der aus den Toten auferweckt wurde, damit wir für Gott Frucht tragen.* Gott hat dadurch den Anspruch des Gesetzes an uns aufgehoben, daß er den Leib des Christus in den Tod dahingegeben hat. Über Jesu Tod reicht die bindende Macht des Gesetzes nicht hinaus; sie greift nicht in das hinein, was auf Jesu Sterben folgt. Wie die Frau dem Gesetz völlig genuggetan hat, wenn sie dem Mann bis zu seinem Tod treu ist, so hat auch Christus allen Anspruch des Gesetzes dadurch erfüllt, daß er ihm gehorsam bis zum Tod war und seinetwegen, damit es in seiner Heiligkeit und Majestät offenbar sei, den Tod gelitten hat. Das jedoch, was auf den Tod Jesu folgt, hat nicht das Gesetz gewirkt, sondern eine höhere Macht als das Gesetz, die in Christus lebendige Gnadenmacht, und in diese höhere Region, in der der Auferstandene steht, redet das Gesetz nicht mehr hinein.

Das Gesetz gilt also für uns so lange, als wir den Tod des Christus in seiner Kraft und Bedeutung für uns noch nicht erkannt haben, so lange, als wir meinen, selbst lebendig zu sein, selbst fähig, zu wirken, was vor Gott gut ist, und durch uns selbst die Gerechtigkeit zu gewinnen. Verschmähe ich es, an Jesu Tod teilzuhaben, dann ist das Gesetz mein Herr, den ich mit aller Unbotmäßigkeit und Widerspenstigkeit nimmermehr entthronen werde, der vielmehr sein Recht wider mich behauptet. Anders verhält es sich aber, wenn ich mich in Jesu Tod einschließe und mich mit ihm gestorben weiß und die Hoffnung nicht auf mich selbst gründe, sondern erkenne, daß ich allein auf Gnade gestellt bin. Dann habe ich dem Gesetz gegeben, was ihm gehört, und trete in den Genuß dessen ein, was der Auferstandene für mich hat; in diese Höhe kann, soll und will das Gesetz nicht hinaufreichen; da bin ich von ihm frei.

Immer wieder wird die Innigkeit, Zartheit und Vollständigkeit der Hingabe sichtbar, durch die Paulus mit Christus verbunden war. Wie er seinen Gehorsam nicht teilt, so daß er der Gerechtigkeit und der Sünde miteinander dienen wollte, so kann er auch nicht Christus und dem Gesetz zugleich dienen. Er will nichts von einer halben, geteilten Hingabe wissen, sondern nur von einer ganzen Liebe, die dem völlig lebt, dem sie sich ergibt; kann doch auch eine Frau nicht noch einen anderen Mann lieben, wenn sie ganz ihrem Manne leben will. Einst lebte Paulus dem Gesetz, da hatte Christus keinen Raum in ihm, weil er ganz dem Gesetz lebte; jetzt lebt er für Christus, da hat das Gesetz keinen Raum mehr in ihm, weil er ganz für Christus lebt. Darum gibt es hier für Paulus nur eine einzige Entschließung und Wahl: Entweder bin ich der Diener des Gesetzes oder des Christus, entweder trachte ich danach, dem Gebot zu genügen, das mir das Gesetz auferlegt, oder ich trachte danach, das zu sein, was Christus aus mir macht, und das zu tun, was Christus mich tun heißt; entweder fürchte ich den Bruch des Gesetzes, oder ich fürchte den Verlust des Christus; entweder begehre ich den Lohn, den mir das Gesetz verheißt, oder ich begehre die Ähnlichkeit und Gemeinschaft mit Christus als mein höchstes Gut. Was ich dem Gesetz an Dienst zuwende, das müßte ich ja Christus entziehen. Aber Paulus wendet all sein Trachten, Fürchten, Hoffen und Lieben auf den Auferstandenen hin, und er weiß: Ich darf um Jesu willen alles andere, auch das Gesetz, vergessen und hintansetzen; Jesu Tod gibt dir dazu das Recht; er hat allen alten Verhältnissen ihr Ende gebracht; mit ihm sind die alte Welt und der alte Mensch abgetan, das alte Verhältnis zu Gott abgeschlossen und ein neuer Bund aufgerichtet; ein neues Haupt, ein neuer Herr ist mir gegeben, daß ich ganz sein eigen sei.

Paulus hat zuerst ausgesprochen: Wir sind mit dem Tod Jesu der Sünde gestorben (6,2); hier fügt er das andere Wort hinzu: Wir sind mit seinem Tod dem Gesetz gestorben. Er beschreibt beidemal eine gänzliche und völlige Scheidung, von der wir nicht nur mit Worten reden, sondern die wir innerlich erlebt haben und nun bleibend in unserem Geiste tragen. Ist das Gesetz in unserem Herzen noch mächtig, so daß es uns ängstigt und unser Gewissen erregt und verpflichtet, dann gilt es, dem Gesetz mit ganzem Ernst zu gehorchen; dann darf nichts uns davon abhalten, es zu tun. Die Abwendung von irgendeinem Gesetz, solange wir ihm inwendig noch unterworfen sind und es als heilige Satzung in unserem Gewissen lebt, ist gewissenlos und nichts als Übertretung und Auflehnung. Aber der Blick auf Jesu Tod kann uns fest machen, so daß uns weder der Anspruch noch das Gericht des Gesetzes bewegt. Das ist die Freiheit, in der Paulus stand, in der er zu jedem guten Werk willig und eifrig, aber keiner Satzung untertan war. Diese Freiheit preist er hier als Gottes unschätzbares Geschenk.

Das Ende solcher Hingabe an Christus ist nicht Gottlosigkeit, o nein! Nun erst wird unser Leben für Gott fruchtbar. 7,5.6: *Denn als wir im Fleisch waren, waren die aus den Sünden stammenden*

Leidenschaften, die durch das Gesetz hervorgebracht werden, in unseren Gliedern wirksam (Gal. 5,24), *damit wir für den Tod Frucht tragen. Jetzt aber wurden wir vom Gesetz gelöst, da wir dem starben, worin wir festgehalten waren, so daß wir durch die neue Art des Geistes dienstbar sind und nicht durch die alte Art der Schrift* (2. Kor. 3,6). Als wir dem Gesetz dienten, wurde unser Leben nicht für Gott, sondern für den Tod fruchtbar. All unser Rennen und Laufen, Arbeiten und Wirken endigte damit, daß es zerstob und unter dem Wort gefangen blieb: Eitelkeit der Eitelkeiten! Unser innerer Mensch wurde dabei leer und zerrüttet und zerrieb sich in all der nutzlosen Anstrengung. So hatte von unserem Eifer, mit dem wir dem Gesetz nachjagten, niemand Gewinn als der Tod, der immer tiefer in uns wurzelte und mächtiger und verheerender in uns wurde. Denn das Gesetz wurde über die Sünde nicht Herr; es vertrieb sie nicht und löschte die sündlichen Gelüste nicht aus sondern erregte sie nur. Nun aber, da wir Christus dienen, erwächst aus unserem Leben Frucht für Gott: die Frucht der Lippen, die ihm dankt und seine Gnade und Gerechtigkeit preist, die Frucht der Liebe, die sich an Gottes Liebe entzündet und demütig und doch vertrauensvoll zu ihm aufwärtssteigt, die Frucht der Arbeit, durch die wir als Boten der Liebe Gottes diese auch zu den anderen Menschen bringen. Sind wir aber für Gott fruchtbar geworden, dann bleibt unsere Frucht für das ewige Leben und fällt nicht mehr dem Tod anheim. Der Grund dieser Wandlung liegt darin, daß wir nicht mehr im Fleisch sind. „Ich war einst im Fleisch", so kann der sprechen, der gestorben und auferstanden ist. Das ist das Ende, zu dem Christus durch sein Sterben und Auferstehen kam: Er war wohl im Fleisch, ist jetzt aber nicht mehr im Fleisch. Was aber das Eigentum Jesu ist, das sieht Paulus auch als Besitz seiner Gemeinde an. Eben dies ist die Gabe des Auferstandenen an die, die ihm verbunden sind, daß sie mit in seine Auferstehung eingeschlossen sind und darum sagen dürfen: Wir waren im Fleisch, nun sind wir über ihm; seine Interessen und Begehrungen liegen hinter und unter uns; denn unser Trachten und Lieben hängt an dem, der nicht mehr im Fleisch lebt, sondern in die Herrlichkeit Gottes verklärt ist; das hebt auch uns über das Fleisch hinauf. Denn unser Fleisch ist ein Erzeugnis und ein Teil der Natur und gibt uns nicht mehr, als was die Natur uns gewährt. Das Auge, mit dem uns die Natur beschenkt, sieht Gott nicht; das Ohr, das sie uns bereitet, hört Gott nicht; das Herz, mit dem sie uns begabt, kennt und liebt Gott nicht; das Begehren, das sie in uns erweckt, bleibt an unsere Lust und unser Leid gekettet und begehrt nichts anderes als das eigene Glück. Darum muß das Fleisch sterben und wird der neue Mensch nicht von Fleisch geboren. Nun ist aber der neue Mensch durch die Auferstehung Jesu entstanden. In ihm wird Gott in anderer Weise wirksam als durch die Natur. Was vom Auferstandenen zu uns kommt und uns zum Auferstandenen erhebt, das ist Geist.

Das Gesetz läßt unser Herz nicht so hoch steigen, sondern hält uns darnieder. Wer es ernst mit ihm meint, dem wird es zur drückenden Last. Es läßt uns nicht zu Gottes Gaben gelangen, sondern zeigt sie uns wohl in der Ferne, aber unerreichbar fern. Diesem drückenden Treiber und Wächter sind wir nun entronnen, nicht als wären wir meister- und dienstlos geworden. Wir wissen ja, wir bleiben Knechte (6,18), nicht in unedler Sklaverei, sondern in einer Dienstbarkeit, die uns aufs höchste adelt, weil sie dem höchsten Herrn geleistet wird, wohl aber in einer festen Gebundenheit und vollen Untertänigkeit. Unser Dienst verpflichtet uns nicht weniger, wenn wir aus der Unterordnung unter das Gesetz unter die Leitung des Christus hinübertreten. Der Gehorsam, den Paulus Christus erwies, war keine halbe, schwächliche Sache, sondern eine rechtschaffene und völlige Untergebenheit. Aber die Weise, wie wir dienen, ist neu geworden. Das Gesetz ist unserem Auge durch die Schrift vorgehalten. Wer dem Gesetz dient, der muß fragen: „Was steht geschrieben?“ und soll tun, was ihm vorgeschrieben ist. Darin wird der Mangel des Gesetzes offenbar. Man kann es uns schwarz auf weiß in die Hände geben; aber weiter dringt es nicht. Es ist nicht eine schöpferische Macht, die von innen her unser Herz gestaltet. Das vermag allein der Geist. Und darum ist der Dienst Jesu so unvergleichlich größer und herrlicher als jeder andere Dienst. Ihm sind wir durch den Geist verbunden; wer bindet so fest und so völlig wie der Geist?

Wie das Wort von der Gnade in ihrer Verschiedenheit vom Gesetz mißbraucht werden kann, so auch das Wort vom Geist in seiner Verschiedenheit von der Schrift. Es mag uns befremdlich scheinen, daß Paulus hier vom veralteten Bibelwesen im Gegensatz zum neuen

Wesen des Geistes spricht. Aber wir wissen, wie glaubensvoll und dankbar Paulus die Schrift gebraucht hat. Ihn muß man nicht vor Geringschätzung der Bibel warnen; wenn wir sein Wort in dieser Richtung brauchen wollten, wären wir weit von ihm entfernt. Er will uns aber davor bewahren, daß uns die Schrift zum Unsegen werde. Ein Unsegen wird sie uns dann, wenn wir uns mit ihrem Besitz zieren und mit sattem Herzen damit zufrieden sind, daß uns das heilige Buch gegeben ist. Das Buch allein hilft uns nicht. Denn mit dem Buch allein beiben wir in unserem eigenen Wesen und Leben so finster, zerrüttet und Gott widerstrebend wie zuvor. Nicht bloß die Judenschaft, sondern auch die Kirche hat erfahren, wie man mit dem Besitz der Schrift und bei aller hohen Verehrung für sie dennoch blind und verstockt der Sünde und dem Tod dienen kann. Die Schrift erweckt in uns den Blick auf Gott und erzählt uns von seinen heilsamen Taten, vor allem von Christus und seinem Werk. Sie tut dies dazu, damit wir für unser eigenes Herz nach Reinigung und Heiligung verlangen und die Gabe Gottes, die uns geschenkt wird, in uns die Wurzel eines eigenen inwendigen Lebens werde. Das bringt uns der Geist. Die Gnade Jesu besteht darin, daß er uns nicht bloß ein Buch vorgeschrieben hat, sondern uns zum lebendigmachenden Geist wird, der uns erneuert und regiert (1. Kor. 15,45; 2. Kor. 3,17).

Die Not unter dem Gesetz

(7,7-25)

7,7a: *Was werden wir also sagen? Ist das Gesetz Sünde? Nimmermehr.* So oft bisher vom Gesetz die Rede war, stand es in nächster Nähe bei der Sünde, dem Fleisch, dem Tod und dem göttlichen Zorn. Die Befreiung von der Sünde und die Befreiung vom Gesetz sind uns zusammen als die Gabe Jesu gezeigt. Vom Leben für das Gesetz ist soeben noch gesagt worden, daß es kein Leben für Gott ist, daß wir erst dann, wenn wir dem Gesetz abgestorben sind, anfangen, für Gott zu leben und ihm Frucht zu bringen. Da sieht es ja fast aus, als ob das Gesetz selber Sünde sei, als ob der Schaden darin bestehe, daß uns überhaupt das Gesetz gegeben sei und wir uns mit ihm einlassen, und es scheint sich die Regel zu ergeben: Meide das Gesetz, ziehe die Hand von ihm ab und rede kein Wort mehr von ihm – als würde dann, wenn das Gesetz aus der Welt verschwände, alles gut! Das wäre freilich schon nach dem, was Paulus uns bisher gesagt hat, eine Verkehrung seiner Botschaft; sie bezeugt uns klar, daß Christus das Gesetz in seiner Verurteilung der Sünde bestätigt und die Gerechtigkeit, die das Gesetz verlangt, erfüllt hat. Aber Paulus spricht nach dem Vorangehenden gern noch ein Wort über die Heiligkeit des Gesetzes, um zu zeigen, von welcher Art der Zusammenhang zwischen dem Gebot und der Sünde ist. Daraus ergibt sich mit neuer Deutlichkeit, daß wir der Befreiung vom Gesetz bedürfen; wir können nichts von ihm hoffen, weil sein Ende Sünde und Elend ist.

Wir kämen auf verkehrte Gedanken, wenn wir in diesem Abschnitt ein Bild sittlicher Versunkenheit sehen würden, als wollte uns Paulus hier zeigen, wie tief und gründlich ein Mensch sich selbst zerrütten kann. Im Gegenteil! Er beschreibt uns vielmehr den Menschen, der dem Gesetz Gottes mit Ernst und Aufrichtigkeit in redlichem Bemühen dient. So, wie er uns hier gezeigt ist, ist der Mensch auf der höchsten Höhe moralischer Bildung und Tugend; nicht alle sind in der inneren Verfassung, wie sie dieser Abschnitt schildert. Alle, die am göttlichen Gebot unredlich handeln, stehen viel tiefer: die Zuchtlosen, die an der Sünde ihre Lust haben, und die Lügner und Heuchler, die sich das Gebot in ihrer hochmütigen Einbildung verdecken. Paulus spricht hier nicht umsonst ausdrücklich von sich selbst: „So bin ich, der ich dem Gesetz mit ganzem Eifer nachjagte." Indem er sich als Beispiel für die Größe und Macht der Sünde vor uns stellt, schützt er sein Wort gegen den Schein der Härte, als wäre es seine Lust, uns zu erniedrigen; zugleich macht er es aber dadurch für alle gültig: So seid ihr alle, die ihr dem göttlichen Gebot in Wahrheit und darum im Werk untertan sein wollt. Nach außen wird ein Mensch, der in sich trägt, was dieser Abschnitt uns beschreibt, in aller Ehrenhaftigkeit dastehen, tüchtig und zuverlässig, vieler Tugenden wegen lobenswert, obgleich der geheime Kern seines Lebens aus Elend besteht. Wer mit Paulus sagen kann: „Ich konnte das Gebot: ‚Laß dich nicht gelüsten!' nicht hören, ohne daß die Lust in mir erwachte, eben die Lust, die das Gesetz verbot, damit aber, daß die Lust erwachte, starb ich“ (V. 7-10), der besitzt eine so helle Klarheit und wache Schärfe des Gewissens und steht in einem so durchdringenden Ernst der Selbstbeurteilung, wie sie der Heuchelei und dem Laster niemals eigen sind. Wer sprechen kann: „Als die Sünde tot war, da lebte ich, und als die Sünde lebendig war, da starb ich; ich und die Sünde können nicht zusammen am Leben sein, entweder muß sie sterben oder ich; nun ist sie lebendig, also bin ich tot“ (V. 8-10), der hat sich zur Sünde richtig gestellt: Er hat ihr mit runder, ganzer Entschiedenheit die Gemeinschaft aufgesagt. Wie hoch steht das über der Feigheit und Niederträchtigkeit, mit der wir tausendfach die Sünde in unserem Leben erträglich finden und zwischen ihr und uns einen Frieden herzustellen wissen! Wohl dem, der im Blick auf das Böse, das er vollbringt, sagen kann: „Ich weiß nicht, was ich tue; ich tue nicht, was ich will, sondern was ich hasse; das Gute, das ich will, das tue ich nicht“ (V. 15.19). Es gibt noch eine andere Art zu sündigen, bei der es heißt: Ich mag das Gute nicht; sondern das Böse, das ich will, das tue ich. Und wohl dem, der mit Paulus sprechen kann: „Ich stimme dem Gesetz Gottes bei, daß es gut ist; ich habe meine Lust am Gesetz Gottes und freue mich seiner; ich diene mit meiner Vernunft dem Gesetz Gottes“ (V. 16. 22.25). Und wenn sich einer vollends an seiner vernünftigen Einsicht in das Gute und an seiner inneren Lust daran nicht beruhigt und über den Mangel des Vollbringens sich nicht damit tröstet, daß er ja das Gute wolle, mehr könne er nun einmal nicht! – nein, wenn er dabei bleibt: Das Gute ist nicht nur zum Wissen und Wollen da; es ist nicht nur dazu bestimmt, daß meine Vernunft sein Bild in sich trage und sich daran erfreue, sondern es muß vollbracht sein, und wer das Gute nicht vollbringen kann, der ist ein elender Mensch! – so ist das eine reine und lautere Gesinnung, auf der Würde und Adel ruht; denn es ist Wahrheit in ihr. Gewiß wird uns hier gezeigt, welche Macht die Sünde über uns hat; aber die Größe und Tiefe unserer Sündhaftigkeit tritt nicht nur in der Verkommenheit des Lasters ans Licht, sondern nicht weniger eindringlich und deutlich gerade am reinen Streben des Menschen, an der Ohnmacht seines guten Willens, an der beständigen Vereitelung seines Bemühens, dem göttlichen Gesetz mit seinem Werk zu dienen, Rein ist der Mensch, wie er hier beschrieben ist, doch nur, wenn er mit denen verglichen wird, die der Sünde ganz anheimgefallen sind; aber auch er ist unter die Sünde verkauft und darum ein elender Mann.

Wir bilden uns ein, das Gebot sei das Mittel, die Sünde in uns zu unterdrücken. Das ist Blindheit, die nicht sieht, was sich in einem Menschen zuträgt, wenn das Gebot zu ihm kommt. 7,7b.8a: *Aber ich kannte die Sünde nicht außer durch das Gesetz. Denn auch die Begierde hätte ich nicht gekannt, wenn nicht das Gesetz sagte: Du sollst nicht begehren* (2. Mose 20,17). *Da aber die Sünde einen Anlaß erhielt, brachte sie durch das Gebot jede Begierde in mir zustande.* Vor der Berührung mit dem Gebot trat die Sünde nicht in meine Erfahrung und wurde nicht ein bewußtes, deutliches Erlebnis in mir. Erst mit dem Gebot gewann sie die Macht, in die von meinem Wissen beleuchtete Mitte meines Geistes zu dringen. Da wurde sie aus einem dunklen Trieb, der sich unbemerkt und nicht erkannt in mir regte, eine fertige, von klarem Wissen regierte, von mir selbst vollbrachte Tat. Weicht die Sünde vor dem Gebot? Räumt sie beschämt das Feld? Sinkt sie durch den Spruch des Gebots zum Tod getroffen dahin? Das Gegenteil findet statt. Der Sünde kommt das Gebot gerade recht. Sie denkt gar nicht daran, vor ihm zu fliehen und zu verschwinden. Im Gegenteil, gerade am Gebot hat sie das Mittel gefunden, durch das sie in uns die Begierde erweckt. Ehe das Gesetz sie uns untersagte, ließen wir uns von unseren eigensüchtigen, willkürlichen Wünschen leiten, und es war uns wohl dabei. Wir waren vergnügt, wenn sich unsere Wünsche erfüllten, und betrübt, wenn uns das, was wir begehrten, versagt blieb; wir fragten nicht nach Gottes Willen. Deshalb war unser Vorhaben zwar, am Gesetz gemessen, Gottlosigkeit und Unrecht; aber wir empfanden seine Bosheit noch nicht, und da sie uns noch nicht aufgedeckt war, waren wir noch nicht mit ihr verwachsen. Sie war noch nicht das, was wir mit unserem Willen ergriffen. Nun kommt das Gebot und sagt uns: „Laß dein Gelüsten; du sollst nicht lauter Wünsche in dir tragen!" und wir empfinden die Heiligkeit dieser Forderung. Wir müssen sagen: Sie ist gut! Aber so heilig sie ist, sie will uns ein Stück unseres eigenen Willens rauben, sie schneidet in unser Herz hinein. Der Wunsch, den sie uns versagt, ist unser eigener Wunsch. Wir halten ihn fest, und nun ist er erst recht der unsrige. Jetzt legt sich unser

Wille in ihn hinein und wird warm und eifrig für das, was ihm das Gebot nehmen will.

7,8b-10a: *Denn ohne das Gesetz ist die Sünde tot; ich aber war ohne das Gesetz einst lebendig. Als aber das Gebot kam, wurde die Sünde lebendig; ich aber starb.* Paulus spricht hier nicht bloß davon, daß uns manches Böse erst dadurch in den Sinn kommt, daß es uns verboten wird, und daß uns alle Verbote unwillkommen sind und wir sie gern abschütteln. Das sind ziemlich oberflächliche Beobachtungen, während der Apostel tief in die innere Geschichte eines jeden Menschen schaut. Böses kommt uns von Anfang an mancherlei in den Sinn; denn die Sünde ist in uns. Aber vollendet und unser eigenstes Begehren wird der sündige Trieb erst dadurch, daß ihm in unserem Inneren ein Hindernis entgegentritt, nämlich das Gebot. Das tritt uns in den Weg, und nun geschieht das Sündigen nicht mehr leichthin, unbewußt, ohne eine Wahl, ohne eine Entschließung, durch die unser Wille sich darein versenkt. Das Gebot macht, daß wir uns besinnen müssen, daß und wie wir sündigen; es macht, daß wir mit bewußtem Griff festhalten müssen, was es uns versagt; es macht, daß wir die böse Lust beschauen und uns selbst mit ihr einigen. Am Willen des Gesetzes entsteht erst unser Wille. Wille wird gegen Wille gesetzt, hart gegen hart. Das Gesetz tut uns seinen Willen kund; er gefällt uns nicht; dadurch treibt es uns zum bösen Willen. Das Gesetz macht uns mit seinem heiligen Verbot das Böse schwer; aber weil uns die Sünde schwerer wird, wird sie erst jetzt stark, mächtig, groß. Und zwar erzeugt die Sünde in uns nun jede Begierde. Es ist keine Begierde so schlecht und verdorben, daß sie nicht als Wunsch in unserem Herzen entstehen könnte, nachdem sich die Sünde im Kampf mit dem Gebot gekräftigt hat.

Ein Beispiel mag es verdeutlichen. Wir handeln zunächst nach der Regel: dem Freund ein Freund, dem Feind ein Feind; wir erweisen dem, der uns gefällig war, Freundlichkeit und Gegendienst; doch dem, der uns antastet, vergelten wir es mit Widerwillen und Haß. Nun werden wir vor Gottes Gebot gestellt, und zwar so, daß es uns nicht unverständlich bleibt, einem Samenkorn gleich, das auf den Weg gefallen ist, vielmehr so, daß es uns in seiner Wahrheit und Heilsamkeit inwendig faßt; wir erkennen den Willen Gottes, der uns nicht berufen hat, irgend jemand zu schädigen oder zu verderben, sondern uns zum Träger der Liebe auch für den, der als Feind an uns gehandelt hat, bestimmt. Hat nun das Gebot den Erfolg, daß unser Zorn und Haß in uns erlischt und vergeht? Kommt das Gebot, so hebt in uns ein Aufruhr an; wir empören uns mit Protest dagegen; wir schelten es schwer, hart, unmöglich; wir halten fest, was es uns nehmen will, und sagen: „Ihn, der so schwer und schlimm in unser Leben eingegriffen hat, hassen wir und wollen wir hassen." Jetzt aber ist der Haß viel giftiger und innerlicher als zuvor; jetzt halten wir ihn auch gegen Gott fest, in direktem Anlauf gegen ihn; jetzt sind wir ganz und gar zu Sündern geworden. So erfüllt es sich: „Einst lebte ich ohne Gesetz; da war die Sünde tot; als aber das Gebot kam, da wurde die Sünde lebendig, und ich starb."

Oder ich stehe in der Gottlosigkeit, die einfach nicht an Gott denkt; mein Auge hat noch nie über mein natürliches Sehfeld emporgeschaut und mein Ohr noch keinen anderen Klang vernommen als den, mit dem das Treiben der Menschen und die Natur unser Herz erfüllen. Nun tritt das Gebot vor mich: „Du sollst den Herrn, deinen Gott, anbeten und ihm dienen." Es enthüllt mir meinen himmlischen König und ruft mich zur Anbetung vor sein Angesicht. Was geschieht? Kann ich jetzt beten? Findet nicht das Entgegengesetzte statt, daß ich Gott entlaufe und dem Gebot erwidere: „Ich kann nicht! Du nimmst mir meine Ruhe, meinen Frohsinn; ich will dich nicht!"? Jahrelang kann der Mensch das Bewußtsein in sich tragen, er sollte Gott ehren und ihn suchen, ohne daß er es je zu einem ernstlichen Gebet bringt. Das ist aber eine viel schlimmere Gebetslosigkeit und Entfernung von Gott als jene unbedachte Nichtachtung Gottes, die mit dem Gebot innerlich noch nicht in Berührung kam.

Paulus heißt die Sünde tot ohne das Gebot und den Menschen lebendig ohne das Gebot. Jene ist tot, weil sie in der Ohnmacht bleiben muß, nicht wachsen, uns nicht regieren und nicht verderben kann; der Mensch ist lebendig, weil er in gewissem Sinn von der Sünde noch unberührt, in gewissem Maß noch unschuldig ist. Er ist deshalb noch nicht zerrissen in seinem Herzen, noch nicht in die Selbstanklage und Reue hinabgezogen, noch nicht in seinem natürlichen Frohsinn gestört. Er ist auch aus der Geduld Gottes noch nicht herausgefallen. Er hat ihn noch nicht wider sich, und die Offenbarung des göttlichen Zorns hat in seinem Herzen und Leben noch nicht stattgefunden.

Es ist schwerlich die Meinung des Paulus, daß wir hierbei nur an die allerersten Kinderjahre zu denken haben. Gewiß ist beim kleinen Kind das göttliche Gebot noch nicht eingekehrt, und darum gilt von ihm, daß es lebt. Aber der Eintritt des göttlichen Gebots in unser Herz gestaltet sich mannigfach. Ein Mensch kann alt werden, bis er mit dem Gebot zusammentrifft, bis es ihm in seiner Heiligkeit und Majestät hörbar wird. Ein Sünder ist er selbstverständlich von Anfang an; er ist es, weil er sich dem Trieb der Natur überläßt, weil er den Weg geht, auf den sein Herz ihn zieht und den die Leute um ihn her gehen, weil er tut, was in der Welt Brauch und Sitte ist, aber ohne daß er sich besonnen hat, was an seinem Weg gut und was böse sei, ohne daß es zum Kampf zwischen seiner Lust und Gottes Gebot gekommen ist. Es kommt aber einmal die Stunde, in der das Gesetz vor uns steht, in der es uns gewiß wird: So geht es nicht, das darfst du nicht! Das ist ein wichtiger Wendepunkt in der menschlichen Geschichte. Es gibt nur noch ein einziges Ereignis, das ihm zur Seite gesetzt werden kann und von größerer Bedeutung ist; das ist die Stunde, in der uns Christus erkennbar wird. Wenn uns das Gebot inwendig faßt, dann bricht die Sünde hervor, entfaltet ihre Kraft, dringt in unseren Willen, und in derselben Stunde erfaßt uns der Tod. Das Lebendigwerden der Sünde macht uns zu toten Leuten. Denn indem wir das Gesetz verwerfen, verwerfen wir Gott; wer aber Gott verwirft, hat das Leben von sich geworfen. Er hat jetzt Schuld und Verurteilung auf sich und Gott wider sich; dadurch ist der Ausgang seines Wegs zweifellos. Er sinkt hinab in die Todeswelt. Daher gibt es so viel Klage in der Welt, daß das Leben eine Last sei und es besser wäre, es nicht empfangen zu haben. Das ist die Stimme der Toten: Das Gebot kam zu ihnen; dadurch gewann die Sünde Leben und darum ging ihr eigenes Leben unter, so daß sie nur noch als tote Menschen auf der Erde stehen.

7,10b.11: *Und es fand sich, daß das Gebot, das zum Leben gegeben ist, mich zum Tod brachte. Denn da die Sünde einen Antrieb bekam, betrog sie mich durch das Gebot und tötete mich durch dieses.* Aus dem Gebot kann uns der Tod nur dadurch erwachsen, daß die Sünde uns täuscht. Es ist immer Betrug bei der Sünde, Bedeckung der Wahrheit, täuschende Wahnbilder, die uns den wahren Ausgang unserer Tat verhüllen und Güter vorspiegeln, die Wahn und Lüge sind. Denn wir verhüllen uns die wahre Natur des Gesetzes. Wir meinen, es lasse sich leicht brechen und beseitigen; aber es ist in Gottes heiligem Willen felsenfest begründet und weicht nicht, sondern kehrt sein richtendes Wort wider uns und tötet uns. 7,12.13: *Also ist das Gesetz heilig und das Gebot heilig und gerecht und gut* (1. Tim. 1,8). *Brachte mir denn das Gute den Tod? Nimmermehr, sondern die Sünde, damit sie als Sünde erscheine, indem sie durch das Gute mir den Tod bewirkt, damit die Sünde im Übermaß schuldig werde durch das Gebot.* Dadurch, daß die Sünde aus dem Guten, nämlich aus Gottes Gesetz, nur das eine zu machen weiß, daß es uns den Tod bringt, wird sie in ihrer Unnatur und Bösartigkeit vollständig offenbar. Folglich fällt auf das Gesetz kein Vorwurf; wir dürfen es uns und anderen nicht verbergen. Gott hat es vor uns hingestellt; wir dürfen es nicht beseitigen. Seine helfende Weisheit hat es uns geordnet. Die Sünde muß heraus ans Licht und durch das Gebot ihre verderbende Macht erlangen; das ist der Weg zur Heilung für uns. Aber das lehren uns solche inneren Erlebnisse allerdings, daß das Gebot nicht unsere Hilfe ist; wir können nicht bei ihm stehenbleiben; das Gesetz führt über sich selbst hinauf zu dem, der nicht nur gebietet, sondern vergibt und gibt. Wäre das Gebot die Hilfe, so müßte man den Menschen dadurch unschuldig machen können, daß man ihm das Gesetz aufdeckt. Nun aber endet in der Stunde, in der das Gesetz vor uns tritt, unsere Unschuld und ist für immer verloren. Darum kann das Gesetz nicht unser Heiland sein.

Worin hat das seinen Grund? Zwischen mir und dem Gesetz besteht ein wesenhafter Gegensatz. 7,14: *Denn wir wissen, daß das Gesetz geistlich ist; ich aber bin aus Fleisch, unter die Sünde verkauft* (Gal. 5,17; Röm. 3,10). Das Gesetz spricht den Willen dessen aus, der Geist ist, und bildet mir darum ein Leben vor, das vom Geist geleitet ist. Gott sucht sein eigenes Bild in uns; der Wille des Geistes zielt auf ein geistliches Wesen. Aber diese erste Voraussetzung, woran der ganze Inhalt des Gesetzes hängt, trifft bei uns nicht zu. Wir sind nichts anderes als das, was die Natur aus uns macht, die uns unser Fleisch bereitet hat. Wir sind, sowie unser Fleisch berührt wird, in Lust und Schmerz erregt, mit dem beschäftigt, was zur Erhaltung unseres Fleisches dient, und von dem erfüllt, was uns das Fleisch durch unsere Sinne zeigt. Ich bin deshalb, wenn das Gesetz zu mir kommt, nicht Herr meiner selbst, so daß ich mich ihm unterordnen könnte. Ich habe schon an der Sünde einen Herrn, in dessen Macht ich gegeben bin, der den Charakter meines Lebens bestimmt. So paßt das Gesetz nicht zu mir und stimmt mit meinem Zustand nicht überein. Es verbietet mir, was mir natürlich ist und in der Einrichtung meiner Seele und meines Leibes tiefe Wurzeln hat. Wie kann ich es anders empfangen als mit Widerspruch?

Bei uns, die wir durch den natürlichen Grund unseres Lebens an die Sünde gebunden sind, kann das Gebot sein Ziel nie erreichen. 7,15a: *Denn ich erkenne nicht, was ich vollbringe.* Tausenderlei in unserem Leben fällt unter dieses Wort. Unzähliges von dem, was wir anrichten, bleibt uns völlig verborgen, so daß wir nachher erstaunt fragen: Soll ich das gemacht haben, ist das mein Werk? Was nützt aber Blinden ein Gesetz? Nur ein sehendes Auge kann es anwenden. Solche Blindheit zeigt, daß wir nicht Herr sind über uns selbst. Weiß ich nicht, was ich tue, so bin ich getrieben von einer mir fremden Macht und deren Knecht. Diese Dunkelheit ist nicht die Art des Geistes; er ist Licht und schaut mit hellem Blick, was er wirkt. Die finstere Umhüllung, die unser Fleisch um uns legt, macht, daß wir nur tastend durch das Leben gehen.

Wo Blindheit ist, da findet sich auch Ohnmacht. 7,15b: *Denn ich betreibe nicht das, was ich will, sondern tue das, was ich hasse.* Auf der einen Seite stehen unsere Ziele, unsere Vorsätze, das, was wir eigentlich ausführen wollen, auf der anderen Seite das, was wir wirklich ins Werk setzen, und der Abstand zwischen beiden Seiten ist überaus groß. Nur wenig von dem Guten, was wir als Wunsch und Vorsatz in uns tragen, geht auch in unser Werk ein. Die Liebe, die wir Frau und Kind, Freund und Volk erzeigen möchten, ist reich und groß; was die anderen tatsächlich davon erfahren, ist schwächlich und gering. Wenn wir unser Wünschen und Verlangen befragen, so wäre unser Gebet mächtig und stark, beständig und innig und unsere Rede stets ein lebendiges Werkzeug der göttlichen Wahrheit und Gnade; wir wären als Gottes Zeugen ein Licht und Segen für alle um uns her. Sehen wir dagegen auf unser Vollbringen, so sinkt das Herz, das wie ein Adler schweben möchte, schwer und matt nach unten, und der Zeuge Gottes ist ein stummer, leerer Tor. So bleibt das Gute in unser bloßes Wünschen und Verlangen ohnmächtig eingeschlossen; zugleich aber treten beständig schlimme Taten und schädliche Wirkungen aus uns heraus. Das sind weltbekannte Wahrheiten, die jedermann an sich erfahren hat, die darum auch niemand ernstlich leugnet, nur daß wir uns an diesen Zwiespalt zwischen unserem Wollen und unserem Lebenswerk gewöhnen und ihn in stumpfer Ergebung als unvermeidlich hinnehmen, während der Apostel uns die Zerrüttung, die hierin zutage tritt, vorhält und uns das Elend einer solchen Gebundenheit unseres guten Willens lebhaft empfinden heißt. Was hilft uns Gott und Gesetz, wenn es nur ein unfruchtbares Wünschen in uns erzeugt, aber unsere Lebensgeschichte, den wirklichen Bestand und Verlauf unseres Handelns, nicht erreicht? So stehen wir in der Tat als unter die Sünde verkauft da; wir müssen ihr dienen, ob wir wollen oder nicht.

7,16-20: *Wenn ich aber das tue, was ich nicht will, so stimme ich dem Gesetz zu, daß es gut ist. Jetzt vollbringe ich es aber nicht mehr selbst, sondern die in mir wohnende Sünde. Denn ich weiß, daß in mir, das bedeutet in meinem Fleisch, Gutes nicht wohnt. Denn das Wollen ist bei mir, dagegen das Vollbringen des Guten nicht. Denn ich tue nicht das Gute, das ich will, sondern das Schlechte betreibe ich, was ich nicht will. Wenn ich aber das tue, was ich nicht will, so vollbringe ich es nicht mehr selbst, sondern die in mir wohnende Sünde.* An dem inwendigen Vorgang, den wir immer wieder bei uns beobachten können, zeigt sich, daß das Gute in uns nicht heimisch ist. Es ist uns fremd; wir suchen es vergeblich bei uns selbst. Über uns wohnt es; wir finden es nur dadurch, daß wir uns nach oben wenden, wo es seine Heimat hat. Aber dieser Zwiespalt, in dem sich unser ganzes Leben bewegt, hat auch eine tröstliche Seite. Das Gesetz Gottes findet also bei uns nicht nur Widerspruch und Abweisung; vielmehr hat es einen Bundesgenossen in uns selbst. Wir vermögen ihm zuzustimmen und uns an ihm zu freuen. Unser Verstand ist ihm offen; es vermag ihn sich zu unterwerfen und hält ihn im Dienst Gottes fest. Darin liegt bereits eine Scheidung unseres Ichs von der Sünde, so daß wir sagen dürfen, die in uns vorhandene Sünde bringe das Böse hervor, nicht wir; die traurige Wahrheit, daß nicht das Gute, sondern die Sünde in mir wohnt, darf eingeschränkt werden: In meinem Fleisch ist sie daheim; sie bekommt ihre Macht durch die für mich natürlichen Regungen, nicht durch mein eigenes Denken und Wollen. Das ist das Große, was das Gesetz Gottes erreicht. Es drängt die Sünde wenigstens aus unserem inwendigen Menschen hinaus; es hebt unser Wollen und Wünschen über sie empor und gibt uns die Möglichkeit, uns von unserer eigenen Sünde zu trennen, uns selbst und unser eigenes Wirken zu verurteilen und wider uns selbst und unser eigenes Werk auf die Seite Gottes zu treten. Dadurch tritt der Gegensatz, der zwischen uns und dem Gesetz besteht, in uns selbst hinein. Nun steht auf der einen Seite unsere Vernunft, unsere Einsicht in den guten Gotteswillen, unsere Lust an ihm, unsere innere Untertänigkeit unter ihn, unser inwendiger Mensch, der sich mit Gottes Gebot geeinigt hat, und auf der anderen Seite steht unser Fleisch, das seine eigenen sündigen Wege geht, getrieben von seiner eigenen bösen Lust.

Doch offenbart sich eben in dieser unserer Zerrissenheit zugleich die ganze Macht unserer Sündhaftigkeit. 7,21-23: *Ich finde somit das Gesetz, daß bei mir, der ich das Gute tun will, das Böse ist. Denn ich freue mich nach Gottes Gesetz nach dem inwendigen Menschen, sehe aber ein anderes Gesetz in meinen Gliedern, das gegen das Gesetz meines Verstandes kämpft und mich durch das Gesetz der Sünde gefangennimmt, das in meinen Gliedern ist.* Die Sünde verschwindet damit nicht, daß wir dem Gesetz recht geben und es in unseren inwendigen Menschen aufnehmen. Tun wir selbst das Böse nicht mehr, so geschieht es doch in uns und durch uns. Darin offenbart sich, daß das Böse als Gesetz mit herrschender Kraft in uns wirksam ist; das Gebiet, über das die zwingende Macht der Sünde herrscht, sind unsere Glieder. Wie blaß, verschwommen und schattenhaft ist unsere Lust an Gott und seinem Gesetz verglichen mit dem geringfügigen Sinnenkitzel! Die Glieder helfen dort nicht mit. Der natürliche, leibliche und seelische Organismus versagt uns für unser inwendiges Leben seinen Dienst. Die Glieder helfen dienstwillig nur dem Begehren, das nach unten zieht; hinter dem Trachten aber; das sich nach oben wendet, bleiben sie zurück. Es ist eben ein Leib des Todes, in dem wir leben, ein Leib, der sterben muß; in dieser seiner gegenwärtigen Gestalt ist er nicht zum Leben fähig; die wahren Glieder fehlen ihm noch. Nun sind es aber gerade die uns jetzt zugeteilten Glieder, von denen unser Vollbringen abhängig ist. Sie sind die Organe, durch die wir unser Werk in der Welt auszurichten haben, und weil sie unserem inwendigen Menschen ihren Dienst nur widerwillig leisten und oft genug versagen, finden wir das Vollbringen des Guten nicht.

Was soll nun der Schluß sein, zu dem uns solche Selbsterkenntnis führt? 7,24.25: *Ich geplagter Mensch! Wer wird mich aus dem Leib dieses Todes retten? Dank sei Gott durch Jesus Christus, unseren Herrn! Also bin ich selbst mit dem Verstand dem Gesetz Gottes dienstbar, aber mit dem Fleisch dem Gesetz der Sünde.* Das Gute, das wir wollen, nicht vollbringen können, das ist eine Plage; ein Gesetz, das uns zur Sünde zwingt, in uns tragen, das ist ein Jammer; in unserem Wesen zerrissen sein, weil der inwendige Mensch keine Glieder hat, die ihm helfen, sondern in einem Fleisch steckt, das wider ihn ist und dessen Reizungen und Begehrungen verwerflich sind, das ist Schmerz und Not. Wir bedürfen des Erretters, des Erlösers, der imstande ist, unsere Natur zu erneuern und den Leib dieses Todes, der zum Reiche Gottes und zum Dienst des Gesetzes nichts taugt, in das geistliche Wesen zu verklären. Das ist die Wirkung, die jede ernste Betrachtung unseres eigenen Wesens haben muß: Sie treibt uns aus uns selbst hinaus und läßt uns nicht in uns selbst ruhen. Der Mensch kann sich selber nicht gefallen, in sich selbst nicht bleiben; er muß fragen: Wer wird mich erlösen. Wenn aber diese Frage einmal erwacht ist, werden wir auch mit Paulus fortfahren und Gott durch Jesus danken. Nun ist der Dank da, den Gottes Güte beim Heiden vergebens suchte, weil er seine Gaben hinnimmt und verzehrt und des Gebers nicht achtet (1,21); der Dank, den auch der Jude Gott versagte, weil er Gottes Gabe hinnehmen will als den schuldigen Lohn für den Dienst, den er selbst Gott zu leisten meint. Nun ist der Dank da, der Gottes Gabe begierig und freudig ergreift und in ihr die Güte Gottes empfindet und zu schätzen weiß. Aus dem Elend wird er geboren und durch das Gesetz vorbereitet, wenn es uns die Augen öffnet und dazu führt, uns sich selbst in unserer Gebundenheit zu erkennen.

Gilt dieses Lebensbild auch von denen, die an Christus glauben? Gewiß! Gerade den an Christus Glaubenden hält der Apostel dieses Bild als ihr eigenes Bild vor; es soll ihnen zeigen, was sie selber sind. So sind wir alle, sowie wir uns in uns selbst einschließen, aus uns selbst unseren Willen schöpfen und diejenigen Kräfte, die wir bei uns finden, ins Werk setzen. Dann finden wir in unserem Verstand das Gesetz Gottes und in unseren Gliedern das Gesetz der Sünde; dieses macht jenes unkräftig, und die Einkehr bei uns selbst kann darum nur im Bewußtsein der Ohnmacht und in der Klage enden: „Ich elender Mensch!“ Aber ebenso gewiß ist, daß dieses Bild uns dazu vorgehalten und der ganze Römerbrief dazu geschrieben ist, damit wir nicht bei uns selber bleiben und an uns glauben, sondern uns von uns selbst abwenden und Christus fassen, um mit dem Apostel sprechen zu können: „Ich danke Gott durch Jesus!“ das heißt, damit wir an Jesus glauben. So, wie er hier beschrieben ist, ist der Mensch für sich allein ohne Christus; dazu aber ist uns Christus gegeben und darum sind wir berufen, an ihn zu glauben und bei ihm zu bleiben, damit wir aus diesem Elend herausgehoben seien. Der Glaubende steht über der Frage, wer ihn erretten werde; denn er hat den gefunden, der ihn vom Leib des Todes erlöst.

Der Glaube führt zum lebendigen Empfangen und Schöpfen aus der Fülle des Christus und zum wirksamen, kräftigen Teilhaben an dem, was ihm gehört. Wenn wir uns glaubend in der Verbindung mit Christus halten, dann gilt uns das Wort nicht mehr: „Ich bin fleischlich“, sondern das andere Wort: „Ich war im Fleisch“; dann gilt auch nicht mehr: „Ich bin unter die Sünde verkauft“, sondern das andere: „Ich bin ein Knecht der Gerechtigkeit geworden.“ Dann fassen wir das Gute nicht mehr nur mit einem gespaltenen Willen, der sich selbst vereitelt; sondern die Liebe des Christus dringt in uns und schafft in uns nicht nur das Wollen, sondern auch das Vollbringen. Aber das alles haben wir nicht als unseren Besitz und als eigene Kraft, so daß es in uns selbst wurzelte; alles, was über die hier geschilderte, natürliche Lebensgestalt hinausgeht, ist vielmehr darum unser, weil Christus es hat und er mit uns verbunden ist. Das Werk des Christus ist aber für uns zum Teil erst zukünftig; deshalb ist die Lebensgestalt, die wir ohne ihn haben, noch gegenwärtig für uns. Unser Leib bleibt ein Todesleib, und im Organismus unserer Glieder bleibt das Gesetz der Sünde wirksam. Wir sind dem neuen Menschen Jesus Christus noch nicht so verbunden, daß wir bei ihm wären, und genießen seine Gemeinschaft noch nicht so, daß wir ihm auch nach unserer Natur gleichgestellt wären. Deshalb finden wir das gute und geistliche Wollen und die Kraft zum Vollbringen nur im Glauben, das heißt nur dadurch, daß wir über uns selbst hinausgreifen. Wir tragen jetzt noch eine unfertige Doppelgestalt. Jesu Gabe steht als das Höhere in uns über unserer natürlichen Art. Wer dagegen meint, so aus dem Geist wiedergeboren zu sein, daß das Gute in ihm selbst wohne, so daß er nach seinem eigenen Wesen nicht mehr in der Ohnmacht und im Elend stehe, der hat sich noch immer selbst getäuscht.

Das Leben im Geist

(8,1-17)

8,1: *Folglich besteht keine Verurteilung für die, die in Christus Jesus sind.* Was ist das für ein „folglich"? Soeben war vom traurigen Zwiespalt die Rede, an dem der gute Wille der Menschen scheitert. Wir sahen, daß wir allerdings mit unserem Verstand von Gottes Gesetz nicht loskommen können, aber gleichzeitig mit unserem natürlichen Leben an die Sünde gebunden sind und auch diese als Gesetz in uns haben, von dem wir uns ebensowenig lösen können. Wie folgt nun daraus, daß jede Verurteilung von uns genommen ist? Bedenke, sagt Paulus, was dir fehlt, so weißt du, was du empfängst! Bedenke, was dir in dir selber fehlt, so weißt du, was du im Christus findest und im Glauben an ihn hast! In dir selbst ist Verdammliches; denn das Gesetz verurteilt und tötet dich. Deshalb entsteht durch Christus keine Verdammung, und die, die in ihm sind, sind frei von jeder Verurteilung. Der Schluß, der mit diesem „deshalb" zustandekommt, ist recht eigentlich das Werk und Merkmal des Glaubens. Paulus hätte es nicht gesetzt, schriebe er nicht an Glaubende; verstehen wir es noch nicht, so wird uns des Glaubens Art und Griff noch dunkel sein. Dieses „folglich" erwächst aus der Gewißheit, daß die Gnade unserem Mangel abgeholfen hat und Christus unserem Bedürfen das volle Genügen bringt; er gibt uns, was uns fehlt, weil es uns fehlt. Diese Gewißheit ist Glaube, und darum zieht der Glaube diesen Schluß: Auf mir liegt um deswillen, was ich durch mich selbst unter dem Gesetz geworden bin, Verdammung – also ist keine Verdammung für mich im Christus; ich bin in mir selbst ohnmächtig – also ist die Gnade meine Kraft; ich bin an die Sünde gebunden – also bin ich im Christus von der Sünde befreit. Wollen wir die Gnade nicht vergessen und Christus nicht verleugnen, dann muß der Blick in unser Elend mit der Erkenntnis enden: Wir sind reich; denn was wir bedürfen, haben wir im Christus eben darum bekommen, weil wir es bedürfen und ohne ihn verloren sind. Das heißt gläubig die Sünde erkennen und sich gläubig in die eigene Not vertiefen. Das ist diejenige Buße, die aus dem Glauben kommt und zum Glauben führt.

Alle Beschreibungen der Sünde, die der Römerbrief enthält, sind uns zu dem Zweck gegeben, daß wir am Umfang des Schadens die Größe der göttlichen Gabe, an der Macht der Sünde die Kraft der Gnade erkennen möchten. Schon beim Blick auf die heidnische Zerrüttung, in die der Mensch durch die undankbare Verachtung der Wahrheit und Güte Gottes fällt (Kap. 1), hat der Apostel das Werk der Gnade im Auge, das uns dadurch, daß wir sie dankbar annehmen, in die Gerechtigkeit versetzt. Ebenso hat er die Not in der jüdischen Frömmigkeit, die dem Juden nur die fromme Gebärde schafft, in Kap. 2 deshalb sichtbar gemacht, weil uns Jesus in unserem inwendigen Leben erfaßt und durch den Glauben unsere Herzen reinigt. So hat er auch die von Adam ausgehende königliche Macht der Sünde und des Todes dazu beschrieben (Kap. 5), damit wir an ihr die Macht des Christus erkennen, der noch viel sieghafter und kräftiger die Gerechtigkeit und das Leben zu allen strömen läßt. An die Knechtschaft, in die uns der Gehorsam unter die Sünde brachte, hat Paulus uns darum erinnert (Kap. 6), damit wir begreifen, daß wir durch den Gehorsam gegen das Evangelium auch Knechte werden, doch nun der Gerechtigkeit. In derselben Absicht hat er uns in Kap. 7 die Tiefe unserer Sündigkeit gezeigt; er tat es nicht, damit wir verzagend uns selbst ansehen, sondern damit wir in unserer Bedürftigkeit unseren Blick auf Christus richten und erkennen, daß seine Gabe uns von aller Verurteilung befreit.

Nur dadurch ist uns geholfen, daß gar keine Verurteilung auf uns liegt. Was würde es uns helfen, wenn zwar dies oder jenes an uns vom Gericht Gottes verschont bliebe, anderes dagegen von ihm getroffen würde? Das Endergebnis wäre doch die Scheidung von Gott und das Versinken in den Tod. Nur wo nichts Verdammliches ist, ist Gerechtigkeit. Aber da, wo Gnade ist, ist auch nichts Verdammliches. Sie tut kein halbes Werk, sondern gibt etwas Ganzes, Vollkommenes; sie schenkt uns das ganze Wohlgefallen Gottes und öffnet uns seine Liebe ungeteilt. Das gilt für die, die im Christus sind. Es ist die Kunst und Frucht des Glaubens, daß er uns in Christus hineinversetzt. Im Glauben verlassen wir uns selbst und erfassen Christus als das Fundament unseres Lebens. Christus wird der Ort, der uns umfangen hält, Christus die Stelle, in die wir hineingesenkt sind; er gibt uns Raum bei sich, Raum in sich. Er nimmt uns an und auf, daß wir in ihn hineingelegt seien, auf ihn uns stützen, ihm gehören und bei ihm seien, als ein Teil von ihm. Wen aber Christus in sich aufgenommen hat, auf den fällt keine Verdammung mehr. Wen Christus deckt, der ist vor jedem Zorn und Gericht gedeckt. Wo er steht, ist Sicherheit, ist Gottes Friede. An all dem haben wir teil, sowie er der Ort ist, in den hinein wir uns geflüchtet haben.

8,2: *Denn das Gesetz des Geistes, des Lebens im Christus Jesus machte dich vom Gesetz der Sünde und des Todes frei.* Alle Verdammung fällt dahin; denn Christus hat für uns das, was uns selbst fehlt. Die Einkehr bei uns selbst hat uns gezeigt, daß uns der Geist mangelt. Verstand haben wir wohl und in ihm das Gesetz Gottes; aber er macht daraus ein leeres, schattenhaftes Gaukelspiel. Der lebendige Odem fehlt, der die Erkenntnis und den Willen und das Vermögen zugleich in uns hervorbrechen läßt, der Geist, der Wissen schafft, das ein Können ist, und Wollen, das zum Vollbringen führt, der Geist, der die Gegenwirkung des Fleisches gebunden hält. Der Geist wohnt im Christus; wer in ihm ist, lebt im Geist. Auch das Kommen und Wirken des Geistes steht unter einem Gesetz, unter einem gültigen Gotteswillen, der mit Sicherheit sein Ziel erreicht und sich zur Erfüllung bringt. Dem Gesetz des Geistes ist das Gesetz der Sünde und des Todes nicht gewachsen. Mit dem Geist hört das Sündigenmüssen auf. Nun wird Gottes Wille in uns die Macht, die uns gestaltet und bewegt. Wir mußten uns für tot achten, weil mit dem Aufleben der Sünde wir selbst starben und unser Leib ein Leib des Todes ist. Nun aber, nachdem wir im Christus dem Geist offen sind, ist das Leben bei uns eingekehrt in einem noch höheren Sinn, als es uns damals eigen war, als wir noch ohne Gebot waren und deshalb von uns sagen durften: „Damals lebten wir" (7,9). Jenes Leben sank rasch in den Tod. Nun aber ist durch den Geist die Sünde in den Tod gegeben; deshalb leben wir neu auf, jetzt als die, die nicht mehr sterben. Wir erkannten uns als unter die Sünde verkauft, da wir uns zum Jammer tun mußten, was wir selbst nicht wollten. Aber mit dem Geist ist uns Freiheit gegeben. Freiheit ist es für uns, daß wir im Geist in Gottes Gnade ruhen, von keiner Verdammung mehr erreicht. Freiheit ist es, daß wir mit ganzer Seele uns ihm ergeben und ihm leben können, nicht mit Widerwillen, als dienten wir einem harten Herrn, sondern mit dem Trieb der Liebe, die der Geist in uns erweckt. Freiheit ist es, daß die Zerstörung des Todes an uns geheilt ist durch das sieghafte, mächtige Leben in Gottes Reich.

Wie kommen wir zum Geist? 8,3.4: *Denn für das, wozu das Gesetz die Kraft nicht hatte, solange es durch das Fleisch kraftlos war, sandte Gott seinen Sohn im Abbild des Fleisches der Sünde und um der Sünde willen und verurteilte die Sünde im Fleisch, damit der Spruch des Gesetzes, der Gerechtigkeit verleiht, an uns erfüllt werde, die wir nicht nach dem Fleisch wandeln, sondern nach dem Geist.* Der Geist kommt nicht, bis die Sünde im Fleisch verurteilt ist. Gott hat dies getan, nicht durch das Gesetz, das des Fleisches wegen nicht zu seinem Ziel kam, sondern durch seinen Sohn. Zur Verurteilung der Sünde hat Gott seinen eigenen Sohn gesandt. Paulus hat uns hier nicht mehr mit einem ausdrücklichen Wort gesagt, wie diese Verurteilung geschehen ist. Er denkt, wer Jesus kenne, der wisse, wo Gottes richterliche Hand eingegriffen und die Sünde mit dem Fleisch, in dem sie wohnt, unter seine Verdammung gestellt und abgetan hat. Das geschah auf Golgatha am Kreuz. Das Gesetz hat es nicht zur Verurteilung der Sünde gebracht, obgleich es sie verbietet, verflucht und ihr den Tod beigesellt. Aber sie verschwindet deshalb nicht, wird vielmehr stark und behält den Sieg. Das heißt noch nicht an der Sünde das Gericht vollziehen. Gerade dann, wenn das Gesetz sein letztes Wort ausrichtet und durch seinen Fluch den Sünder in den Tod führt, erreicht ja die Sünde ihren höchsten Triumph. Nun hat sie den Menschen zerstört und ihr verderbliches Werk bis zu seinem letzten Ende vollbracht. Das Gesetz trifft den Sünder; aber die Sünde vermag es nicht zu treffen. Es tötet uns; aber die Sünde tötet es nicht; ihrer Herrschaft macht es kein Ende, sondern macht sie vielmehr groß. Das liegt daran, daß das Gesetz das Fleisch nicht wegschaffen kann. Es ist den im Fleisch lebenden Menschen gegeben; hieran etwas zu ändern, steht nicht in seiner Gewalt. Einen neuen

Menschen kann es nicht schaffen, nur den alten in den Tod führen, womit es das Werk der Sünde besiegelt. Gott aber wollte die Sünde richten, nicht den Sünder, die Sünde unter seine Verdammung stellen, den Sünder aber von ihr befreien, dem Fleisch, nicht dem Sünder, das Ende bereiten.Das ist nicht das Amt des Gesetzes, sondern des Christus; dazu sandte Gott seinen Sohn.

Deshalb kam er im Ebenbild des sündigen Fleisches, nicht in seiner Sohnesgestalt, nicht als das Abbild der göttlichen Herrlichkeit, sondern unser Fleisch, wie es der Sünde zum Herd und Werkzeug dient, war an ihm. Er hat in der Macht des Geistes auch im Fleisch die Sünde nicht gekannt. Das Wunderbare und für uns Erlösende an seiner Gerechtigkeit liegt gerade darin, daß er die Sünde von sich fernhielt, obwohl er unser Bild an sich trug und in dasselbe Fleisch und Blut wie wir gekleidet war. Und als ihm Gott den Todesweg ordnete und ihn ans Kreuz führte, da wurde die Sünde von Gottes Urteil getroffen. Jetzt wurde sie entthront mitsamt dem Fleisch. An diesem Gerichtstag gingen nicht die Sünder verloren, sondern nun war es mit der Sünde aus und mit dem Fleisch vorbei. Während sie bisher die Menschen tötete, kam, als Jesus starb, ihr selbst die Todesstunde; sie wurde ausgelöscht.

Das Gesetz sprach nicht nur von der Sünde, sondern auch von der Gerechtigkeit; es ordnete nicht nur den Sündern den Tod, sondern stellte auch fest, was Gott den Gerechten verleiht. Dieser Teil des Gesetzes kam bisher noch nicht zur Erfüllung, weil es beständig im Streit mit der Sünde lag und mit dem Fleisch nicht fertig wurde. Aber das, was das Gesetz als Gerechtigkeit feststellt, ist ebenso ewig und göttlich wie sein Spruch über die Sünde. Dazu hat Christus den Streit mit der Sünde nach Gottes Willen beendet und über sie durch seinen Tod das Urteil gebracht, damit nun das, was das Gesetz als Gerechtigkeit verordnet und ihr verspricht, in uns zustande komme. Steht doch das Fleisch dem Gesetz nicht mehr im Wege in denen, die im Christus dem Geist offen sind und nach dem Geist, nicht nach dem Fleisch wandeln. Über sie hat das Gesetz nicht zu klagen; ihnen gehört, was das Gesetz den Gerechten verordnet hat. So hat uns der Apostel die stellvertretende Gnade Jesu deutlich gemacht. Keine Verdammung liegt auf uns, weil Jesus die Verdammung der Sünde an sich selber getragen hat, damit uns die Gerechtigkeit zufalle.

Die Verdammung gehört uns; er hat sie für uns getragen. Die Gerechtigkeit ist sein; er gibt sie uns. Er wurde wie wir, damit wir würden wie er. Darum wandelte er im Fleisch wie wir, damit wir im Geist seien wie er und nach dem Geist wandelten wie er.

Wandeln heißt sich bewegen, voranschreiten auf dem uns gewiesenen Weg. Der Geist will uns führen, und wir wollen seiner Führung folgen und uns durch ihn bewegen lassen. Das gibt unserem Leben eine andere Richtung als bisher. Es verläuft verschieden, je nachdem es von unten durch die natürlichen Triebe oder von oben durch den Geist geleitet wird. Der Apostel stellt uns den gänzlich verschiedenen Verlauf beider Lebenswege dar. 8,5: *Denn die, die nach dem Fleisch sind, sind auf das bedacht, was dem Fleisch gehört, die aber, die nach dem Geist sind, auf das, was dem Geist gehört.* Was uns im Grund unserer Person bestimmt, dem folgt unser Denken und Trachten nach. Darum wird der Lauf unserer Gedanken, Wünsche und Begehrungen ein anderer, wenn statt des Fleisches der Geist uns inwendig regiert. Das Fleisch lenkt unser Verlangen auf das Fleisch, der Geist auf den Geist. Dort werden uns die Dinge zum Bedürfnis, die das Fleisch reizen und befriedigen und bleibt uns das, was dem Geist angehört, unfaßlich, ohne Reiz und Wert. Hier wird uns das, was nur das Fleisch angeht, unwichtig und schattenhaft, und wird uns das, was dem Geist entspringt und den Geist in uns belebt, zum Bedürfnis und zur Freude.

Auch der Ausgang der beiden Wege ist gänzlich verschieden. 8,6: *Denn das, worauf das Fleisch bedacht ist, ist Tod; aber das, worauf der Geist bedacht ist, ist Leben und Friede.* Das Fleisch scheint zwar lebenslustig, hat aber keinen Anteil an der Ewigkeit, sondern ist das Sterbliche an uns. Dies macht sich in allen Wünschen und Gedanken geltend, die im Fleisch ihre Wurzeln haben: Wir denken nicht an das wahrhaftige Leben, sondern greifen bloß nach dem Sichtbaren und Gegenwärtigen, das den Augenblick füllt, bloß nach dem Leben, das ein Wandern zum Grab ist. Zuerst gehen wir diesen Weg unbedacht und sorglos, dann, wenn wir der Lust des Fleisches satt geworden sind, auch mit Wissen und Bedacht. Wozu auch leben? Hoffnung auf Gott haben wir dann ja keine. Wer aber in Gott den Feind hat, der erwählt sich den Tod zum Freund und richtet seine Hoffnung auf das Grab. Der Geist wendet dagegen unser Verlangen zum Leben und zum Frieden hin. Diese beiden sind stets beisammen, wie auch im Begehren des Fleisches Tod und Feindschaft beisammen sind. 8,7.8: *Denn das, worauf das Fleisch bedacht ist, ist Feindschaft gegen Gott. Denn es unterwirft sich dem Gesetz Gottes nicht und kann es auch nicht. Die aber, die im Fleisch sind, können nicht nach Gottes Wohlgefallen streben* (1. Thess. 2,15). Das Widerstreben unseres fleischlichen Begehrens gegen Gottes Gesetz bringt unsere Entzweiung mit Gott hervor, den Widerwillen Gottes gegen uns und unseren Unwillen und Ärger über ihn, mit dem wir ihn vergessen und ihm entlaufen. So können wir Gott nicht gefallen und wollen es auch nicht. Wenn aber der Geist unser Denken und Wollen leitet, dann sind wir nicht mehr im Kampf mit Gottes Gesetz, darum auch nicht im Hader mit Gott. Im Frieden Gottes, den er uns bereitet hat, zu bleiben und von ihm alles, was uns bewegt, durchwalten zu lassen, darauf geht das Begehren, das aus dem Geist entsteht.

Für die Glaubenden ist es keine Frage mehr, ob sie sich nach dieser oder nach jener Seite wenden wollen. 8,9: *Ihr aber seid nicht im Fleisch, sondern im Geist, wenn nämlich Gottes Geist in euch wohnt. Wenn aber jemand den Geist des Christus nicht hat, der ist nicht sein.* Der Geist umfaßt und leitet sie, weil ja Gottes Geist in ihnen heimisch ist. Wie wird ihnen dies zuteil? Sie haben den Geist des Christus. Und wie kommt sein Geist in sie hinein? Sie gehören ihm zu eigen an. Wer ihm gehört, der hat Jesu Geist, und das ist Gottes Geist, und wenn Gottes Geist in uns ist, dann hält uns nicht mehr das Fleisch umfangen, so daß es unser Inwendiges mit seinen Gedanken und Wünschen füllt; dann sind wir vielmehr im Geist. Wenn Paulus von solchen spricht, die nach dem Geist und im Geist sind und nach dem verlangen, was des Geistes ist, so spricht er nicht von der unendlichen Fülle des Geistes, die Gott in seinem eigenen Herzen hat, mit der er alles sieht, alles bedenkt, alles liebt, alles wirkt. Vielmehr denkt er an den lebendigen Trieb, die innerliche Kraft, die frische, reine Regsamkeit, die Gott in das Herz der Glaubenden hineingesenkt hat. Schon in unserem natürlichen Besitz haben wir eine regsame Kraft in uns, die als unerschöpflicher Quell von Gedanken, Strebungen und Taten unser Inneres bewegt. Diese natürliche Geistigkeit wird jetzt zum Gefäß, in das Gott einen neuen, höheren, heiligen Inhalt legt; nun streckt sich unser inwendiger Trieb nach oben und der Quell in uns gibt Göttliches von sich, Erkenntnis Gottes, Liebe Gottes, das Vermögen, in der Tat Gott zu dienen. Erst das ist wahrhaft der Geist, der dem Fleisch überlegen ist. Und wir sollen wissen und glauben, daß er den Sieg behalten, uns über das Fleisch emporheben und mit seiner Bewahrung und Leitung mächtig erfüllen wird. Deshalb erinnert uns Paulus daran, woher wir solchen Geist haben: Er ist Gottes Eigentum und Gabe. Vom Wehen und Wirken des Geistes Gottes gilt, daß er sich mitteilt und doch nicht zerteilt wird, daß er in unser Wesen eingeht, unser wird und doch von seiner göttlichen Selbständigkeit nichts verliert. Er lebt und webt hoch über uns, erhaben über alle Kreatur, was er aber wirkt, das ist selbst Geist. Berührt er unser Herz, so ist Geist in uns; wir sind zur Wohnung für Gottes Geist geworden.

Fragen wir staunend: Wie wird uns das zuteil? Sieh Jesus an! Christus ist zu uns gekommen; darum kommt Gottes Geist zu uns. Darüber können wir Klarheit haben, welcher Art der Geist ist, den wir in Jesus leben und wirken sehen. Wir sprechen es aus, wenn wir ihn Sohn Gottes nennen. Der Sohn steht mit dem Vater in der vollkommenen Gemeinsamkeit des Geistes. Haben wir Jesu Geist, so wohnt Gottes Geist in uns. Hier gibt es keine Trennung und Verschiedenheit; hier ist vollkommene, selige Einigkeit. Der Geist des Christus kommt zu uns, sowie wir sein Eigentum sind. Dies Wort des Apostels erschreckt uns; aber es gilt auch hier: „Nach deinem Glauben geschehe dir" (Matth. 8,13). Wir spüren nichts vom Geist in uns, aber begehren wir, Geist zu haben? Begehren wir, erleuchtet zu sein durch Gottes Licht, Heiliges in uns zu tragen, in unserem Denken, Lieben und Leben Göttliches zu haben? Ist ein solches Verlangen in uns erwacht, so ist es selbst schon die Wirkung und Gegenwart des Geistes. Solch ein Verlangen stirbt nicht unerhört dahin. Das vom Geist erzeigte Begehren wird von ihm erfüllt. Wir können nicht dem Christus gehören, ohne nach seinem Geist zu begehren und ihn zu empfangen. Dazu ist Christus zu uns, den ins Fleisch Versunkenen gekommen, damit durch ihn Gottes Geist in uns sei. Wir können ihn nicht haben ohne seine Gabe. Darum fährt Paulus fort: Christus ist in euch. Wir haben ihn gefunden als den Ort, an dem unser Herz verweilt; darum macht Christus auch uns zu seinem Ort, an dem er bleibt; er verschmäht es nicht, bei uns gegenwärtig zu sein. Das ist die Vollendung der Liebe: Er nimmt uns bei sich auf und gibt uns Raum in sich und kehrt wiederum bei uns ein und heiligt uns durch seine Gegenwart. Ob wir uns das denken können oder nicht, ist einerlei. Genug, wenn das Herz zur Dankbarkeit entzündet wird und unsere Hände sich zur Anbetung falten: „Du, Herr Christus, machst dich gegenwärtig in unserer Seele!" Daß er es tut, das spüren wir an dem Geist, mit dem er unseren Willen bewegt.

Darin ist unsere vollkommene Erlösung enthalten, obgleich ihre Vollendung noch nicht Gegenwart ist. 8,10.11: *Wenn aber Christus in euch ist, so ist zwar der Leib tot um der Sünde willen, der Geist aber Leben um der Gerechtigkeit willen. Wenn aber der Geist dessen, der Jesus aus den Toten auferweckte, in euch wohnt, so wird der, der Jesus Christus aus den Toten auferweckte, auch eure sterblichen Leiber lebendig machen durch seinen Geist, der in euch wohnt* (2. Kor. 4,14). Um uns aus allem Mangel und aus jeder Verbindung mit dem Tod zu befreien, dazu bedürfen wir nicht nur des Geistes, sondern auch der Macht der Herrlichkeit, die auch den Leib verklärt und unsere Natur verwandelt. Der Geist ist das erste, dessen wir bedürfen, der Anfang und Grund unserer Erlösung. Aber sein Werk geschieht inwendig in uns durch die Reinigung und Belebung unseres inwendigen Menschen. Der Leib bleibt deshalb noch so, daß er sterben muß. Darum dürfen wir auch nicht hoffen und vollends nicht fordern, daß sich die Frucht unseres Glaubens sofort auch an unserem Leib dadurch zeige, daß unser Leib vor Schaden behütet und von Schwäche und Schmerz befreit werde. Wir haben uns in die Ordnung Gottes zu finden, der sein Werk an uns von innen her beginnt und unseren Leib vorerst in seiner toten Art verbleiben läßt, so daß er noch dem Erkranken und Sterben unterworfen ist. Wir dürfen nicht vergessen, daß unser Leib der Sünde wegen in den Tod dahingegeben ist. Nur wenn wir unsere Sünde vergessen wollten, können wir uns über all das beklagen, was uns an unserem Leib schmerzt, beugt, hindert und uns ins Sterben führt. Aber wenn der Leib auch tot ist, so ist der Geist doch Leben, weil Christus zu uns kam und in uns wohnt. Denn wir haben nicht nur Sünde, sondern wir haben auch Gerechtigkeit. Weil wir beides haben, stehen wir zugleich im Tod und im Leben, mit dem Leib im Tod, mit dem Geist im Leben. Das gilt aber nur noch für unsere irdische Zeit. Der Geist wird sein schaffendes Werk nicht unvollendet lassen. Wie Christus nach seinem ganzen Wesen aus der Sterblichkeit herausgenommen wurde, so wird auch für uns der Geist zur verklärenden, unseren Leib ins Leben weckenden Macht. Paulus stellt hier unsere Hoffnung auf die Auferstehung auf zweier Zeugen Mund. Der eine ist Christus, der mit seiner eigenen Auferstehung uns zeigt, was uns gegeben werden soll; der andere ist der Geist, der inwendig schon Leben schafft und es nicht nur bei diesem inwendigen Leben lassen, sondern uns völlig erneuern wird zu einer vollkommenen Gestalt in Gottes ewigem Reich.

8,12.13: *Folglich, Brüder, sind wir nicht dem Fleisch verhaftete Schuldner, um nach dem Fleisch zu leben. Denn wenn ihr nach dem Fleisch lebt, werdet ihr sterben. Wenn ihr aber durch den Geist die Handlungen des Leibes tot macht* (Gal. 5,17; Kol. 3,5), *so werdet ihr leben.* Auch an dieser Stelle, an der der Apostel auf den kräftigen Trieb des Geistes hingewiesen hat, wahrt er ausdrücklich dem Gebot seinen Platz. Denn der Geist nimmt uns nicht so in seine Führung und Macht, daß unser eigenes Wollen darüber vergeht und erlischt wie ein Kerzlein im Sturmessausen. Das wären völlig ungeistliche Gedanken über den Geist, die vom Werk des Geistes nichts verstehen. Triebe, die uns als blinde Gewalten ohne unseren Willen treiben, sind nicht Geist. Vielmehr je enger und wesenhafter unsere Einigung mit Gott durch das Band des Geistes wird, um so kräftiger wird unser Herz zur Selbständigkeit gestärkt. Nun vermögen wir selbst zu wollen, was Gott will, nach dem zu trachten, was Gottes ist, und unser Verlangen von dem zu lösen, was dem Fleisch gehört, und darauf zu lenken, was dem Geist eigen ist. Gott hat uns in Christus durch den Geist dem Fleisch so gegenübergestellt, daß wir ihm nicht mehr verknechtet sein müssen. Es hat von uns nichts zu fordern; wir können die Ansprüche, die es an uns stellt, daß wir seine Wünsche erfüllen und unser Leben auf seine Pflege verwenden, abweisen. Nun denn, so sollen wir die Freiheit, die uns gegeben ist, in unserem Wollen und Handeln betätigen! Ja gerade vor dem, der im Geist lebt, tritt das Gebot mit um so größerer Dringlichkeit, je größer die Gabe ist, die er empfangen hat. Ihm ist mit besonderem Ernst gesagt, daß er dem Tod verfalle, wenn er doch wieder im Fleisch die Regel seines Lebens sucht. Diese Gefahr ist damit noch nicht verschwunden, daß wir im Geist leben; sie ist nur dann überwunden, wenn wir auch nach dem Geist wandeln (Gal. 5,25). Das geschieht, wenn wir mit ernstem Beharren vom Fleisch abgewandt bleiben und im Gehorsam gegen die Weisung des Geistes die Wünsche des Fleisches und seine Werke töten.

8,14: *Denn alle, die durch den Geist Gottes geführt werden* (Gal. 5,18), *die sind Gottes Söhne.* Führen wir den Kampf mit dem Fleisch entschlossen und suchen wir die Ordnung, die unser Verhalten leitet, im Wollen des Geistes, dann führt uns der Geist, und wir folgen ihm und sind Gottes Söhne. Hier gibt Paulus den höchsten Namen, mit dem wir Jesus nennen, auch uns, hier, wo er uns Gott so nahe, so gnädig, so wirksam für uns zeigt, daß er uns seinen Geist gegeben hat. Jetzt, da wir nach seinem ganzen Umfang überschauen, wie innig und völlig Christus sich uns verbunden hat, wie ernst und kräftig er uns in sein Bild erhebt, wie gnädig er uns an allem teilgibt, was er hat, so daß er seinen Geist gibt und in uns wohnt, jetzt dürfen wir sagen: „Du bist Gottes Sohn, und durch dich sind auch wir Gottes Söhne und Kinder geworden.“ Jetzt hat der Vatername für Gott auch in unserem Munde Wahrheit und Kraft.

8,15: *Denn ihr empfingt nicht einen Geist des knechtischen Dienstes* (Joh. 15,14 f.) *nochmals zur Furcht, sondern empfingt den Geist der Einsetzung in die Sohnschaft, in dem wir rufen: Abba, Vater!* (Gal. 4,6; Mark. 14,36.) In jeder Frömmigkeit, auch in der, die Jesus noch nicht kennt und seine Gabe noch nicht empfangen hat, ist Geist Gottes wirksam. Wenn Gott uns offenbar wird, ist es immer sein Werk, durch das er schöpferisch in uns wirksam wird. Was aber der Geist ohne Jesus schafft und was er durch Jesus gibt, bleibt verschieden. Dort entsteht der Knecht, hier der Sohn, dort die Furcht, hier der Glaube. Ohne Jesus dienen wir Gott, wie der Knecht dient; er muß, weil ihn die Pflicht zum Dienen zwingt, und er tut es mit dem inwendigen Zagen, ob wohl sein Dienst dem Herrn wohlgefalle. Durch Jesus bringt uns dagegen der Geist die Sohnschaft, nicht mehr nur Knechtschaft. Weil wir aber nicht nach unserem natürlichen Wesen Kinder Gottes sind, werden wir es auf ähnliche Weise wie ein Kind, das nicht von Geburt den Eltern eigen ist, sondern durch Adoption von ihnen angenommen wird. Dadurch, daß Gott unsere

Feindschaft gegen ihn und unseren Streit mit seinem Gesetz beendet und uns seinen Geist gegeben hat, hat er sich uns zum Vater gemacht und uns, die wir bisher nicht Kinder, sondern höchstens Knechte waren, Kindesrecht und Kindesart gegeben; wir dürfen vor ihm stehen, wie Söhne vor ihrem Vater stehen. Jetzt legt uns der Geist den Vaternamen in den Mund. Wir hören hier, was dem Apostel als das große Werk und sichere Merkzeichen des Geistes gilt. Nicht daß wir Propheten werden, Gesichte haben und Zeichen wirken, die an Gottes Allmacht Anteil haben, nicht das ist das Ziel des Geistes; wohl aber ist das sein Werk, daß wir Gott Vater nennen, nicht mit der Zunge, während das Herz fern von ihm ist, sondern so, daß wir zu ihm rufen mit dem herzlichen Vertrauen, das zu seinem Auge aufwärts schaut als zu unseres Vaters Auge. Wer das vermag, der preise dankbar Gott, daß er ihm seinen Geist gegeben hat! Der genießt die Frucht des Todes Jesu und seine stille, aber mächtige Gegenwart.

8,16: *Der Geist selbst bezeugt mit unserem Geiste, daß wir Gottes Kinder sind.* Damit, daß wir in Gott unseren Vater erkennen, ist uns zwar erst ein innerlicher Verkehr mit Gott gegeben; in unserem Geist tragen wir die Gewißheit, daß wir Gottes Kinder sind. Dagegen haben wir den Beweis dafür noch nicht in unserem äußeren Lebensgang vor Augen. Und doch ist unser Kindesrecht uns sicher bezeugt. Denn nicht nur unser Geist, sondern Gottes Geist selbst bezeugt unsere Kindschaft Gottes und bestätigt unsere Zuversicht zu Gott. Wenn Gottes Geist Apostel ausrüstet und zu Boten des göttlichen Wortes macht, so geschieht es dazu, damit sie uns den Weg zur Kindschaft Gottes zeigen. Schwerlich denkt aber Paulus nur an dieses Zeugnis des göttlichen Geistes, das von außen durch das Wort und die Schrift zu uns kommt. Er wird uns aufmerken heißen auf das, was Gottes Geist in uns selber bezeugt. Alles, was er in uns wirkt, tut kund, daß wir Gottes Kinder sind. Straft er uns, so straft er uns als Kinder, die nicht von Gott weggetrieben werden, sondern durch Bestrafung und Zucht zu ihm hingezogen werden. Tröstet er uns, so geschieht es dadurch, daß er Gottes Vaternamen in uns lebendig macht und uns unser Kindesrecht gebrauchen lehrt. Führt er uns in die Arbeit und zum Werk, so erweckt er in uns den dankbaren Sinn, der Gott als dem Vater gern alles zu Dienst und Ehren tut, was in unserem Vermögen steht. Aller Trieb des Geistes geht dahin, daß wir uns Gott untergeben, wie ein Sohn unter und mit dem Vater lebt. So macht uns Gottes Geist selbst unserer Kindschaft gewiß, und sein Zeugnis darf uns auch in der Enge unseres irdischen Standes, die uns noch nicht zum vollen Kindesrecht kommen läßt, froh und gewiß machen.

Denn die Hoffnung steigt nun alsbald groß empor. 8.17: *Sind wir aber Kinder, so sind wir auch Erben* (Gal. 3,29; Tit.3,7; Jak. 2,5), *Erben Gottes, Miterben des Christus, wenn wir nämlich mitleiden, damit wir auch mitverherrlicht werden.* Wen Gott zu seinem Sohn annimmt, den macht er auch zum Empfänger seiner eigenen Güter und gibt ihm Anteil am Reichtum seiner Herrlichkeit. Gott läßt uns an Jesus schauen, was er uns zum Erbe gibt. Ihn hat Gott zuerst als seinen eigenen Sohn in die Gemeinschaft seiner Herrlichkeit gestellt. Nun stellt er uns ihm an die Seite. Wie wir in der Gemeinschaft mit Christus Kinder Gottes werden, so treten wir in der Gemeinschaft mit ihm auch in das Erbe Gottes, weil wir im Christus sind. Nicht das Erbe Gottes ist das erste, was uns zufällt, so daß wir danach zuerst verlangen dürften. Wer Gottes Erbe begehrt, aber nicht Gottes Kind sein mag, wird erleben, wie sehr er sich an Gott vergreift. Nur die Kinder erben. Zuerst gilt es die Kindschaft zu empfangen. Dann spricht der Vater zu seinem Sohn: „Alles, was mein ist, das ist dein."

Dadurch wird auch das hell, was den Schmerz im Christenleben bildet. Jesus gibt seinen Boten und seiner ganzen Gemeinde auch am Leiden teil. Darin haben sie aber die Verbürgung ihres Erbes. Ihre Gemeinschaft mit Christus umfaßt nicht nur das Leiden, sondern führt sie deshalb in das Leiden, weil Christus ihnen auch an seiner Herrlichkeit teilgibt. Wenn den Glaubenden nicht nur das Leid trifft, das der Lauf der Natur mit sich bringt, wenn er Gottes wegen leiden muß, so kann er sich dessen nicht weigern, da er ja auch auf den Anteil am Erbe des Christus hofft. Verlangen wir nach demselben Ziel mit ihm, so werden wir uns auch den Weg gefallenlassen, den er selber ging. Um mit Christus zu leiden, braucht unser Leben nicht einen stürmischen Verlauf zu nehmen und mit Verfolgung belastet zu sein. Es wird vielmehr etwas vom Mitleiden mit Christus in jedes Christenleben fallen, auch in das still und friedsam verlaufende. Ein Christenleben hat seinen besonderen Schmerz, schon deswegen, weil uns das Auge für die Sünde um uns her geöffnet ist. Das war auch an Jesu Leiden das Bittere: Ihm war die Sünde der Menschen aufgedeckt. Und wenn wir weder Gottes Gebot noch die Liebe verleugnen, sondern ernst und geduldig die Sünde der anderen tragen und zu überwinden suchen, so müssen wir das Leid nicht selber eigenwillig suchen; es kommt von selbst. Auch wird uns bei treuer Ausrichtung unserer Christenpflicht die Erfahrung kaum erspart bleiben, daß das Menschenherz sich trotzig und zornig gegen Gott, auch gegen Gottes Evangelium verteidigt und den schlägt, der ihm helfen will, wie auch Christus den Widerspruch der Sünder erfuhr und willig ertrug. Das können bittere Erlebnisse werden; aber sie sind dadurch verklärt, daß wir sie an Jesu Leiden anreihen dürfen; wir müssen uns sagen: bloß mit ihm zu erben, das geht nicht; wer mit ihm erben will, der muß auch mit ihm leiden. So lernt man auch für den Schmerz des Christenlebens danken; denn die Gleichförmigkeit mit Christus ist das Größte und Herrlichste, was je ein menschliches Auge sah.

Der herrliche Ausgang

(8,18-39)

Paulus hat uns hoch emporgeführt. Von der Sünde los sein durch Jesu Tod, an die Gerechtigkeit gebunden sein, im Geist leben, ausgestattet mit dem Erbrecht auf Gottes Güter: wie können wir je ermessen, wie hoch wir begnadigt sind! Allerdings haben wir noch nicht die vollkommene Seligkeit; Sterben und Leiden und Seufzen gehören auch noch in unser Leben. Darum zeigt uns Paulus, wie das, was wir noch entbehren, uns die Hoffnung nicht schmälert, vielmehr sie erzeugt und stärkt, so daß sich unser Herz dennoch zum freudigen Loblied der göttlichen Liebe erheben darf.

8,18: *Denn ich urteile, daß die Leiden der jetzigen Zeit nichts wert sind neben der Herrlichkeit, die an uns geoffenbart werden wird* (1. Petr. 5,1). Denkt Paulus an die der Christenheit bereitete Herrlichkeit, so sagt er von ihren Leiden, es sei nicht der Beachtung wert. Er selbst hat viel gelitten; aber er tut nicht groß mit seinem Leiden, bespiegelt sich nicht darin und läßt sich dadurch die Freudigkeit nicht schmälern, so daß er klagte: „Wir müssen unsäglich viel leiden, ehe die Herrlichkeit kommt!" Er sagt vielmehr: Was wir zu erdulden haben, steht in keinem Verhältnis zur Herrlichkeit; es wird von ihr völlig aufgewogen und zur Kleinigkeit gemacht. Den sorglosen, unbefestigten Sinn, der sich des Leidens weigern möchte, hat Paulus freilich daran erinnert, daß wir durch viele Trübsale in Gottes Reich eingehen müssen, Apg. 14,22, und die eitle Aufgeblasenheit, die sich des Christus sonderlich rühmt und doch nichts für ihn gelitten hat, hat er zunichte gemacht durch die Aufzählung dessen, was er um Jesu willen trug, 2. Kor. 11. Aber wenn er zu Gott aufschaut und seine Gabe überdenkt, sagt er: Was wir jetzt leiden müssen, will nichts besagen, sondern ist eine Kleinigkeit.

Nun gibt er uns für die Größe der Herrlichkeit einen wunderbaren Beweis, wie ihn nur Paulus geben konnte; er gleicht jenem „also", mit dem der Anfang des Kapitels von unserer natürlichen Ohnmacht zum Geist aufwärts schaut. Paulus erwägt das Seufzen und Harren, das durch die ganze Menschheit geht. 8,19: *Denn das Harren der Geschaffenen wartet auf die Offenbarung der Söhne Gottes.* Die Menschen stehen in einem spannungsvollen Harren. Alle strecken sich nach der Zukunft und hoffen und warten fort und fort. Worauf warten sie eigentlich? Wunderliche Antworten werden gegeben, wenn wir danach fragen. Der Mensch weiß selbst nicht, warum und worauf er eigentlich hofft. Aber das weiß er ganz gewiß, daß er mit dem, was gegenwärtig ist, nicht zufrieden ist und nie zufrieden werden kann; er muß ein unbekanntes Glück und eine unbeschreibliche Hilfe und Veränderung in der Zukunft suchen. Leidet er, so läßt er deshalb das Hoffen nicht; je mehr er leidet, desto sehnlicher erregt es sich in ihm; es liegt in seiner Natur. Paulus sagt, worauf das Harren und Sehnen der Menschen wartet: darauf, daß die Kinder Gottes offenbar werden.

Wir sind von Jesus durch den Geist in die Kindschaft versetzt; eben deshalb, weil der Geist uns die Kindschaft bringt, ist sie noch nicht offenbar. Gottes Kinder sind noch verborgen in der Gestalt des sündlichen Fleisches. Niemand sieht es ihnen an, daß sie Gottes Kinder sind. Ihr Kindesrecht tritt noch nicht ans Licht in Erhöhung, Macht und Herrlichkeit. Wer mag ahnen, daß unter solch menschlicher Hülle Gottes Geist Wohnung nahm, daß hier etwas Heiliges lebt, das von oben kommt, und der offene Zugang zu Gott gefunden ist? Nur wer selbst des Geistes Stimme kennt, mag dies manchmal merken, wenn der Vatername Gottes in Glauben und Wahrheit sein Ohr berührt. Aber sichtbar und offenbar ist es noch nicht. Der erstgeborene Sohn Gottes ist selbst noch verborgen und für die Welt unsichtbar. Wer mag ihr ansehen, daß Christus gekommen ist? Ihm steht aber auch hierin der Vorrang zu. Zuerst wird er offenbar, dann erst treten auch die anderen Kinder Gottes in das Licht heraus. Und das ist es, worauf das Hoffen der Welt geht, wenn sie auch sich selbst nicht versteht und ganz andere Dinge als das Ziel ihrer Wünsche nennt. Ihr Hoffen hat recht. In der Zukunft liegt etwas, das die Gegenwart noch nicht enthält und das kommen muß, weil der Mensch durch Gottes Schöpfermacht entstanden ist. Paulus stellt das „Geschöpf" und das „Kind" nebeneinander. Am Geschöpf offenbart sich Gottes Macht, am Kind seine Gnade. Das Geschaffensein ergibt die Abhängigkeit von Gott, aus der sich kein Mensch lösen kann; die Einsetzung in die Sohnschaft ergibt dagegen die Gemeinschaft mit Gott, die im Glauben und in der Liebe besteht. Darum ist mit der Schöpfung das Ziel Gottes noch nicht verwirklicht; es bleibt verhüllt, solange Gottes Kinderschar ihr Kindesrecht nur heimlich genießt und nur in der stillen Verborgenheit des Herzens das Zeugnis Gottes empfängt, daß er ihr Vater ist. Wenn Gott sich offenkundig als Vater seiner großen Kinderschar bekennt und ihr auch in der sichtbaren Gestalt ihres Lebens das Kindesrecht zu genießen gibt, dann kommt die große, selige Veränderung, die allem Hoffen die Erfüllung bringt.

8,20-22: *Denn die Geschaffenen wurden der Nichtigkeit unterworfen, nicht mit eigenem Willen, sondern um dessen willen, der sie unterwarf, auf Hoffnung, daß sie, die Geschaffenen, auch von der Knechtung an die Vergänglichkeit zur Freiheit der Herrlichkeit der Kinder Gottes befreit werden. Denn wir wissen, daß alle Geschaffenen mitseufzen und mit den Geburtsschmerz leiden bis jetzt.* Die Menschheit hat guten Grund, wenn sie Gegenwärtiges nicht als Letztes ansieht. Denn es bleibt alles Stückwerk, was wir machen. Die Vergänglichkeit geht mit königlicher Macht über alle unsere Werke hin und durch unser ganzes Wesen durch. Und doch sind wir Geschöpfe durch Gottes Willen geworden, von seiner Kraft hervorgebracht. Eine unter dem Zeichen der Vergänglichkeit lebende Kreatur, ein zum Vergehen bestimmtes göttliches Werk – das ist ein dunkles Rätsel. Das ist die Lage, in die wir hineingesetzt sind, das Gesetz, das uns auferlegt ist, ohne unseren Willen; darum können wir es auch nicht ändern, sondern können nur warten, harren, hoffen und in der Zukunft unseren Trost suchen. Das uns bedrückende Los ist uns von Gott auferlegt; es dient seiner Offenbarung und Verherrlichung, und deshalb ist mit ihm die Hoffnung verknüpft.

Wenn die Kinder Gottes offenbar werden, beginnt für sie die volle Freiheit. Dann sind die Ketten alle gefallen und die Hemmungen des Fleisches abgetan. An solcher Freiheit sollen aber auch die Anteil haben, die zwar noch nicht Kinder, aber doch Geschöpfe Gottes sind. Sie werden sich mit den Kindern Gottes freuen, wie sie jetzt auch mit ihnen seufzen und leiden. Mit den Geburtsschmerzen der Mutter vergleicht der Apostel das menschliche Leiden, weil es wie diese trotz ihrer Schmerzhaftigkeit doch nur der Durchgang zu einem herrlichen Ausgang ist. So steht es zunächst mit dem Schmerz der Kinder Gottes: Sie wissen, daß sie durch ihn zur Herrlichkeit bereitet werden. Aber auch die übrige Welt hat in ihrem Maß an ihm teil, und wie im Leiden und Knechtsdienst Gemeinsamkeit ist, so wird sich diese auch in der Freiheit und Herrlichkeit wiederfinden.

Das ergibt noch einen weiteren großen Zug in der Ähnlichkeit der Glaubenden mit Christus; sie dürfen mit ihm die Bringer der Freiheit und Herrlichkeit für die übrige Welt sein. Der Glaubende darf nicht nur empfangen, er darf auch geben. Das ist die Krone der Gnadengabe, die uns verliehen ist. Was soll es denn anderes heißen, wenn der Apostel sagt, daß wir mit Christus herrschen werden? (2. Tim. 2,12.) Das heißt doch nicht, daß wir goldene Krönlein tragen, und dergleichen Kindereien mehr; wohl aber heißt das, daß wir mit ihm und in seiner Macht den Gebundenen Freiheit bringen und die in Nichtigkeit Vergehenden zur Herrlichkeit berufen dürfen.

Paulus schreibt das Leiden und Hoffen in dieser wunderbaren Stelle „allen Geschaffenen“ zu. Nun mögen wir auch im Tosen des Sturms und im Ächzen der Bäume und im schmerzlichen Stöhnen der Tiere den Klageruf vernehmen, der nach der Hilfe Gottes ruft und ihn bittet, daß er offenbare, was er seinen Kindern geben wird; sagt doch die Schrift, daß Gott auch die Stimme der Raben höre. Wollten wir aber darüber das Hoffen, Harren und Seufzen der Menschen überhören, so würde aus jenem Mitgefühl mit der Natur eine Phantasterei. Noch in ganz anders schmerzhafter Weise als durch die Natur geht doch wahrlich das Sehnen und Leiden durch die Menschheit hindurch. Sodann wird zwar die Natur sicherlich ein anderes Gewand erhalten, als sie jetzt trägt; wir können gar nicht ahnen, was alles noch aus ihr hervorbrechen mag. Aber weder Bäumen noch Tieren wird die Freiheit und Herrlichkeit zufallen, die die Kinder Gottes haben. Das erhält nur ein zur Person geschaffener Mensch. Paulus sagt uns, mit welcher Hoffnung er auf das Tun und Treiben der Menschheit sieht. Gott hat sich durch Christus eine Gemeinde bereitet und durch seinen Geist sich Kinder berufen. Das ist nur eine kleine Zahl. Und sie war es nicht nur damals, sondern blieb es immerdar. Aber wenn dieser kleinen Zahl die Freiheit und Herrlichkeit gegeben wird, dann leuchtet Gottes Güte auch über dem weiten Kreis der Geschaffenen in neuer Herrlichkeit auf.

Haben wir aus dem Römerbrief gelernt, was Glaube und was Gnade ist, so werden wir nicht mehr sagen: „Sie glauben ja nicht! Folglich kann ihnen Gott keine Gnade erzeigen." Ist denn die Gnade, die wir, die wir das Evangelium kennen und glauben, empfangen haben, nicht genau ebenso groß und wunderbar, wie wenn Gott die Ketten derer löst, die ihr Leben lang im Dienst der Vergänglichkeit gestanden sind? „Aber dann brauchte man ja nicht mehr zu glauben!" So spricht der Schalk in uns. Das ist das ungläubige Geschwätz vom Glauben, von dem die Kirche voll geworden ist; es wird aber von dem Gleichnis Jesu getroffen, in dem die, die den ganzen Tag gearbeitet haben, murren, wenn der Hausvater seinen Groschen auch noch anderen gibt. Da breite ich meinen Glauben vor Gott aus als ein höchst verdienstvolles Werk, das ich aber alsbald fahren lasse, wenn Gott es mir nicht nach meinen Ansprüchen belohnt oder auch noch anderen seine Gabe gibt. Dem Apostel hat Jesu Gnade das Herz gebunden, daß er nicht anders konnte, als dankbar und gewiß in dieser Gnade ruhen. Und wenn nun Gottes Gnade auch über der Welt groß wird, so war ihm dies nicht eine Erschwerung des Glaubens – dann lebte ja in ihm ein versteckter Neid und ein eigensüchtiger Zank mit Gott – sondern er pries Gottes Gnade, die sich so mächtig verherrlichen wird, und war nur um so gläubiger. Daß Paulus nicht mit der Sünde spielt und niemand leichtsinnig sündigen läßt, darüber hat er uns nicht im Zweifel gelassen. Nicht umsonst spricht er vom Verlorengehen. Wer an Gottes Gnade den bösen Willen nährt und den ungläubigen Trotz bestärkt, der wird den Schatz des Zorns antreffen, den er selbst sich gesammelt hat. Wie aber Gott die Scheidelinie durch die Menschheit ziehen wird, wen er zur Freiheit und Herrlichkeit berufen und an wem er seinen Zorn erweisen wird, das stellt Paulus Gott anheim. Diese Scheidelinie kennt kein Mensch. Paulus sagt uns hier nur das eine, daß sie nicht mit den Grenzen der Kirche zusammenfällt. Weil Gott nicht nur der Gott der Kirche ist, so wenig als er einst nur der Gott der Juden war, deshalb spricht Paulus vom „Geschaffenen". Schon dadurch, daß die Menschen Gottes Geschöpfe sind, sind sie seiner Gnade nahegebracht. Gott erbarmt sich über seiner Hände Werk.

8,23: *Aber nicht nur das, sondern auch wir selbst, die wir den Erstling des Geistes haben, auch wir selbst in uns selbst seufzen* (2. Kor. 5,2), *da wir auf die Einsetzung in die Sohnschaft warten, auf die Erlösung unseres Leibes.* Paulus hat die mit Christus im Glauben Verbundenen in die Mitte der ganzen Menschheit hineingesetzt. Auf sie wartet die Schöpfung und hofft auf das, was sie empfangen werden. Aber nicht darin besteht der Unterschied zwischen den Glaubenden und den Menschen um sie her, daß diese leiden müßten, jene aber nicht, und diese warten und harren müßten, jene aber nicht; vielmehr seufzen auch wir, obwohl wir das Größte haben, was jetzt erlangt werden kann – nämlich den Geist, den die nicht haben, die lediglich besitzen, was man als Gottes Geschöpf besitzt – und seufzen nicht nur aus Mitgefühl mit den anderen, sondern unserer selbst wegen. Das Seufzen gehört auch noch zum Christenstand, so unermeßlich reich die Gabe ist, die wir empfangen haben. Denn der Geist ist nur der Erstling der Gaben Gottes, ihr heiliger Anfang, der uns Bürgschaft und Unterpfand für die vollendete Gnade ist (2. Kor. 1,22; Eph. 1,14); sie aber noch nicht in unsere Hände legt. Wir rufen freilich im Geist „Abba, Vater!" und sind durch den Geist in die Kindschaft eingesetzt; aber jene Einführung in die Gemeinschaft mit Gott, durch die wir das Kindesrecht genießen, gehört doch erst der Zukunft an; die Kinder Gottes sind ja noch nicht offenbar. Das gibt ein schmerzliches Warten. Paulus verlangt sehnlich danach, daß endlich Gottes Türe aufgehe, daß er zu ihm kommen dürfe und bei ihm den Platz empfange, der für das Kind Gottes bereit ist. Unser Geist ist freilich aus der Sünde und dem Tod erlöst; aber unser Leib ist immer noch in seine zerrüttete, der Sünde und dem Tod verfallene Art gebunden. Das gibt wiederum ein schmerzliches Warten, weil Leib und Geist widereinander sind; mit immer neuem Seufzen sehnen wir uns nach dem, der uns aus dem Leib dieses Todes erretten wird. 8,24.25: *Denn durch die Hoffnung wurden wir gerettet. Hoffnung aber, die gesehen wird, ist nicht Hoffnung. Denn wie soll jemand auf das hoffen, was er sieht? Wenn wir aber auf das hoffen, was wir nicht sehen, so warten wir darauf durch Standhaftigkeit.* Gott hat uns geholfen; aber das, was uns an der Errettung teilgibt, ist jenes Hoffen, zu dem der Glaube dem Herzen Kraft und Trieb verleiht. Wir sehen die Hilfe Gottes noch nicht. Das Reich, an dem wir teilempfangen sollen, liegt noch nicht vor unseren Augen. Weil unser Glaube noch nach Unsichtbarem greift, darum ist das, was uns selig macht, ein Hoffen; darum müssen auch wir mit allen Geschaffenen darauf warten und Standhaftigkeit beweisen; niemand wartet ohne ausharrende Geduld.

8,26.27: *Ebenso nimmt aber auch der Geist an unserer Schwachheit teil. Denn wir wissen nicht, was wir beten sollen, wie es sich gebührt; aber der Geist selbst tritt ohne Worte mit Seufzern für uns ein. Der aber, der die Herzen erforscht, weiß, was das Begehren des Geistes ist, weil er nach Gottes Sinn für Heilige eintritt.* Auch auf den Geist geht, freilich nicht in menschlicher Weise, sondern nach des Geistes heiliger und göttlicher Art, unser Seufzen über; er lebt ja in uns und mit uns und tritt deshalb auch mit unserer Schwachheit in Berührung. Er verdrängt sie nicht mit Allgewalt; vielmehr finden sich auch an dieser innersten Stelle unseres Lebens, wo Geist aus Gott erleuchtend und bildend in uns wirksam ist, Hindernisse, die wir nicht beseitigen können, und Notlagen, die wir ertragen müssen. Unser Kindesrecht besteht darin, daß wir beten können; aber wie oft muß unser Gebet verstummen, weil unsere Einsicht in das, was wir erbitten sollen, zu Ende ist! Ein rechtschaffenes Gebet, das in Glauben und Furcht Gottes geschieht, setzt voraus, daß ich weiß, um was ich bitten darf. Weiß ich das nicht, so kann ich nicht beten. Aufs Geratewohl beten ist eine häßliche, leichtsinnige Erniedrigung des Gebets. Wer so mit seinem Gebet verfährt, kann sich leicht vollständig um die Fähigkeit bringen, mit Glauben zu beten. Wie soll ich Glauben hineinlegen in mein Beten, wenn ich es so geringschätzig behandle, als wäre jede unbedachte Rede vor Gott erlaubt? Wir dürfen mit unserem Gebet nicht über das hinausfahren, was sich gebührt und sein soll, denn es muß dem göttlichen Willen untertan bleiben. Aber wie oft kommen wir in Lebenslagen, in denen unser Erkennen vor unübersteiglichen Schranken steht und uns das Bitten unmöglich wird! Und zwar ist das keineswegs nur dann der Fall, wenn Krankheit unser Bewußtsein lähmt, auch nicht nur dann, wenn sündige Begierden es verwirren und beschatten. Nein, bei aller Klarheit des Blicks und bei ungestörtem Verkehr mit Gott kann dies geschehen. Nun bringt uns freilich der Geist Hilfe. Leben und wandeln wir im Geist, so hört unser Gebet auch dann nicht auf. Wir können zwar nicht mehr selbst beten, aber es wird in uns gebetet. Dieses Beten läßt sich aber nicht mehr in Worte fassen, sondern bleibt nur ein Seufzen; es verliert aber dadurch nichts an seiner Kraft. Denn es richtet sich an den Herzenskündiger, der den Sinn des Geistes versteht, auch wenn er für uns nicht in Worte faßbar ist. Sodann ist das Verlangen des Geistes ein reines Begehren, das mit Gottes Willen in völliger Einheit steht, und geschieht für die, die Gott selbst zu sich gezogen hat und als seine Heiligen liebt. Diese Fortsetzung des Gebets auch über unsere eigenen bewußten Gebetshandlungen hinaus steht damit in Übereinstimmung, daß alle echten Bitten nicht willkürlich von uns selbst gebildet, sondern von uns empfangen werden. Alles wahrhafte Beten ist selbst schon ein Geschenk und wird von Gott in unser Herz gelegt; darum steigt es auch zu ihm empor. So erfahren wir zwar die Hilfe Gottes auch in den inwendigen Schwierigkeiten und Dunkelheiten; doch zeigt sich auch an dieser heiligsten Stelle unseres Lebens, daß wir noch im Hoffen und Warten stehen. Das Seufzen dringt bis in unsere verborgene, dem Geist entspringende Rede mit Gott hinein.

So steigt eine vielfältige Klage und Bitte zu Gott empor und sucht Antwort bei ihm, und sie wird sie finden. Paulus läßt uns auch hier den Schluß des Glaubens ziehen, der in der Größe der Not die Herrlichkeit der Hilfe erkennt und mit der Dringlichkeit der Klage die Zuversicht der Erhörung gewinnt. Nachdem er zuerst unseren Blick vom Sehnen und Klagen aufwärts geleitet hat zu dessen Erfüllung, zeigt er uns, was Gottes Vorsatz für uns beschlossen und Gottes Werk für uns bereitet hat.

Wir sind innen und außen von Schwachheit umringt. Die Welt leidet unter der Mühsal ihrer Nichtigkeit und wir mit ihr. Unser eigener Leib ist noch gebunden, die Erlösung ist für ihn noch nicht gekommen, und die Stunde, in der sich das Vaterhaus für uns öffnet, ist noch nicht angebrochen. Auch inwendig ist viel Ratlosigkeit, und wir müssen uns genügen lassen an unaussprechlichen Seufzern. 8,28: *Wir wissen aber, daß denen, die Gott lieben, alles zum Guten mitwirkt, denen, die nach dem Vorsatz Berufene sind.* Es gibt dennoch nichts, was uns schädigt, nichts, was nicht an seinem Teil uns dienstbar und förderlich werden müßte. Es widerfährt uns doch in unserem Leben lauter Gutes. Auch das Schmerzvolle, Bittere, das sich mit starkem Stachel als Leid und Not in die Seele senkt, ist nie nur Bitterkeit, nur Verlust, nur Übel, sondern hat immer auch eine gute Gabe in sich und verwandelt sich in Segen. Das gilt deshalb, weil wir Gott lieben. Wer sein Verlangen zum Fleisch hinwendet, dem begegnen freilich Dinge, die nichts als Bitterkeit und Verlust sind; denn sie durchkreuzen sein Begehren, rauben ihm, was ihm lieb ist, und zerstören, was seine Freude ist. Ja, ihm werden im Grunde alle Dinge zu einem Schaden; er erlebt nichts als Enttäuschung, in Unseligkeit verwandelt sich jede Lust, und sein ganzes Streben geht im Knechtsdienst der Vergänglichkeit unter. Für ihn gibt es in der weiten Welt nichts, was ihm wirklich gut wäre, weil ihn alles arm und hilflos läßt. Wenn wir aber Gott lieben und er uns Freude, Ehre und Reichtum geworden ist, dann steht unser Hauptgut ewig fest, und nun wird uns auch alles dienstbar und hilfreich, weil uns alles zu Gott hinführt. Die guten Dinge, die uns fröhlich machen, leiten uns zu ihm, weil sie seine Gaben sind. Die bitteren Dinge, die uns schmerzen, tun es nicht weniger; sie machen unsere Liebe rein und fest. Sie alle sind Nahrung und Mehrung unserer Liebe Gottes. Die fröhlichen Dinge mehren die Zuversicht der Liebe, die schmerzlichen ihre Demut; jene machen sie dankbar, diese hoffnungsvoll.

So sind wir dem Weltlauf überlegen und in eine selige Unabhängigkeit von allem Wechsel des Lebens versetzt. Diese Gewißheit und Zuversicht, daß alles Erleben für uns heilsam ist und zum Guten dienen muß, beruht darauf, daß wir nach dem Vorsatz Berufene sind. Gottes Ruf ist zu uns gekommen; ihn durchkreuzt nichts in der Welt, sondern alles eilt zu seinem Dienst herbei. Der Vorsatz Gottes schließt uns in seine Gnade ein. Es gibt keine größere Macht als einen Vorsatz Gottes. Nichts kann ihn vereiteln. Er bleibt stehen. Und nun heißt uns Paulus die Kette der Taten Gottes besehen, in der in lückenlosem Fortschritt und unzerbrechlicher Festigkeit Glied an Glied sich fügt und Gnade der Gnade ruft und Gabe zur Gabe führt. 8,29.30: *Denn die, die er vorher kannte* (Apg. 13,48; Eph. 1,4; 1. Petr. 1,2), *hat er auch zur gleichen Gestalt mit dem Bild seines Sohnes vorher bestimmt* (2. Kor. 3,18; Phil. 3,21), *damit er der Erstgeborene unter vielen Brüdern sei* (Kol. 1,15.18; Hebr. 1,6; Offb. 1,5). *Die aber, die er vorher bestimmte, die berief er auch, und die, die er berief, die sprach er auch gerecht* (Jes. 50,8); *die aber, die er gerechtsprach, die machte er auch herrlich.* Mit Gottes Schauen beginnt sein Werk; er stellte unser Bild vor sich, und sein Blick ruhte auf ihm. Das ist der Ursprung unseres Lebens, der Grund, aus dem alles kommt, was uns zuteil geworden ist. Nicht erst heute oder gestern kennt uns Gott! In seinen ewigen Gedanken ist Raum für uns. Dazu fügt Gott eine neue Gabe: Er hat uns unsere Stellung und Bestimmung dadurch zugemessen, daß er den Lebensstand des Christus zum Urbild für den unseren macht. Wir sind zur Ehre des Sohnes Gottes geschaffen; sein Bild soll an uns erscheinen, und mit ihm sollen wir verbunden sein als die große Schar seiner Brüder, für die er der Erstgeborene ist. Damit hat uns Gott in die engste Gemeinschaft mit sich selbst eingesetzt. Als die Brüderschar des Christus sind wir auch die Kinderschar des Vaters. Das Bild des Christus ist das des Sohnes, der das volle Kindesrecht genießt, und das ist der Ort, den Gott uns ewig zugeordnet hat. Jetzt steigt Gottes Wirken herab zu uns in unsere zeitliche, irdische Existenz; denn das, was er bei sich selbst erkannt und geordnet hat, faßt er in das Wort und läßt es zu uns gelangen im Evangelium und legt es uns ins Herz als seinen Ruf. So entfernt er nun auch alles, was uns von ihm trennt. Alle Verurteilung, die auf uns liegt, wird beseitigt, dem göttlichen Recht für uns Genüge getan und Gerechtigkeit uns beigelegt. Dadurch ist der Herrlichkeit freie Bahn gemacht, daß sie uns verklären kann. Damit ist die Kette der göttlichen Gaben geschlossen. Ihr letztes Glied beschreibt in fester Zuversicht als schon gegeben, was Gott uns zugedacht hat und verleihen wird. Und doch gehört auch das Werk, das die Herrlichkeit Gottes an uns wirkt, nicht mehr ausschließlich der Zukunft an; denn Jesus ist schon verherrlicht. So hat es auch für uns schon eine gegenwärtige Bedeutung, daß wir mit ihm auferstanden sind. Ein Neues hat in uns begonnen (5,2; 3,23), und was an neuem Wesen in uns ist, das ist der Anfang unserer Verherrlichung.

Nichts vermag dieses Gotteswerk störend zu durchbrechen. Daher kommt es, daß uns alle Dinge hilfreich und förderlich sein müssen und nichts uns verletzen kann. Wir wissen aber, daß die Festigkeit und Vollkommenheit der Gnade Gottes uns nicht dazu verkündigt wird, damit unser Herz in Bosheit und Trotz Gott verachte. So fest und lückenlos darf der Glaube Gnade an Gnade, Gabe an Gabe fügen; er darf dankbar bedenken, daß Gottes Rat zur Ausführung kommt, daß unser Heil grundlegend in Gottes Erkennen und Vorsatz ruht und in fehlloser Vollkommenheit alles hinzutritt, was ihn zur Vollendung bringt. Aber der Glaube löscht die Furcht Gottes nicht aus; sie lehrt uns bedenken, daß Gottes Zorn und Gericht uns treffen und unsere Bosheit uns vergolten wird, wenn wir Gottes Gnade mißbrauchen.

So kann Paulus seinen ganzen Unterricht in sein Schlußergebnis zusammenfassen. Nochmals spricht er aus, wie völlig und gewiß ein rechter Christenglaube ist, wie gänzlich Zweifel und Furcht, Sündenlust und Sündennot, Gesetzesdienst und Leidensscheu durch Jesu Wort verschlungen und vergangen sind. 8,31: *Was werden wir nun dazu sagen? Wenn Gott für uns ist, wer ist wider uns?* Daß Gott für uns ist, ist der einfachste und doch alles umfassende Ausdruck für das Geschenk der Gnade. Erwägen wir: Gott steht zu uns, denkt für uns, handelt für uns, wirkt unser Wohl – wo bleibt da noch Raum zum Zweifeln und zum Zagen? Wo kann sich noch irgendein Feind finden, der uns antasten und verderben kann? Weder in mir noch in der Welt noch in den unsichtbaren Mächten der Geisterreiche ist irgend etwas, was ich neben dieses eine Wort: „Gott ist für uns" in die Waagschale legen dürfte. 8,32: *Der den eigenen Sohn nicht verschonte, sondern ihn für uns alle dahingab, wie wird er nicht auch mit ihm uns alles schenken?* Zwei Schwierigkeiten liegen in unserem Leben, und für beide ist die Hilfe vollkommen gegeben. Die erste besteht in unseren Sünden; aber im Blick auf Jesu Kreuz sind wir der göttlichen Vergebung gewiß und wissen, daß sie alles bedeckt und entfernt, was uns Gottes Liebe nehmen und seine Verbundenheit mit uns verhindern könnte. Jesu Weg auf Erden zum Kreuz war schwer. Er wurde, als er um der Menschheit willen in den Tod ging, nicht geschont, sondern überantwortet, wie es der Richter mit dem Schuldigen tut; und doch gibt es nichts Höheres als Gottes Sohn. An der Schwere des Kreuzes, das er trug, ermißt Paulus, wie fest und vollkommen der Wille Gottes ist, uns zu vergeben und alles abzutun, was uns belastet. Jetzt, da Christus zu ihm erhöht ist, vergibt er uns vereint mit dem, der uns durch sein Kreuz die Rechtfertigung und Versöhnung bereitet hat.

8,33.34: *Wer wird Auserwählte Gottes verklagen? Gott ist der, der gerechtspricht* (Jes. 50,8). *Wer ist der, der verurteilen wird? Christus Jesus ist der, der starb, mehr noch, der, der auferweckt wurde, der zur Rechten Gottes ist, der uns auch vertritt* (1. Petr. 3,22; 1. Joh. 2,1; Hebr. 9,24). Unsere Schuld bringt uns nicht das Verderben. Denn Gott hat uns in seiner Gnade für sich erkoren und zu seinem Eigentum ausgesondert und weist uns den Platz der Gerechten an. Christus hat seinen Tod und mehr noch als seinen Tod, seine Auferstehung und Erhöhung für uns vollbracht; als der Verklärte tritt er jetzt für uns ein. Da ist kein Raum mehr für Anklagen, die unsere Sünden ins Licht stellten und ein verdammendes Urteil gegen uns erwirkten. Durch Gottes Rechtfertigung und Jesu Heilandswerk ist unsere Sünde begraben; sie wird nicht mehr wider uns auferstehen.

Die andere Schwierigkeit liegt in der Not des Christenstandes. 8,35-39: *Wer wird uns von der Liebe des Christus scheiden? Druck oder Bedrängnis oder Verfolgung oder Hunger oder Blöße oder Gefahr oder Schwert? Wie geschrieben ist: Um deinetwillen werden wir den ganzen Tag getötet; wir wurden wie Schlachtschafe geachtet* (Ps. 44,23). *Aber in dem allem überwinden wir weit durch den, der uns geliebt hat. Denn ich bin gewiß, daß weder Tod noch Leben, weder Engel noch Herrscher, weder Gegenwärtiges noch Künftiges* (1. Kor. 3,22) *noch Gewalten, weder Höhe noch Tiefe noch irgendein anderer der Geschaffenen uns von der Liebe Gottes zu scheiden vermag, die im Christus Jesus ist, unserem Herrn* (Joh. 17,26).

Paulus erwartete für die Christenheit das Schwerste; deshalb erinnerte er an das Psalmwort, das vom Opfer des Lebens um Gottes willen spricht. Aber mag der Kampf mit der Welt uns bis zum Sterben führen, eins wird dadurch nicht berührt: die Liebe des Christus; sie begleitet uns in alle Wandlungen unseres Lebens hinein, und durch ihn, der uns seine Liebe schenkte, überwinden wir alle diese Notlagen. Sie würden uns nur dann verletzen, wenn sie uns seine Liebe rauben könnten. Diese ist aber eins mit Gottes Liebe; darum weicht sie vor keiner Gewalt. Es fallen noch große Dinge in unser Leben. Wir haben das Sterben vor uns mit der unermeßlichen Wandlung, die es unserer Existenz bringen wird. Ob wir leben oder gestorben sind, an der Liebe Gottes ändert dies nichts. Wir werden in mancherlei Berührung mit den unsichtbaren Regionen in Gottes Kreatur treten und stehen wohl schon jetzt unter mancherlei Einwirkungen von ihnen her, ohne daß wir es wissen. Aber jene Mächte und Gewalten werden uns eins nicht nehmen: die Liebe Gottes. Der gewaltige Gegensatz wird sich offenbaren zwischen dem, was gegenwärtig, und dem, was künftig ist, zwischen dem irdischen und dem ewigen, der Verklärung teilhaft gewordenen Weltzustand. Auch das gefährdet Gottes Liebe nicht. Weder was droben ist in der Höhe – selige Geister bei Gottes Thron –, noch was drunten ist in der Tiefe – gefallene Geister und teuflische Mächte –: nichts wird zwischen uns und die Liebe Gottes treten. Sie ist im Christus uns gegeben und bleibt nun unser ewiger Besitz.

Nun wissen wir, warum Paulus nach Rom strebte, warum er so eifrig das Evangelium verkündigte, warum er nichts als Christus predigte und sein ganzes Bemühen darauf gerichtet war, die Menschen zu bewegen, an Jesus zu glauben. Nun wußte auch die Gemeinde, wo sie ihr Ziel hat, wohin sie, ob Paulus kommt oder nicht, ihre ganze Liebe und ihren ganzen Fleiß zu wenden hat, und war vor aller Verführung geschützt. So groß, reich und mächtig ist Christus, und so vollkommen ist seine Gnade! Paulus hat uns die Größe seiner Gnade dadurch dargetan, daß er uns zuerst die Sünde nach ihrer unentschuldbaren Bosheit und Verdammlichkeit gezeigt hat (1,18-32). Darauf hat er die trügerischen Hilfsmittel zerstört, mit denen die Menschen sich über ihre Schuld hinweghelfen. Weder dadurch, daß wir andere Sünder richten (2,1-10), noch dadurch, daß wir das Gesetz kennen (2,11-29), noch dadurch, daß wir uns mit einem bösen, trotzigen Herzen auf die ewige Treue Gottes versteifen (3,1-8), schaffen wir uns Rechtfertigung. Darauf hat Paulus seine Anklage gegen alle Sünder mit dem Zeugnis der Schrift begründet; dadurch wurde auch deutlich, daß das Gesetz uns nicht zur Rechtfertigung gegeben ist, sondern zur Erkenntnis der Sünde (3,9-20). Darauf hat er Jesus unserer Sünde entgegengesetzt: Er heißt uns an ihn glauben, hat uns durch seinen Tod die Rechtfertigung bereitet (3,21-31). Paulus zeigt uns, wie darin die alttestamentliche Verheißung erfüllt ist (4,1-25), wie wir dadurch den Zugang zum Frieden und zur Liebe Gottes gewonnen haben (5,1-11) und wie nun durch den Gehorsam Jesu die Gerechtigkeit den Fall Adams und seine Folgen siegreich überwunden hat (5,12-21). Darauf zeigte er uns den Sieg der Gnade über die Sünde in unserem eigenen Leben: Der Glaubende darf sich in Jesu Tod und Auferstehung einschließen und ist dadurch von seiner Sünde geschieden (6,1-14); er wird der Gerechtigkeit untertan und ihr Knecht (6,15-23); er ist vom Gesetz frei geworden (7,1-6) und kann sich am Gesetz nicht genügen lassen, weil es die Macht der Sünde im Fleisch nicht zu brechen vermag (7,7-25); wohl aber hat Christus durch seinen Tod der Sünde ein Ende bereitet und uns den Geist gebracht (8,1-11), so daß wir nun im Geist leben (8,12-17); nun kann auch das, was wir noch entbehren und leiden müssen, uns nicht niederbeugen, sondern wird in freudiger Hoffnung getragen (8,18-30). Was soll Paulus oder die Gemeinde denn anderes tun als Christus danken, Gott preisen, in ihm überwinden, an ihn glauben mit jenem ganzen Glauben, der in der Liebe Gottes ruht als in unserem ewigen Besitz? (8,31-39.) Und wie sollte uns das Wort, das er seiner Darlegung vorangeschickt hat, nicht verständlich geworden sein: „Ich schäme mich der guten Botschaft Gottes nicht.“ (1,16.)

Kapitel 9,1–11,36

Die Offenbarung der göttlichen Gerechtigkeit in der Führung Israels

Die Klage des Paulus um Israel

(9,1-5)

9,1.2: *Die Wahrheit sage ich im Christus, ich lüge nicht* (1. Tim. 2,7), *damit mir mein Gewissen durch heiligen Geist Zeugnis gibt, daß ich große Betrübnis habe und ein ununterbrochener Schmerz in meinem Herzen ist.* Das ist das nächste, was Paulus auf das Loblied der freudigen und gewissen Hoffnung folgen läßt. Aber schon im Vorangehenden hatte er ausgesprochen, daß die Seligkeit des Christenstandes sich aus dem Seufzen heraus erhebt und es noch nicht zu stillen vermag. Hier bricht nun ein solcher Seufzer hervor; seine Ursache ist Israel und sein Fall. Das ist innerer Reichtum, wenn das Herz so weit wird und scheinbar so Entlegenes umspannt. Die wahre Freude in Gott macht zum Leiden nicht unfähig und unwillig; vielmehr wachsen die Fähigkeit zur Freude und die zum Leiden miteinander; keine stört die andere; jede hat ihren besonderen Grund. Die freudige Zuversicht entsteht aus dem Aufblick zu Gott, der Schmerz aus dem Blick auf die Menschen.

Vielen in der damaligen Christenheit erschien es als das große Glück der neuen Zeit, daß durch die Begründung der christlichen Gemeinde die Schranken der Judenschaft durchbrochen waren. Deshalb vermutet Paulus, daß sein Schmerz um Israel die römischen Christen überrasche; er rechnet damit, daß sie ihn fragen: „Nachdem du dich von Israel geschieden hast und dich am Evangelium und an seiner Wirkung unter den Heiden freust, wie kann dir das Herz noch um Israel weh tun?“ Aber sie sollen wissen, daß ihn wirklich ein tiefer Kummer drückt, wenn er an Jerusalem denkt. Wenn er von seinem Schmerz um Israel spricht, redet er aus seiner Gemeinschaft mit Christus heraus, die sich mit Lüge und Täuschung nicht verträgt; nicht nur seine Worte zeugen von seinem Schmerz; vielmehr lebt das Leiden von Israel in seinem Inneren, das im Licht und unter der Zucht des heiligen Geistes steht, der keine Unwahrheit erträgt.

9,3-5: *Denn ich möchte selbst gebannt und von Christus geschie-*

den sein für meine Brüder, die nach dem Fleisch vom selben Geschlecht sind wie ich, da sie ja Israeliten sind, denen die Einsetzung in die Sohnschaft und die Herrlichkeit und die Bundschließungen und die Gesetzgebung und der Gottesdienst und die Verheißung gehören, denen die Väter gehören und aus denen nach dem Fleisch der Christus kommt, der über allen Gott ist, gelobt in Ewigkeit. Amen. Paulus ist durch die stärksten Bande mit Israel verbunden. Schon die Bande des Bluts und der Natur machen seine Gemeinschaft mit seinem Volk unzerreißbar. Dazu kommt dann erst noch die herrliche Ausstattung, die Gott Israel verliehen hat. Er hat sich ihm zum Vater gemacht und ihm Kindesrecht geschenkt und seine Herrlichkeit ihm in mannigfachen Zeichen seiner Gegenwart geoffenbart. Er hat ihm seinen gnädigen Willen durch den Bund kundgetan, der seit Abraham in wiederholten Bezeugungen die Grundlage der Gemeinschaft Gottes mit Israel war. Es ist durch die Gesetzgebung von der heidnischen Zerrüttung geschieden, hat den Gottesdienst in dem von Gott bezeichneten Heiligtum empfangen und die Verheißungen, die ihm die künftigen Gaben Gottes zuteilen. Juden waren die Väter, die die Reihe der von Gott Berufenen beginnen, und dies alles bekam dadurch die Vollendung, daß auch Christus nach seiner natürlichen Art ein Jude ist. Weil Paulus hier Christus zur Judenschaft zählt, spricht er mit besonderer Kraft auch seine himmlische Herkunft aus. Er, der ein Glied der Gemeinde Israel geworden ist, ist aller Herr und steht mit seinem Vater in vollkommener Gemeinschaft. Deshalb ist er Gott und mit dem Vater der Empfänger ewiger Anbetung. Daß der, der in Erhabenheit über alles Gott ist, ein Glied der israelitischen Gemeinde ist, das ist für diese die höchste Verherrlichung; denn darin wird die Größe des Werks offenbar, das Gott in ihr tat.

Dennoch entstand dieser Unglaube, diese bittere Feindschaft gegen Jesus, dieser Fall! Auf die jüdischen Christen legte dies einen schweren Druck; sie trugen Leid um Jerusalem, nicht weniger als Jeremia auf den Trümmern der Heiligen Stadt. Wenn wir die Liebe zu unserem Volk in uns erwecken wollen, müssen wir uns erst mühsam zum Bewußtsein bringen, was es um ein Volk ist, daß die Völker nicht aus sich selbst heraus wachsen, sondern von Gott ihr Leben empfangen, daß wir – von unserem Volk geschieden – nichts sind. Dem

Israeliten stand dies sofort deutlich vor der Seele; denn sein Zutritt zu Gott hing daran, daß er Glied dieses seines Volks war und zu der Gemeinde gehörte, die Gott gegründet hatte. Darum verband sich alle Kraft und Innigkeit seiner Liebe zu Gott mit der Liebe zu seinem Volk. Nun aber mußten sich die jüdischen Gläubigen um Jesu willen von Israel scheiden und wieder den Weg Abrahams gehen, der Freundschaft und Vaterland verlassen mußte; ja ihr Weg war noch schwerer als der Abrahams; denn sie verließen mehr als er. Das tat weh; aber wie rein und heilig bleibt dieser Schmerz! Er haftet nicht an dem Opfer, das sie selbst bringen müssen; sie trauern nicht um sich, sondern nur um ihre Brüder, um sie, die in der ungläubigen Judenschaft zurückgeblieben sind.

Das war kein müßiger Schmerz, der nur in Klagen und Tränen bestand. Es gab kein Opfer für Israel, zu dem Paulus nicht bereit gewesen wäre. Er würde gern für sein Volk sterben, nicht nur den leiblichen Tod, sondern auch sein seliges Leben in der Gemeinschaft mit Christus für sie willig opfern. Aber das ist ein unerfüllbarer Wunsch. Nicht der Mensch kann den Menschen von Schuld und Gericht erlösen und keiner stellvertretend für den anderen den ewigen Tod auf sich nehmen. Die Liebe kann nicht sterben. Christus stellt den nicht unter seinen Fluch, in dem sein Geist und seine Liebe so mächtig sind, daß er für andere den Fluch zu tragen begehrt. Eben dies gibt aber dem Schmerz des Apostels seine Schärfe, daß er vorerst für Israel nichts zu tun vermag. Aber auch für diesen Schmerz gibt es, weil sich in der Botschaft Jesu Gottes Gerechtigkeit geoffenbart hat, Trost, und Paulus macht sich nun zum Tröster derer, die um Israel Leid trugen. Die Weise, wie er es tut, ist ein herrliches Vorbild dafür, wie man wahrhaft und gründlich trösten soll. Er schützt dadurch zugleich die griechischen Christen vor der Überhebung, die sie verlocken könnte, das gefallene Israel zu verachten und ihrerseits auf Gottes Gnade stolz zu sein. So stellt er die Eintracht der Gemeinde, die Juden und Griechen umfaßt, auf einen festen Grund.

Gottes Freiheit im Zorn und in der Gnade
(9,6-29)

9,6.7: *Nicht als ob Gottes Wort gefallen sei! Denn nicht alle, die aus Israel sind, sind Israel* (Gal. 4,22 f.), *und nicht, weil sie Abrahams Geschlecht sind, sind sie alle Kinder, sondern: Nach Isaak wird dir das Geschlecht genannt werden* (1. Mose 21,12). Paulus entfernt zuerst die ungläubigen Gedanken aus dem Schmerz der Christenheit um Israel. Es darf ihr nicht scheinen, als wäre dieser Gang der Dinge ein Bruch des göttlichen Worts. Das brächte eine ungläubige Auflehnung gegen Gott in ihre Trauer und machte sie bitter. Der Jude hat kein Wort Gottes empfangen, daß ihm den Anteil an Gottes Gütern deshalb gäbe, weil er von Natur dem heiligen Volk angehört. Die Schrift sagt ihm vielmehr aufs deutlichste, daß nicht alle, die von Natur aus Israel abstammen, auch Israeliten im geistlichen und göttlichen Sinn sind. Wer von Abraham abstammt, der ist darum nicht auch schon sein Kind; er kann aus Abrahams Haus weggewiesen werden, so daß er kein Erbe der Verheißung wird. Das hat Gott gleich von Anfang an deutlich gemacht, als er Israel schuf. Denn Abraham hatte noch andere Söhne als Isaak. Käme es darauf an, mit Abraham durch ein Naturband verbunden zu sein, so stünden diese den Juden gleich. Aber die Schrift hat hier einen völligen Unterschied gemacht. Ihr gelten nur Isaak und die von ihm Stammenden als die Kinder Abrahams. Warum?

9,8.9: *Das bedeutet: nicht die Kinder des Fleisches sind Gottes Kinder, sondern die Kinder der Verheißung werden als Geschlecht geachtet. Denn das ist ein Wort der Verheißung: Um diese Zeit werde ich kommen, und Sara wird einen Sohn haben* (1. Mose 18,10). Isaak war nicht ein Kind des Fleisches, nicht erzeugt durch den natürlichen Willen Abrahams; er war ein Kind der Verheißung. Gott versprach Abraham dieses Kind, und weil es ihm Gott versprochen hatte, empfing er es. Auf keinem anderen Wege können Kinder Gottes entstehen. Sollte denn unsere irdische und sündliche Art etwas hervorbringen können, was göttlich wäre, so daß unser eigener Wille uns mit Gott verbände? Sollte denn das Fleisch Gott Kinder gebären können? Da müßte in unserer Art Gutes, Gerechtigkeit und Leben wohnen. Unmöglich! Gott allein macht Gottes Kinder durch seine eigene Verheißung. Er verspricht uns: „Ich bin dein Vater, und du bist mein Kind." Durch sein berufendes Wort sind wir in die Kindschaft zu ihm versetzt und zum Geschlecht Abrahams gemacht. Weil die rechten Kinder Abrahams auch Gottes Kinder sind, darum werden sie allein durch Gottes Verheißung ins Leben gesetzt.

9,10-13: *Aber nicht nur das, sondern auch Rebekka, die von einem, von Isaak, unserem Vater, schwanger wurde; denn als sie noch nicht geboren waren und noch nichts Gutes oder Schlechtes getan hatten, damit der aus der Wahl entstandene Vorsatz Gottes bleibe, nicht aus Werken, sondern aus dem, der beruft, wurde ihr gesagt: Der Ältere wird dem Jüngeren dienstbar sein* (1. Mose 25,23), *wie geschrieben ist: Jakob liebte ich, Esau aber haßte ich* (Mal. 1,2.3). Daß Gott sich seine Kinder durch seine Gnade selbst bereitet, wird an den Söhnen Jakobs wieder sichtbar und hier noch deutlicher; denn die beiden Söhne Abrahams stehen einander von Natur nicht völlig gleich; sie haben verschiedene Mütter, und Ismael war der Sohn der Sklavin. Aber Esau und Jakob sind nach ihrem natürlichen Wesen völlig gleichberechtigt; ja, Esau hat den Vorzug, weil er der Ältere ist und im Vorrecht der Erstgeburt steht. Dennoch wird nur Jakob zu Israel, wird die natürliche Ordnung umgekehrt, und der Ältere wird dem Jüngeren unterworfen. Warum? So wurde es der Rebekka „gesagt". Ein Wort Gottes ordnete es so und gab Jakob die Berufung. Es ist auch hier wieder die Verheißung Gottes allein, die Jakob zu ihrem Erben macht. Gott hat dabei seine Freiheit kundgetan. Denn er ordnete den Weg der Kinder so, als sie noch nicht geboren waren. Sie haben auf Gottes Entscheidung keinen Einfluß gehabt. Was sie selber taten, war bedeutungslos. Gott handelt nach seiner eigenen Wahl und führt seinen Vorsatz aus. Er selbst bestimmt, wem er seine Gaben geben will; sein Vorsatz hat seinen Grund nicht in dem, was der Mensch tut, sondern allein in Gott, der dem Menschen durch seinen Ruf den Zugang zu sich öffnet und Anteil an seinen Gaben schenkt. Gott gab Jakob seine Liebe und brachte ihm von sich aus eine Güte entgegen, die er Esau und seinem Volk versagte. Ihm verschloß er seine Offenbarung und Hilfe und gab ihn in seine natürliche und sündige Art dahin. Esaus Volk versank in das Heidentum und erlebte den tiefen Fall, den das erste Kapitel unsres Briefs beschrieben hat, obwohl Esau Jakobs Bruder und das Kind Isaaks war. Gott war wider ihn und haßte ihn. Diese freie Wahl und Berufung Gottes ist allein der Grund, aus dem Israels ganzer Vorzug stammt; er kommt nicht aus seinem Fleisch und Blut oder aus seinem eigenen Werk. Wenn also Christus jetzt der Judenschaft entzogen und ihr damit das Reich verschlossen ist, so ist das kein Widerspruch gegen Gottes Wort, sondern steht in vollem Einklang mit ihm. Es geht so nach derselben Regel Gottes, auf der Israels ganze Stellung ruht; Gott gibt seine Gaben, wem er will.

Die Gemeinde darf also nicht murren, Gott müsse Israel zu Christus berufen, als hätte es darauf ein Recht. Ebensowenig darf der Jude fordernd und pochend vor Gott treten, als wäre Gott an ihn gebunden. Ein solches Recht des Menschen, das Gott an ihn bände, gibt es nicht. Der Jude leitete solch ein Recht gerne von den Vätern her. Wenn ihm sein eigenes Verdienst mangelhaft schien, tröstete er sich mit dem Verdienst der Väter: „Hilft Gott mir nicht um meinetwillen, so hilft er doch um der Väter willen; ihr Verdienst kommt mir zugut." Das ist alles Einbildung. Gott hilft uns weder um unseretwillen noch um der Väter willen, sondern um seiner selbst willen, weil er uns in seiner eigenen Gnade beruft. Alle diese Ansprüche müssen fallen, und jedermann muß sich völlig Gott ergeben, daß er nach seiner Wahl an ihm handle. Paulus stellt uns also hier auf denselben Weg wie im ersten Teil des Briefs; er verlangt zuerst vor allem die ganze Ergebung, die sich vorbehaltlos in Gottes Hände legt (vgl. 3,19.20). Auf ihr ruht alles, was er Israel zum Trost zu sagen hat.

Aber diese unbedingte Unterordnung unter Gott wird dem Juden schwer, und sein Herz ist voll von Einreden. Gott hat ihn jetzt hintangesetzt, hat nicht ihn, sondern den Heiden berufen, hat alle seine Werke und seinen eifrigen Gottesdienst für nichts geachtet und läßt ihn draußen stehen, neben dem Evangelium. 9,14.15: *Was werden wir nun sagen: Ist etwa Ungerechtigkeit bei Gott? Nimmermehr. Denn zu Mose sagt er: Ich werde gegen den barmherzig sein, gegen den ich barmherzig bin, und mich dessen erbarmen, dessen ich mich erbarme* (2. Mose 33,19). Erbarmung, nicht Ungerechtigkeit findet der Mensch bei Gott. Sein Erbarmen ist aber sein freier Wille. Niemand zwingt es ihm ab; es wäre nicht Erbarmen, wenn der Mensch es durch den Wert seines Handelns begründen, verdienen, sich ein Recht darauf erwerben könnte. Gott gibt es, wann und wem er will. Damit ist Gottes Gottheit bezeugt, die keine Abhängigkeit vom Menschen kennt, und ist der Mensch aufgefordert, sein Widerstreben gegen Gott, als hätte er Unrecht von ihm zu fürchten, aufzugeben. Es ist gerecht und der Wahrheit gemäß, daß der Mensch sich ohne Vorbehalt dem ergebe, der sich seiner erbarmt. In seinem freien Erbarmen hat Gott an Israel gehandelt, als er ihm das Gesetz gab; das gleiche Erbarmen hatte er schon dem Hause Abrahams erwiesen. So gilt freilich unser Wille und unsere Bemühung nichts. 9,16: *Folglich steht es nicht bei dem, der will, und nicht bei dem, der läuft, sondern bei Gott, der sich erbarmt.* Mein Wollen legt Gott keine Verpflichtung auf; mein Laufen nötigt ihn nicht, mir den Siegespreis zu geben. Was der Mensch will, wie er sich um Gottes Gunst bewirbt, ist zunächst völlig bedeutungslos; es liegt an Gott selbst, daran, daß er sich erbarmt. Wo haben hier irgendwelche Klagen über Gottes Ungerechtigkeit Raum? Gott hat dem Juden keine Verheißung gebrochen, keine Verpflichtung zerrissen. Er handelt nicht anders, als er immer war. Was haben wir daraus zu folgern, wenn wir mit unserem Heil und Leben auf Gott verwiesen sind und er nach seinem eigenen Erbarmen an uns handelt? Daß wir mit Glauben zu ihm aufsehen, mit Bitten uns an ihn wenden, auf seine Barmherzigkeit hoffen und bei ihr anklopfen. Das allein ist die richtige, gerade Folgerung daraus, daß wir alles, was wir sind, durch Gottes freie Erbarmung sind. Dann wird es sich zeigen, daß Gott sich in der Tat erbarmt.

Die Freiheit Gottes tut sich dadurch kund, daß er sein Erbarmen auch versagt. 9,17.18: *Denn der Spruch sagt zu Pharao: Gerade dazu habe ich dich aufgestellt, damit ich an dir meine Kraft zeige und damit mein Name auf der ganzen Erde verkündigt werde* (2. Mose 9,16). *Folglich ist er gegen den barmherzig, gegen den er barmherzig sein will; den aber, den er verhärten will, verhärtet er.* Dadurch macht Gott offenbar, daß niemand ihm sein Erbarmen abnötigt, daß er es gibt, wem er will. Wen er verhärten will, das zeigt uns die Schrift an Pharao: eben den, der sich nicht in Gottes Macht ergeben will, sondern sich mit Trotz und Pochen ihm entgegenstellt, mit dem eigenen Wollen und Laufen wider ihn anstürmt und ihn zu zwingen und zu überwältigen gedenkt. Der Tor! Er meint, er leiste Gott Widerstand, und er hat doch sogar die Härte, mit der er ihm widersteht, von Gott. Gott gibt ihm das trotzige Herz, mit dem er prahlt, und den harten Nacken, dessen er sich rühmt; in seinem Kampf gegen Gott vollzieht sich Gottes Gericht an ihm. Auch so muß er ihm dienen und bleibt er Werkzeug in Gottes Hand, durch das dieser seinen Namen groß und herrlich macht. Dasselbe gilt von der Judenschaft, die Christus widersteht und sein Wort verwirft: „Eben dazu habe ich dich bestellt." Sie vollbringt mit ihrem Widerstand Gottes Willen. Die Härte des Herzens, mit der die Juden die Boten, die sie zum königlichen Hochzeitsmahl luden, verachtet, mißhandelt und getötet haben, ist auch ein Werk Gottes, ein Werk seines Zorns, ein Werk des Richters, der ihre trotzige Überhebung gestraft hat. Wie wir in der Heidenwelt die Offenbarung des göttlichen Zorns sahen, 1,18 ff., so zeigt der Apostel sie uns hier auch im Unglauben Israels; auch hier weist er auf das heilige, gerechte Wirken Gottes hin, das den Menschen auch in seine Sünde hinein begleitet, ihn in ihr festhält und sie in ihm vollendet, dem Menschen zum Gericht. Aber auch die Judenschaft hat wie Pharao durch ihren Widerstand gegen Gott nur erreicht, daß Gottes Name in allen Landen verkündigt wurde; sie hat seiner Verherrlichung zum Werkzeug gedient. Sie kreuzigten Jesus; Gott hat ihn auferweckt. Sie unterdrückten sein Wort in Jerusalem; es ist in die Heidenwelt hinausgegangen. Aber wie völlig und wie schmerzlich hat sich die Stellung Israels gewandelt, wenn es nun in Pharao sein Bild und Gleichnis hat!

Wenn Gott den Menschen in seinem Widerstreben verhärtet und ihm sein Erbarmen verweigert, was sollen wir angesichts solcher Gerichte tun? Gott fürchten, alle Überhebung vor ihm fahren lassen und zu ihm, zu seiner Erbarmung flüchten.

Sowie der Mensch ernsthaft an Gott denkt, muß er ihm seine Freiheit und überlegene Macht anerkennen. Aber auch dann grollt er innerlich weiter gegen ihn und beschuldigt ihn. 9,19: *Nun wirst du mir sagen: Warum schilt er noch? Denn wer hält gegen seinen Willen stand?* „Nun trifft mich", sagt der Mensch, „kein Vorwurf mehr; Gott hat es ja gewollt, und vor ihm bin ich ohnmächtig." Dieser grollenden Unterwerfung unter Gott, in der der Mensch doch seine Ansprüche an Gott festhält und Anklagen auf ihn wirft, antwortet Paulus damit, daß er die Macht Gottes nach ihrem ganzen Umfang herausstellt. 9,20.21: *O Mensch! Gewiß, wer bist denn du, der du mit Gott haderst? Wird das Gebilde zum Bildner sagen: Warum hast du mich so gemacht?* (Jes. 29,16; 45,9). Oder hat der Töpfer nicht über den Lehm die Macht, aus demselben Gemenge ein Gefäß zur Ehre, ein anderes zur Unehre zu machen? (2. Tim. 2,20.) „Mensch bist du", sagt Paulus, „und du hast recht, wenn du sprichst: ‚Wie kann er mich schelten?' " Er schilt dich nicht und wird nicht unwillig, weil du ihm trotzig widersprichst, als könntest du Gottes Werk durch deinen Aufruhr hindern. Du liegst in Gottes Hand wie der Ton in der Hand des Töpfers. Bilde dir nicht ein, du könntest ihm widerstehen und habest ein Recht, mit ihm zu rechten! Dieses vorwurfsvolle „Warum? Warum?" muß verstummen. Der Töpfer kann allerdings aus seinem Lehm ein Kunstwerk machen, das hoch in Ehren steht und von allen bewundert wird; aber niemand zwingt ihn dazu. Er kann aus demselben Lehm auch ein gewöhnliches Geschirr bilden, das niemand achtet; dem Lehm geschieht damit kein Unrecht; er ist alles, was er ist, durch den Töpfer. So ist am Menschen alles, was Gerechtigkeit und Leben heißen kann, Gottes Werk. Wie die Kunst im Kunstwerk nicht aus dem Lehm stammt, sondern aus dem Künstler, der seine Kunst in den Lehm hineingebildet hat, ist auch unser ganzer Besitz von Gott in uns hineingeschaffen, und zwar durch Gottes Barmherzigkeit. 9,22.23: *Wenn aber Gott, da er den Zorn zeigen und seine Macht kundtun will, mit großer Langmut Gefäße des Zorns trug, die zum Untergang bereitet sind, und damit er den Reichtum seiner Herrlichkeit an Gefäßen des Erbarmens kundtue, die er vorher zur Herrlichkeit bereitet hat?* Wir sind Gefäße seiner Barmherzigkeit. Sie gibt unserem Leben das Gepräge, führt dessen Verlauf und bereitet uns dazu, daß wir die Herrlichkeit empfangen. Aber sowenig der Lehm dem Töpfer die Hand bei seiner Arbeit führt, sowenig zwingt ein Mensch Gott zu seinem Geben. Niemand fordert es ihm ab. Wir könnnen auch etwas anderes als Gnade von Gott erleben, daß er uns nämlich zu Gefäßen des Zorns macht, so daß sein Zorn unser Leben regiert. So werden wir zum Verderben fertig gemacht, weil in unserem Leben sich Sünde auf

Sünde häuft, Fall aus Fall herauswächst, nach Gottes heiligem Gericht, bis uns die vergeltende Hand Gottes hinwegtut. Dabei kann Gott uns mit großer Langmut tragen, so daß wir Raum zu aller unserer Bosheit haben und ihm nach unsers Herzens Lust widerstreben können, bis das Verderben kommt. Das aber werden wir erleben, so gewiß wir gegen Gott grollen, solange wir sprechen: „Warum beschuldigt er mich? Ich kann ihm ja nicht widerstehen!" Mit solchem Grollen und Hadern nötigen wir Gott nicht, uns zu einem Gefäß der Barmherzigkeit zu machen, und hindern seinen Zorn nicht, der uns zum Verderben zubereitet. Hier hilft nur, daß wir uns wahrhaft Gott untergeben, mit dem Worte: „Wer kann ihm widerstehen?" Ernst machen und eben darum nicht wider ihn murren: „Warum beschuldigt er denn mich?" Wir haben uns vor dem Recht seines Zorns zu beugen und zu bekennen: „Du bist gerecht, wenn du mich beschuldigst, und rein, wenn du mich zum Gefäß deines Zorns machst."

So stelle sich der Jude vor Gott, statt daß er wie der Pharisäer im Gleichnis vor ihn tritt! Er erlebt jetzt Gottes Zorn, und aus demselben Ton, aus dem Gott einst die Väter zu Gefäßen der Ehre bildete, die er mit seiner Erbarmung und Liebe überkleidete, bildet er nun Gefäße des Zorns, an denen er seine ganze richterliche Majestät zur Offenbarung bringt. Der Jude hat wohl recht, wenn er im Blick auf die Zöllner und Heiden, die Gott mit all seinen Gaben beschenkt, sagt: „Sie sind nicht besser als ich." Gewiß, es ist derselbe Ton, aus dem Gott nach seiner eigenen Wahl hier ein Gefäß der Barmherzigkeit, dort ein Gefäß des Zorns bereitet. Aber dagegen kann der Jude nicht protestieren; vielmehr macht ihn sein Protestieren zum Gefäß des Zorns. Israel lasse sich Gottes Handeln in einer wahren, aufrichtigen Ergebung wohlgefallen und nehme, was Gott ihm gibt! Es trete vor seinen Gott und spreche: „Ich habe Zorn verdient, und wenn ich deinen Zorn tragen muß, so kann ich meinen Mund nicht wider dich auftun." Dann wird es erleben, daß es einen Erbarmer zum Gott hat, der mit Lust seine Herrlichkeit in die Gebilde seiner Schöpferhand legt.

Paulus erläutert uns die Absicht Gottes bei solchen Gerichten. Gott will seinen Zorn sichtbar machen, damit es nicht nur ein leeres Wort bleibe, daß er dem Bösen widersteht. Darum brechen je und je Tiefen der Sünde hervor; darum bekommt der Mensch Macht zum Widerstand gegen Gott und muß seine Bosheit haben, großmachen und vollenden. Er soll je und je mit Augen sehen, wie ernst Gott rächend und richtend der Bosheit entgegentritt und mit welcher Schärfe er sie heimsucht. Zugleich stellt Gott so seine Macht ans Licht. Der Mensch ist rasch bereit zu sagen: „Gott kann das nicht geschehen lassen!" So sprach auch Israel: „Gott kann uns nicht verstoßen, es ist unmöglich!" Darum zeigt Gott, was er kann. Er läßt das Verderben fluten und alle Dämme, die wir Menschen dagegen erbaut zu haben meinen, wie Sandhäufchen wegreißen; über alle solche Zerstörung und allen menschlichen Widerstand hinweg vollzieht er doch seinen Rat. Der Endzweck aber in allen solchen Zorneserweisungen ist der, daß Gott den Reichtum seiner Herrlichkeit an denen kundtue, denen er seine Barmherzigkeit gewährt. Auch die Gerichte werden zu Mitteln für das Werk seiner Gnade. Israel sollte eine so sichtbare und eindrückliche Hilfe empfangen, daß sie dieses Volk für immer an Gott binde und es sich für alle Zeit an dem Wort aufrichte: „Ich habe dich aus Ägypten, aus dem Diensthaus, hinausgeführt", darum erweckte Gott den Pharao und hielt ihn aufrecht in seinem Trotz, und er mußte sich gegen ihn sträuben bis zum Roten Meer. Jesus sollte sterben für sein Volk; darum erweckte Gott den Kajaphas samt dem ganzen Rat der Ältesten und gab ihnen ein hartes Herz und eine eiserne Stirn bis hinaus nach Golgatha. Nicht anders verhält es sich mit der jetzigen Verstockung Israels. Die Gemeinde Jesu sollte sich unter allen Völkern ausbreiten; darum wurden Pharisäer und Schriftgelehrte zu blinden Führern eines blinden Volkes und leiteten es in die Grube.

Niemals tritt nur Zorn aus Gott hervor. Auch jetzt fehlte es nicht an solchen, denen Gott seine Barmherzigkeit dadurch erwiesen hat, daß er sie zu sich rief. 9,24-29: *Diese berief er auch, uns, nicht bloß aus den Juden, sondern auch aus den Heiden, wie er auch bei Hosea sagt: Ich werde das, was nicht mein Volk ist, mein Volk heißen und die nicht Geliebte die Geliebte, und es wird geschehen: an dem Ort, wo zu ihnen gesagt wurde: Ihr seid nicht mein Volk, dort werden sie Söhne des lebendigen Gottes heißen* (Hos. 2,25; 1. Petr. 2,10). *Jesaja aber ruft für Israel: Wenn die Zahl der Söhne Israels wie der Sand des Meeres ist, so wird der Rest gerettet werden. Denn der Herr wird das Wort vollenden, beschleunigen und tun auf der Erde* (Jes. 10,22.23), *und wie Jesaja vorhergesagt hat: Hätte uns der Herr Zebaoth nicht Nachkommenschaft übriggelassen, so wären wir wie Sodom geworden und Gomorra gleich (Jes. 1,9).* Die von Gott Berufenen darf der Jude nicht bloß in Israel suchen, sondern sie finden sich auch in der Völkerwelt, wie es der Schrift entspricht. Sie redet von einer Gnade, die das, was nicht Gottes Volk war, zu Gottes Volk macht und stellt zugleich Israel die ganze Schärfe des göttlichen Gerichts in Aussicht, doch auch hier so, daß die göttliche Erbarmung einen Rest des Volkes sich erhält und zum Empfang ihrer Gaben führt. So fällt in allen Wegen Gottes der Gnade die Regierung zu; auch der Zorn dient ihr bei ihrem Werk.

Paulus lehrt hier, daß der Mensch nichts hat, wodurch er sich gegen den göttlichen Zorn decken und ihn von sich abwehren kann. Der Mensch erniedrigt Gott gern in seinen Gedanken, zieht ihn zu sich herab und macht ihn zu seinesgleichen, als wäre Gott dem Menschen verpflichtet und untertan. Darum reinigt Paulus unseren Blick auf Gott; er stellt Gottes königlichen Willen hoch und frei über uns, so daß wir ihm gänzlich unterworfen sind. In unbeschränkter Macht stehen Zorn und Gnade über uns. Niemand fordert der Gnade ihre Gaben ab, und niemand beschwört und hindert den Zorn. Nichts in der weiten Welt vermag ihn aufzuhalten als allein Gottes eigenes Erbarmen, und nichts vermag Gottes Barmherzigkeit aufzuschließen als allein Gottes eigener Wille. Hierbei schaut aber Paulus auf den Gott, der sich uns Menschen zuwendet und in Gericht und Gnade an uns Menschen handelt. Er betrachtet ihn nicht, wie er vor aller Welt in seiner stillen Ewigkeit ist und den Weltlauf in seinen Gedanken beschaut. Darum besagen seine Worte auch nicht, daß Zorn und Gnade in Gott mit gleicher Macht gleich ewig nebeneinander stehen, als spaltete sich Gottes Wille uranfänglich in den Willen des Zorns, die einen zu verderben, und in den Willen der Gnade, die anderen in die Herrlichkeit zu erhöhen. Gott ist aller Gott. Der Zorn Gottes ist Gottes Antwort auf unsere Bosheit. Darum verhält es sich mit dem Zorn anders als mit der Gnade. Die Gnade gibt nicht nach unseren Werken, sondern nach der Erbarmung dessen, der sich erbarmt. Der Zorn vergilt uns nach unseren Werken und erweist uns, was wir verdienen. Die Gnade hat keinen Grund außer Gott, bedarf eines solchen auch nicht. Der Zorn hat seinen Grund nicht in Gott allein, sondern widerstrebt unserem Widerstreben gegen Gottes Gerechtigkeit und widersteht unserem Widerstand gegen Gottes Gnade. Die Gnade ist das Erste, Anhebende; sie erzeugt die schöpferischen und erlösenden Gottesgedanken und vollführt sie durch ihr eigenes Wirken im Geschöpf. Der Zorn ist Gottes Gegenwirkung gegen das, was der Mensch wirkt, und darum nicht eine erste Wirkung Gottes, sondern die zweite, aber nun auch eine Wirkung Gottes, ausgestattet mit Gottes ganzer Macht und Freiheit. Den Verderber verdirbt Gott, wann und weil er ihn verderben will; das wird keiner Gott untersagen. Jedermann liegt in seiner Hand wie der Ton in der Hand des Töpfers. Auch dem Juden gelingt es nicht, Gott durch seine Ansprüche zu binden. Über ihm steht der Zorn Gottes mit derselben Macht wie über allen. Worin dieser Zorn Gottes begründet ist, womit Israel bei all seinem eifrigen Gottesdienst dennoch den Zorn Gottes gegen sich erregt, das zeigt uns Paulus mit dem folgenden Wort.

Der Unglaube verdirbt Israel

(9,30–10,21)

Statt über Gott zu klagen, weil es sich aus dem Reich Gottes ausgeschlossen sieht, suche Israel mit Ernst bei sich selbst den Grund, durch den es gefallen ist! Das ist die rechte Weise wahrhafter Tröstung. Zuerst muß das Auge sich vor Gott senken und das „Warum“ verstummen, das sich gegen ihn auflehnen will, dann muß der Blick sich zur Selbstprüfung nach innen richten, damit sich zeige woher der Schaden stammt. Darum hat Paulus die um Jerusalem Trauernden zuerst in die Beugung von Gottes Entscheidung geführt; nun prüft er Israels Verhalten und zeigt, was dem Juden den Fall zuzog. So stellt er ins Licht, warum Gott ihm in seinem Zorn widersteht.

Aber war nicht eben in dieser Hinsicht Gottes Gerechtigkeit völlig verborgen? Israel war ja so fromm; jedenfalls viel frömmer als die Heiden. Es strebte mit allen Kräften danach, das Gesetz zu erfüllen und suchte vom Morgen bis zum Abend das ganze Leben hindurch die Gerechtigkeit als sein höchstes Gut. Was kümmerte dagegen den

Heiden die Gerechtigkeit? Israel eiferte für Gott, dem Heiden lag nichts an Gott. Wie viele Gebete brachte Israel täglich vor Gott, auch Gebete um den Anbruch seines Reichs und die Sendung des Verheißenen! Wie treu bekannte es den Namen seines Gottes! Wo waren unter den Heiden die Witwen, die ihr letztes Scherflein in den Gotteskasten legten, dem Gebot gehorsam, Gott zur Ehre? In Israel waren Tausende bereit, für ihren Gott alles zu opfern und ihr Leben zu lassen. Und nun half alle diese Frömmigkeit Israel nichts, und die Männer in Jerusalem, die Gott Tag und Nacht dienten, fanden Christus nicht; dagegen fiel den Heiden, die in Gottlosigkeit, im Sündendienst dahingelebt haben, seine Gabe zu. Das schien vielen ein Rätsel, auch dann, wenn sie gegen Gottes Freiheit, sich zu erbarmen oder zu zürnen, nicht ungläubig murren wollten. Warum erbarmt er sich Israels nicht, das ihn doch mit solchem Eifer sucht? In diese Frage bringt nun Paulus Licht.

9,30-33; 10,1.2: *Was werden wir nun sagen? Denn Heiden, die nicht nach Gerechtigkeit strebten, erlangten Gerechtigkeit, aber die Gerechtigkeit aus dem Glauben; Israel aber, das nach dem Gesetz der Gerechtigkeit strebte, kam nicht bis zum Gesetz. Warum? Weil es nicht aus Glauben geschah, sondern als ob es aus Werken käme. Sie stießen sich am Stein des Anstoßes, wie geschrieben ist: Sieh! Ich lege in Zion einen Stein des Anstoßes und einen Fels des Ärgernisses, und wer an ihn glaubt, wird nicht beschämt werden* (Jes. 8,14; 28,16). *Brüder, der Wunsch meines Herzens und das an Gott sich wendende Bitten geschieht für sie zur Rettung. Denn ich bezeuge ihnen, daß sie Eifer für Gott haben, aber nicht mit Erkenntnis.* Paulus schätzt die Frömmigkeit Israels nicht gering; er kennt sie ja aus eigener Erfahrung und weiß wohl, wieviel Ernst, Anstrengung und Hingebung in ihr enthalten war. Das macht ihm die Juden teuer. Daß sie für Gott eifern, treibt ihn zur Fürbitte für sie und bewirkt, daß er nicht gegen, sondern nur für sie beten kann. Aber ihrem Streben nach Gerechtigkeit fehlt der Glaube und ihrem Eifer für Gott die Erkenntnis. Sie haben bei ihrem Gottesdienst nur den einen Gedanken: Werk, Werk! Glauben – das mißfällt ihnen. Auf Gott zu warten, auf ihn zu horchen, bei ihm die Hilfe zu suchen gegen Sünde und Tod und sich an seiner Gnade genügen zu lassen, auch da, wo sie noch nicht zum Schauen führt, das scheint ihnen ein unerträgliches

Gebot. Vom Glauben erwarten sie nichts, das Werk muß alles tun; das heißt aber, von Gott nichts und von sich selbst alles erwarten. Sie trachten wohl nach der Gerechtigkeit; aber sie schwebt ihnen nur als ihre eigene Erwerbung vor. Für die Offenbarung der göttlichen Gerechtigkeit sind sie blind. Sie wollen sie nicht empfangen, sondern herstellen als ihre eigene Tat.

Dadurch geraten sie überall mit Gott in Streit; sie streiten mit Christus, der mit der göttlichen Gerechtigkeit, ja mit dem Gesetz selbst, auf das sie doch all ihre Hoffnung setzen. So eifrig sie sich um das Gesetz bemühen als um die Regel der Gerechtigkeit, sie finden es nicht und bleiben ihm fern; denn sie finden Christus nicht, in dem sich die Gerechtigkeit uns Menschen offenbart. Christus ist ihnen ein Ärgernis. Sie wollen die Herrlichkeit Gottes mit ihrer die Welt erneuernden Macht erleben; so erscheint sie aber in Jesus nicht. Er steht vor ihnen in seiner Knechtsgestalt und Kreuzesgestalt als der, der uns gleich wurde, weil er an unsere Stelle trat. Da ist Glaube der einzige Weg, der zu ihm hinführt, Glaube, der ihm vertraut, ob er auch nicht sieht. Aber eben glauben mögen sie nicht; als ein ungläubiges Geschlecht fragen sie: „Was tust du für ein Zeichen?" Sie fragen umsonst. So wenden sie sich von Jesus ab; er wird ihnen nicht zum Heiland und Erlöser, sondern zum Stein des Anlaufens, an dem sie fallen, auch dies nach göttlicher Ordnung: Gott hat sie dazu gesetzt.

Deshalb bekämpfen sie Gottes Gerechtigkeit. 10,3: *Denn da sie die Gerechtigkeit Gottes nicht kennen und die eigene aufzurichten suchen, unterwarfen sie sich der Gerechtigkeit Gottes nicht.* Wie Gott sein Recht kundtut und die fleckenlose Reinheit seines Willens sichtbar macht, dafür sind sie blind. Gott offenbart ihnen seine Gerechtigkeit dadurch, daß er ihnen Christus gibt, damit sie die Gerechtigkeit nicht bei sich selbst finden, sondern in Christus haben – das lehnen sie ab, daß ihnen nichts als Jesu Blut Vergebung verschaffe und nichts als sein Geist sie mit dem Willen Gottes einige –, das wollen sie nicht hören. Denn es liegt ihnen nur daran, daß sie recht behalten, nicht daran, daß Gott in seiner Gerechtigkeit verherrlicht werde. Ihren religiösen Eifer richten sie darauf, ihr Recht zu beweisen und gegen Gott zu verteidigen; deshalb treten sie nicht in die Stellung ein, die Gott ihnen anweist, weil darin Gottes Gerechtigkeit offenbar wird. Weil sie nicht sich selber Unrecht geben wollen, schlagen sie lieber die ihnen angebotene Gerechtigkeit aus.

Sie kommen dadurch auch mit dem Gesetz in Streit. 10,4: *Denn Christus ist das Ende des Gesetzes zur Gerechtigkeit für jeden Glaubenden.* Für das Gesetz ist Christus das Ziel und Ende; denn nur er, nicht das Gesetz, hat die Herrschaft über uns und bestimmt unser Verhältnis zu Gott; dadurch, daß das Gesetz zurücktritt und Christus das Regiment über uns führt, kommt es für uns zur Gerechtigkeit. Nicht Unrecht entsteht dadurch, daß das Gesetz sein Ende findet, vielmehr Gerechtigkeit. Christus hat sie mit seinem Gehorsam aufgerichtet und bringt sie mit seiner Gnade und seinem Geist in jedem Glaubenden zum Sieg. Israel aber will vom Ende des Gesetzes nichts wissen; es soll der Mittler mit Gott und der Schlüssel zum Himmelreich bleiben; um seinetwillen wirft es alles weg, was als Gottes vollkommene Gabe über dem Gesetz steht. Darum gelangt es nicht zur Gerechtigkeit, sondern bleibt, weil es den Glauben nicht findet, unter der Last seiner Ungerechtigkeit.

Paulus stellt noch einmal den Unterschied heraus zwischen der Gerechtigkeit von unten und der Gerechtigkeit von oben, zwischen der Gerechtigkeit, die aus dem Gesetz entsteht, wie Israel sie sucht, und der Gerechtigkeit, die der Glaube hat, wie Gott sie gibt, und er benützt dazu zwei Worte des Gesetzes selbst. 10,5-8: *Denn Moses schreibt, daß der Mensch, der die Gerechtigkeit aus dem Gesetz getan hat, durch sie leben wird* (3. Mose 18,5). *Aber die Gerechtigkeit aus dem Glauben spricht so: Sage nicht in deinem Herzen: Wer wird in den Himmel hinauffahren? das bedeutet: Christus herabholen; oder: Wer wird in den Abgrund hinabfahren? das bedeutet: Christus von den Toten heraufholen; sondern was sagt sie? Nahe bei dir ist das Wort, in deinem Mund und in deinem Herzen; das ist das Wort des Glaubens, das wir verkünden* (5. Mose 30,12-14). Wer das Gesetz tut, der wird leben; das ist der klare, scharfe Ausdruck für die Gerechtigkeit, die das Gesetz hervorbrächte, wenn ihm nicht unsere Fleischlichkeit in den Weg träte. Wir wären die Täter des göttlichen Willens, und aus unserem eigenen Handeln nach Gottes Gebot würde uns das Leben als der von ihm geordnete Lohn und Ertrag unserer Arbeit zuteil. Mit der Gerechtigkeit, die von oben kommt, verhält es sich anders, und auch zu ihrer Beschreibung benützt Paulus ein Wort des Gesetzes. Nachdem das Gesetz Israel vorgelegt ist, heißt es 5. Mose 30,11-14: „Das Gebot, das ich dir heute gebiete, ist dir nicht verborgen, noch zu fern, noch im Himmel, daß du möchtest sagen: Wer will uns in den Himmel fahren und es holen, daß wir es hören und tun? Es ist auch nicht jenseits des Meeres, daß du möchtest sagen: Wer will uns über das Meer fahren und es uns holen, daß wir es hören und tun! Denn es ist das Wort nahe bei dir in deinem Mund und in deinem Herzen, daß du es tust." So, sagt Paulus, steht der Glaubende vor Gott. Der Glaubende spricht nicht: „Wer wird mir in den Himmel hinaufsteigen?" – als wäre der Himmel noch verschlossen, als müßte er die Gabe Gottes erst aus ihm herausholen oder Gott erst bewegen, sie zu ihm niedersteigen zu lassen. Der Glaube tut nicht, als ob er Christus mit seiner Frömmigkeit, mit seinem Gottesdienst, seinem Eifer und Werk herabziehen müßte. Nein, Christus ist gekommen! Das weiß der Glaube und hält es fest. Er steht auch nicht so vor der Meerestiefe und dem Abgrund des Todes, als müßte er ihn erst noch überwinden. Er spricht nicht, wie wenn er Christus aus den Toten erst auferwecken müßte. Nein, Christus ist erstanden und aus dem Tod emporgestiegen. Das fassen wir glaubend in das Herz, dieser Glaube bewegt auch unseren Mund, und wir bekennen, daß Jesus der Herr ist, vom Himmel gekommen und zum Himmel erhöht, so daß wir sein eigen sind, und bekennen, daß er der Auferstandene ist, der an sich selbst Leben und Unvergänglichkeit ans Licht gebracht hat. Dadurch sind wir gerecht; eben dies ist unsere Gerechtigkeit. So erfüllt das Evangelium das, was das Gesetz über die Nähe des göttlichen Gebots sagt. 10,9-11: *Denn wenn du mit deinem Mund Jesus als Herrn bekennst und mit deinem Herzen glaubst, daß Gott ihn aus den Toten auferweckte, wirst du gerettet werden. Denn mit dem Herzen wird geglaubt zur Gerechtigkeit, mit dem Mund bekannt zur Errettung. Denn der Spruch sagt: Keiner, der an ihn glaubt, wird beschämt werden* (Jes. 28,16). Durch ein Wort erfüllen wir Gottes Willen und erlangen die Gerechtigkeit, nämlich durch das Wort, das Jesus als unseren Herrn preist, weil er auferstanden ist. Dieses Wort ist uns nahe, weil es uns im Namen Gottes verkündigt wird. Dieses Wort lebt in unserem Herzen, weil es Glauben weckt und der Glaube das Herz durchdringt und erfüllt. Dieses Wort ist in unserem Mund, weil der Glaube nicht stumm bleibt, sondern Christus die Ehre gibt und seinen Namen anbetend bekennt. Daß wir dieses Wort im Herzen und im Mund haben, das ist Gottes Gebot an uns und dient uns zur Gerechtigkeit; denn der Glaubende ist vor Gott der Gerechte und schaut das Heil Gottes nach der Verheißung, daß niemand umsonst an ihn glaubt, weil er keinen Glauben abweist und enttäuscht.

Wenn Israel die Gerechtigkeit und das Leben verlorengingen, hat das also nicht darin seinen Grund, daß diese Güter in eine uns unzugängliche Ferne entrückt wären. Sie sind allen nahegebracht, so nahe, als nur immer die Liebe Gottes sie uns bringen kann. Diese Nähe des Heils, die es uns möglich macht, es zu erfassen und zu erlangen, sobald wir es erbitten, stellt uns nun Paulus dar. 10,12-15: *Denn es findet keine Unterscheidung zwischen dem Juden und dem Griechen statt. Denn derselbe ist Herr über alle, reich für alle, die ihn anrufen. Denn jeder, der den Namen des Herrn anrufen wird, wird gerettet werden* (Joel 3,5). *Wie sollen sie nun den anrufen, an den sie nicht glaubten? Wie sollen sie aber an den glauben, den sie nicht hörten? Wie sollen sie aber hören ohne Verkündiger? Wie sollen sie aber verkündigen, wenn sie nicht gesandt sind? Wie geschrieben ist: Wie lieblich sind die Füße derer, die die Boten des Guten sind* (Jes. 52,7). Daß der eine und selbe Herr für alle einen unerschöpflichen Reichtum hat und bereit ist, sich von jedem rufen zu lassen, begründet es, daß die an ihn gerichtete Bitte alle in den Besitz seiner Gabe setzt. Solch ein Anrufen hat allerdings eine innere Voraussetzung, aber nur eine, nicht das Gesetz und nicht das Werk, sondern den Glauben; wenn wir ihm vertrauen, dann rufen wir ihn an. Ohne Glauben ist freilich der Reichtum des Christus für uns nicht vorhanden. Gott mag seine Gnade aufs herrlichste vor uns preisen und die ganze Fülle seiner Liebe uns vorhalten, was hilft es, wenn nicht Glaube in uns entsteht, wenn wir mit dem stumpfen, starren Auge des Unglaubens diesen ganzen reichen Schatz mißachten, nicht nach ihm begehren und unseren Mund nicht zu der Bitte öffnen „Herr, hilf!“? Auch der Glaube hat eine innere Voraussetzung, aber wiederum nur eine, nicht das Werk und das Gesetz, sondern das Hören. Wenn wir hören, was von Christus uns zugesagt und für uns vollbracht ist, dann glauben wir. Das Hören beruht seinerseits auf der Verkündigung der göttlichen Botschaft und diese auf der Sendung der Boten. Es muß nach dem Wort der Schrift gehen, das uns auf das Kommen derer hoffen heißt, die Gutes verkündigen; ihre Ankunft ist darum lieblich, weil sie nicht mit dem Gerichtswort kommen, sondern mit dem Evangelium, das uns den Frieden Gottes anbietet. Damit ist aber auch alles genannt, was vorhanden sein muß, damit wir die Gerechtigkeit besitzen. Gott sendet seine Boten; diese verkündigen mir, was Gott mir gibt; ich höre es; mein Hören vollendet sich innerlich im Glauben; aus dem Glauben erwächst mein Rufen zum Herrn; mein Rufen bringt die Gabe in meine Hand: Das sind die Vorgänge, die uns das Heil verschaffen. So einfach ist der Heilsweg, den Gott uns bereitet hat.

Diese Heilsordnung macht die Notwendigkeit des Glaubens klar. Zwischen das Hören und das Empfangen der Gabe hat Gott keine Forderung, keine Leistung, keine Vorbereitung hineingestellt, nichts als die Bitte, die Christus anruft. Weil aber diese aus dem Glauben entsteht, darum ist der Glaube der einzige Zugang zum Reichtum Jesu. Deshalb wird nur durch den Glauben das Hören zum Empfangen und das Wort zur Kraft. Hier liegt der Grund, der Israel von Jesus und der göttlichen Gnade trennt. 10,16.17: *Aber nicht alle gehorchten der guten Botschaft. Denn Jesaja sagt: Herr, wer glaubte dem, was wir hörten?* (Jes. 53,1; Joh. 12,38.) *Also kommt der Glaube aus dem Hören, das Hören aber durch das Wort des Christus* (Gal. 3,2.5). Auch durch die Klage des Propheten, daß Israel dem nicht glaube, was der Prophet von Gott und die Gemeinde vom Propheten hört, wird die Gnadenordnung Gottes nach ihrer einfachen Vollständigkeit bezeugt. Glauben, Hören, Wort des Christus, so folgt es aufeinander. Christus hat geredet; so haben wir gehört, und das ins Herz genommene Wort des Christus schafft den Glauben. Gläubig hören heißt aber gehorchen, so hören, daß man dem Wort sich untergibt. Das fehlt Israel, und darum kann der Ausgang kein anderer sein als der, daß die Gabe Gottes für Israel nicht vorhanden ist, so nahe sie ihm ist, und sein Reich ihm unerreichbar bleibt, obgleich es in Christus zu ihnen gekommen ist.

10,18: *Aber ich sage: Haben sie nicht gehört? Gewiß! Über die ganze Erde ging ihr Schall hin und an die Enden der Welt ihre Worte* (Ps. 19,5). Nichts anderes als der Mangel des Glaubens hat Israel ins Unglück gebracht. An der Sendung der Boten, die ihm das

Wort Gottes brachten, fehlte es nicht. Die Weissagung, die Israel die Boten des Friedens ankündigte, ging in Erfüllung. Auf das Bedenken, vielleicht habe Israel nichts von Jesus gehört, antwortet Paulus mit Ps. 19,5. Wie die Sonne, der himmlische Bote, der jeden Morgen als Zeuge der Herrlichkeit Gottes aufsteht, mit seiner Predigt alle Lande umfaßt, so drang auch das Wort von Christus von Land zu Land; seine Boten haben nicht im Winkel geredet, sondern ihren Mund weit aufgetan.

10,19-21: *Aber ich sage: Hat Israel nicht verstanden? Als erster sagt Mose: Ich werde euch über solche zum Eifern bringen, die kein Volk sind; über ein unverständiges Volk werde ich euch zornig machen* (5. Mose 32,21). *Jesaja aber wagt es und sagt: Ich wurde von denen gefunden, die mich nicht suchten; offenbar wurde ich denen, die nicht nach mir fragten* (Jes. 65,1). *Zu Israel aber sagt er: Den ganzen Tag breitete ich meine Hände aus gegen ein Volk, das nicht gehorcht und widerspricht* (Jes. 65,2). Wäre Israel das ihm verkündigte Wort unverständlich geblieben, so wäre es entschuldigt. Ein Wort, das man nicht verstehen kann, hat nicht die den Glauben schaffende Kraft. Hat es dagegen das erkannte, verstandene Wort verworfen, so ist das Unglaube, und für ihn gibt es keine Entschuldigung. Paulus spricht aber auch jetzt nicht selbst als der Ankläger Israels, sondern nimmt die es verklagenden Worte aus der Schrift. Im Lied Moses steht die Weissagung, der Heide, der unfähig ist, aufzumerken, werde das ihm gesagte Wort verstehen und vor Israel das empfangen, was Gottes Gnade gibt, so daß sich Israel darüber mit eiferndem Zorn entrüsten werde. Die aus Jesaja genommenen Worte sagen, daß Gott zwar den Heiden offenbar werde, bei Israel dagegen beständig auf Widerstand stoße. Das ist die prophetische Antwort auf die Frage, ob Israel die Botschaft Jesu verstanden habe. Paulus schreibt in der Überzeugung, mit diesen Worten sei genau beschrieben, was jetzt geschieht. Die Juden sehen an den Heiden die Wahrheit und Kraft des Evangeliums, durch das der Götzendienst beendet und Gott den Heiden geoffenbart wird; sie werden aber dadurch nur erbittert und in ihrem Widerstand gegen Jesus bestärkt. Worin liegt also der Grund ihres Falls? Nur in ihrem Unglauben, nur darin, daß die Stimme der Gnade sie nicht zum Gehorsam bewog, weil die Güte Gottes ihnen mißfiel und sie seine Gabe verachteten. Sie anworteten dem Evangelium: Wir wollen nicht! Gott ist rein und gerecht in seinem Gericht; der Mensch beschuldige sich selbst!

Gottes Gnade über Israel

(11,1-36)

Paulus will uns Gottes Gerechtigkeit im Schicksal Israels und der Kirche zeigen und dadurch die trösten, die mit Schmerz nach Jerusalem sehen. Dieses Ziel haben die vorangehenden Ausführungen zwar vorbereitet, aber noch nicht erreicht. Die Anklagen gegen Gott hat Paulus zum Schweigen gebracht; er hat an ihrer Stelle die Klage gegen Israel gerichtet und dessen Widerstreben gegen Gott und blinden Unverstand aufgedeckt. Aber das ist noch nicht Trost. Damit hat uns Paulus in die Tiefe geführt; nun leitet er uns wieder empor und zeigt uns in Gottes Gericht zugleich das segensreiche Walten seiner Güte. Nun erkennen wir auch in dieser Wendung der Geschichte die Leben schaffende, Heil wirkende Gerechtigkeit Gottes.

11,1.2a: *Ich sage nun: Verstieß Gott sein Volk? Nimmermehr. Denn auch ich bin Israelit, aus Abrahams Geschlecht, aus dem Stamme Benjamin* (Phil. 3,5; 2. Kor. 11,22). *Gott verstieß sein Volk nicht, das er zuvor erkannte.* Daß Gott Israel nicht verwirft, sagt auch Paulus so unbedingt, so zuversichtlich, wie es nur irgendein Jude tat. Denn Gott hat es zuvor erkannt. Es stand vor seinem Auge in seinem ewigen Rat als ein Glied seines Werks auf Erden, als ein Werkzeug zum Bau seines Reichs. Die Gedanken Gottes wanken nicht. Was im Licht des göttlichen Erkennens steht, hat unerschütterlichen Grund. Doch erst jetzt spricht Paulus dies aus, nachdem er die vollmächtige Freiheit Gottes auch Israel gegenüber betont und die Schuldhaftigkeit seines Unglaubens festgestellt hat. Das ist der tiefe Unterschied zwischen der Zuversicht des Paulus und den ähnlichen Worten der Juden; diese vergessen die Beugung unter Gott und schauen in sicherer Selbstgenügsamkeit auf sich selbst, statt daß sie sich mit allen Kräften ihrer Seele nach oben wendeten.

Die Güte Gottes, die auch im gegenwärtigen Geschick Israels enthalten ist, zeigt Paulus in einer aufsteigenden Darstellung, die in vier Stufen den Blick immer höher hebt. Einmal sind schon jetzt nicht alle Israeliten von Christus ferngeblieben; ein Teil des Volkes hat ihn erkannt. Sodann hat der Fall der Judenschaft die große Folge, daß dadurch die Heiden zu Gott gebracht werden. Weiter steht der Weg zu ihm auch Israel stets noch offen; sie sind nicht so gefallen, daß sie nicht umkehren könnten, und gerade die Berufung der Heiden hat den Zweck, sie zur Umkehr zu locken. Endlich bleibt die Verheißung, die über Israels jetziges Erleben hinausgeht, für sie in Kraft; der Retter wird ihnen kommen, der ihnen die Erneuerung in Gottes Reich bringt.

„Ich bin auch Israelit", das hält Paulus zunächst der Frage entgegen, ob Gott sein Volk verstoßen habe. Er war ja in besonderer Weise ein Beispiel göttlicher Gnade, und zwar gerade dafür, daß die Gnade auch dem Juden trotz seiner Feindschaft gegen Jesus gilt. Er war nicht nur dem Stammbaum nach ein Jude, sondern er war es auch mit seinem ganzen Streben und Tun gewesen. Aber Gott hat ihn wegen seines Judentums nicht verstoßen, sondern ihm Jesus mitten in seinem Kampf gegen ihn geoffenbart. So konnte er mit besonderem Nachdruck sagen: „Seht an mir selbst, wie Gott sich zu Israel hält." Er, der den Heiden das Evangelium bringt, ist ein Jude. Sogar zur Offenbarung seiner Gnade unter den Heiden hat Christus einen Juden zu seinem Werkzeug gemacht. Und wie er selbst, so war noch mancher Mann in Israel zur Erkenntnis des Christus gekommen; die alttestamentliche Gemeinde war nicht ganz beseitigt worden, so daß die neutestamentliche Gemeinde mit einem neuen Anfang neben ihr entstanden wäre, sondern aus Israel wuchs die Gemeinde Jesu heraus, und die alte Gemeinde lebte in der neuen fort.

11,2b-5: *Oder wißt ihr nicht, was der Spruch bei Elia sagt, als er sich gegen Israel an Gott wendet? Herr, deine Propheten töteten sie, deine Altäre zerstörten sie, und ich blieb allein übrig, und sie trachten mir nach dem Leben. Aber was sagt ihm die göttliche Antwort? Ich ließ für mich siebentausend Männer übrig, die ihr Knie vor dem Baal nicht beugten* (1. Kön. 19,10.18). *So ist auch in der jetzigen Zeit ein Rest nach der Wahl der Gnade entstanden.* Es war freilich nur ein kleiner Teil des Volks, der die Fortsetzung Israels in der neutestamentlichen Gemeinde bildete; aber das stand in Übereinstimmung mit dem, was schon vielfach, zum Beispiel zu

Elias Zeit, geschehen war. Auch dort war ein großer Teil des Volks dahingefallen, und seine Fortpflanzung erfolgte nicht von allen Gliedern aus; sondern eine neue Wahl und Berufung Gottes fand statt, die aus dem ganzen Volk einen Teil heraushob und als den Samen des wahren Israel in seinem Dienst erhielt. So hatte Gott auch jetzt unter dem Volk eine Auswahl getroffen, um sein Werk zu erhalten und fortzuführen. 11,6: *Wenn aber durch Gnade, dann nicht mehr aus Werken, weil sonst die Gnade nicht mehr Gnade wird.* Weil Gottes Gnade diejenigen auswählt, die Glieder der Gemeinde Jesu werden, dürfen sich die Glaubenden nicht daran stoßen, daß mancher Mann, der eifrig Gott diente, in der Synagoge zurückblieb und von Jesus nichts wissen wollte. Nicht die menschlichen Werke entscheiden hier, so daß die Hinzuführung zu Christus der Lohn für sie wäre. Gottes eigene, freie Güte wird darin sichtbar, daß seine Gaben von den Werken des Menschen unabhängig sind. Über den übrigen Teil des Volkes ergeht nun allerdings Gottes Gericht, das sie verhärtet, ihr Auge für die Wahrheit Gottes und ihr Herz für die Liebe Gottes verschlossen hält und auch die schwersten und schrecklichsten Drohungen der Schrift an ihnen zur Erfüllung bringt. 11,7 bis 10: *Wie nun? Was Israel sucht, das erlangte es nicht. Die Wahl aber erlangte es. Die anderen dagegen wurden verhärtet, wie geschrieben ist: Gott gab ihnen einen Geist der Verwirrung, Augen, die nicht sehen, und Ohren, daß sie nicht hören, bis zum heutigen Tag* (Jes. 29,10). *Und David sagt: Ihr Tisch werde zur Schlinge und zum Fang und zum Anstoß und zur Vergeltung für sie. Ihre Augen sollen finster werden, daß sie nicht sehen, und ihren Rücken mache beständig gebückt* (Ps. 69,23.24). Darin, daß sich in der Verstockung der ungläubigen Juden die Schrift erfüllt, findet Paulus Beruhigung. So hat sich auch Jesus im Blick auf den Verräter damit getröstet, „auf daß die Schrift erfüllt werde". Auch Paulus denkt an die schweren und vielfältigen Flüche, die in der Schrift über die Abtrünnigen und Missetäter stehen, und richtet sich daran auf, wenn nun das Geschick der Judenschaft ihnen entspricht. Das Beruhigende liegt darin, daß so auch in dieser unseligen Wendung der Dinge der Finger Gottes sichtbar wird. Wir können aber Gottes Hand nicht wahrnehmen, ohne daß wir innerlich ruhig und still werden, auch wenn wir ihr Werk nicht verstehen.

Auch in Israels Fall sucht Gott nicht das Verderben. 11,11: *Nun sage ich: Sind sie gestrauchelt, damit sie fallen? Nimmermehr, sondern durch ihren Fall entstand die Rettung für die Heiden, um sie zum Eifer zu reizen.* Gott läßt sie um der Heiden willen fallen, damit sich dem Evangelium die Bahn in die Heidenwelt öffne. Auf leere Fragen wie die, ob Gott dieses Ziel nicht auch auf andere Weise hätte erreichen können, ob denn der Glaube Israels den Zutritt der Heiden zum Evangelium verhindert hätte und dergleichen, läßt Paulus sich nicht ein. Er hält den Blick fest auf den tatsächlichen Gang der Dinge gerichtet und sagt: Das, was in Jerusalem und in den Synagogen allerwärts gegen Jesus geschehen ist, hat Gott dazu benützt, um den Heiden seine Gnade zuzuleiten; darin wird sichtbar, daß auch diese Ereignisse nicht nur Zorn und Gericht enthalten, sondern von Gottes Erbarmung geordnet sind. Wie deutlich prägte sein eigener Lebenslauf diesen inneren Zusammenhang zwischen der Verfolgung und dem Sieg des Evangeliums, zwischen der Schmach, die auf Christus fiel, und der Verherrlichung, die er fand, aus! Dadurch, daß Paulus gleich am Anfang seiner Apostelarbeit in Damaskus und Jerusalem von den Juden auf den Tod gehaßt und verfolgt wurde, wurde er in die heidnischen Lande geführt, nach Tarsus und Antiochia, nach Syrien und Kleinasien. Und dies wiederholte sich von Stadt zu Stadt. In den Synagogen lästerten sie ihn und stießen ihn hinaus; so entstanden die Gemeinden der Heiden, und der Zugang zu ihnen wurde ihm gerade dadurch geöffnet, daß sich die Juden von ihm abgewandt hatten. Es war nach Jesu Wort gegangen: Weil die zuerst geladenen Gäste das Hochzeitsmahl verschmähten, darum wurden die gerufen, die bisher an den Hecken lagerten. Ja, hat Israels tiefer Fall, den es mit der Verwerfung und Kreuzigung Jesu tat, nicht damit geendet, daß Jesus zu dem Reichtum der Herrlichkeit erhöht worden ist, vor der es keinen Unterschied mehr zwischen Juden und Heiden gibt, so daß er nun der Anrufung aller, der Juden und Heiden, gleich nah und zugänglich ist? Die Juden hatten in ihrem Unglauben das Weizenkorn in die Erde geworfen, und dadurch brachte es viele Frucht.

Von hier aus steigt die Hoffnung sofort hoch empor. 11,12-15: *Wenn aber ihr Fall der Reichtum der Welt und ihr Verlust der Reichtum der Heiden ist, wieviel mehr ist ihre volle Zahl! Euch sage ich es, den Heiden. Sofern ich Bote für die Heiden bin, preise ich meinen Dienst, ob ich wohl die, die mein Fleisch sind, zum Eifer reize und einige von ihnen rette. Denn wenn ihre Verwerfung die Versöhnung der Welt ist, was ist ihre Annahme anders als Leben aus den Toten?* Hat schon Israels Fall solchen Segen mit sich gebracht, so wird seine Annahme noch viel reicheren Segen mit sich führen. Die Vollendung, die die Herrschaft Jesu und seine Gemeinde noch vor sich hat, ist das Leben aus den Toten, der Durchbruch des Lebens aus dem Tod zur Auferstehung und Verklärung der Gemeinde, die volle Offenbarung der göttlichen Herrschaft. Als Israel fiel und auf einen kleinen Rest zusammenschmolz, da brach Gottes Botschaft aus Jerusalem hervor zu den Heiden. Die Heiden wurden reich, als Israel arm wurde, und mit Gott versöhnt, als er Israel verwarf. So viel Segen hat die Gerichtstat Gottes an Israel gebracht; was wird erst seine Gnadentat an Israel bringen! Jetzt vollführt neben der Gnade auch der Zorn sein Werk und zerstört das alte heilige Volk; aber wie, wenn Gott nicht mehr zuerst abbrechen und zerstören muß, sondern seine Gemeinde bauen wird, wenn die Gnade ungehemmt durch den Zorn ihren Rat vollführt! Wird Israel von Gott wieder angenommen und aufs neue zu seinem vollen Bestand hergestellt, dann erhebt sich Gottes Herrschaft über alle irdischen Schranken zu ihrer himmlischen Gestalt.

11,16: *Ist aber die Erstlingsgabe heilig, dann ist es auch der Teig, und ist die Wurzel heilig, dann sind es auch die Zweige.* Israel bleibt das heilige Volk. Von jedem Brotteig wurde für Gott eine Erstlingsgabe abgesondert, sowohl dann, wenn das Brot „heilig" war und als Opfergabe dem Priester und dem Altar gehörte, als auch dann, wenn es „nicht heilig" war, sondern der menschlichen Ernährung diente. War aber die Erstlingsgabe heilig und nach dem Opferrecht Gottes Eigentum, dann war es unzweifelhaft auch das Brot. Daß sich Gottes Eigentumsrecht nur auf den Erstling beschränken könnte, galt dem Juden als unmöglich; denn die Weihe des Erstlings für Gott überträgt sich sofort auf den ganzen Teig. An einem Baum, der Gott zum Eigentum übergeben wurde, war nicht nur die Wurzel allein ohne die Zweige heilig, sondern die Wurzel war es samt allem, was aus ihr erwuchs. So war Israel nicht nur einst am Anfang heilig, sondern es ist heilig und wird heilig sein. Gott hat sich die

Väter geheiligt, indem er ihnen seinen Bund und seine Verheißung gab; sie sollten die Erstlinge eines großen, ihm gehörenden Eigentums sein, die Wurzel einer Pflanzung, die er zu seiner Ehre wachsen ließ. Dieses Erbe können die Söhne nicht verlieren, sowenig es die Väter selbst erworben haben. Mögen sie in Unglauben und Bundesbruch von Gott weichen, so bleibt an ihnen doch das Siegel der Heiligung, die Gott ihnen gegeben hat. Es zeugt wider sie, wenn sie sündigen; aber es ruft zugleich Gottes Erbarmung für sie herbei um seiner Treue und Wahrhaftigkeit willen. So kehrt die ganze Hoffnung des Juden im Wort des Apostels wieder. Der Jude sah in den Vätern den Grund und Quell seiner Heiligkeit; Paulus tut es auch und achtet Israel mitten in seinem Fall und Verderben darum für heilig, weil die Wurzel heilig ist; aber mit dem tiefen Unterschied, daß Paulus diese Hoffnung nicht auf den Menschen gründet, sondern sie vom menschlichen Verhalten und Wirken völlig gelöst hat und allein an Gott heftet. Dadurch, daß sie der Jude auf den Menschen gründet, fällt er unter Gottes Zorn, und sein Hoffen ist Trug. Aber Paulus gewinnt die Hoffnung nach ihrem ganzen Inhalt wieder, dadurch, daß er sie auf Gott richtet: Gott heiligt mit seiner freien Berufung die Väter und seiner Gnade allein verdankt es Israel, daß seine Berufung zum heiligen Volk nicht nur seine Schuld und Verdammlichkeit mehrt, sondern ihm den bleibenden Anteil an Gottes Reich schenkt.

Wie den Heiden zum Heil wurde, was an Israel geschah, so soll nun auch aus der Berufung der Heiden für Israel Heil erwachsen; die Juden sollen in Eifer kommen. Eifrig wurde der Jude schon damals darüber, daß die Heiden sich zu Christus herzufanden. Das brachte ihn in eine gewaltige Aufregung, aber in eine verkehrte, zornige; er wollte es Gott verwehren, sich der Heiden zu erbarmen und verteidigte seine Berufung, als wäre sie ein Vorrecht, das nur ihm zustünde. Das ist aber nur der bösartige Schluß, wie ihn der Mensch in seinem Unglauben und Ungehorsam aus dem göttlichen Walten zieht. Gottes Absicht zielt auf die Erweckung eines anderen Eifers hin. Am Heiden soll der Jude sehen, was Christus gibt, wie reich seine Gnade ist; das soll ihn anspornen und nicht zum Neid auf Menschen und zum Widerspruch gegen Gott, sondern zu dem lebendigen Verlangen, solchen Heiles auch selbst teilhaft zu werden, das ja ihm vor allen anderen zugedacht ist. Es soll gehen, wie es der Herr den Pharisäern sagte: Darum sind, als Johannes am Jordan taufte, die Zöllner und Dirnen euch voran in das Reich Gottes eingegangen, damit euch wenigstens jetzt euer Unglaube reue und auch ihr noch glaubt (Matth. 21,31 f.). Ähnlich soll sich Israel am Glauben der Heiden seines Unglaubens schämen lernen und den Zwiespalt empfinden, in den es sich mit seinem heiligen Beruf setzt; es soll erschrecken, wenn es die Heiden sich zuvorkommen sieht, und sich aufmachen, um dem Kleinod seiner Berufung nachzujagen, damit nicht andere seine Krone erhalten. Darum hat sich Paulus bei der Arbeit unter den Heiden durch die Überzeugung gestärkt, daß er gerade so auch Israel diene. Unmittelbar kann er für die Juden nichts tun. Aber wenn er Heidengemeinden schafft, in denen sich Jesus in der Fülle seines Heils herrlich offenbart, so stellt er auch Israel ein Zeugnis von Christus vor die Augen, das es kräftig zum Glauben reizen soll.

Nun wendet Paulus die Erfahrung Israels auch auf die Gläubigen aus den Heiden an. Von der Sünde, die den Juden verdirbt, sind auch sie versucht: daß sie in selbstischer Überheblichkeit den Grund ihres Vorzugs bei sich selbst suchen und mit hartem Herzen auf den Fall der Juden herabsehen. Darum sollen auch sie das Wunder der Gnade bedenken, das ihnen widerfahren ist. Am Juden ist das Wunder Gottes dies, daß er die Zweige, obwohl sie entartet sind, um der Wurzel willen heiligt. Am Heiden ist das Wunder Gottes dies, daß er die Zweige sich geheiligt hat, obwohl die Wurzel nicht heilig war. 11,17-24: *Wenn aber von den Zweigen einige ausgebrochen wurden, du aber, obgleich du ein wilder Ölbaum bist, unter sie gepfropft und Teilhaber an der Wurzel des Ölbaums wurdest, die die Fettigkeit schafft, so rühme dich nicht gegen die Zweige. Wenn du dich aber gegen sie rühmst, so trägst nicht du die Wurzel, sondern die Wurzel dich. Nun wirst du sagen: Zweige wurden ausgebrochen, damit ich eingepfropft werde. Du hast recht. Durch den Unglauben wurden sie ausgebrochen, du aber stehst durch den Glauben* (2. Kor. 1,24). *Denke nicht hoffärtig, sondern fürchte dich! Denn wenn Gott die von Natur gewachsenen Zweige nicht verschonte, wird er auch dich nicht verschonen. Sieh also Gottes Güte und Strenge; gegen die Gefallenen ist Strenge, gegen dich Gottes Güte, wenn du bei der*

Güte bleibst, da sonst auch du weggehauen wirst. Auch sie werden aber, wenn sie nicht beim Unglauben bleiben, eingepfropft werden (2. Kor. 3,16); *denn Gott vermag sie wieder einzupfropfen. Denn wenn du von dem der Natur nach wilden Ölbaum weggehauen und gegen die Natur in den edlen Ölbaum eingepropft wurdest, wieviel mehr werden sie, die ihm von Natur angehören, in ihren eigenen Ölbaum eingepfropft werden!* Der Ölbaum, der für Gott auf der Erde wächst, ist seine Gemeinde, die er für sich geheiligt hat. Er hat sie sich in Israel geschaffen. Aber nun sind seine Gerichte über sie gegangen. Die Axt hat ihr Werk am Ölbaum vollbracht; seine Zweige liegen abgehauen auf der Erde. Die Judenschaft ist durch die Verwerfung Jesu von der heiligen Gemeinde geschieden. Aber Gott läßt den Ölbaum nicht ohne Zweige, sondern pfropft ihm andere von einem wilden Ölbaum ein: die Heiden, die Gott aus ihrer natürlichen Stellung herausgehoben, seiner Gemeinde einverleibt und mit allem ausgestattet hat, was er Israel gegeben hatte. Aber der Heide soll nun bedenken, daß er zum Empfänger einer Gabe geworden ist, an die er von Natur kein Anrecht hat. Er ist Zweig, nicht Wurzel an Gottes Baum, und der Zweig trägt nicht die Wurzel, sondern die Wurzel den Zweig. Gott hat Christus zu Israel gesandt und Israel sein Wort gegeben. Nun hat auch der Heide das alles erlangt, obwohl das, was er seiner Natur nach gewesen ist, ihn von Gottes Herrschaft trennt. Deshalb kann Israels Fall für ihn nicht zum Grund des Übermuts werden. Verachtung der Juden und hoffärtiges Prahlen haben hier keinen Raum. Denn der Heide steht nur durch den Glauben, wie Israel nur durch den Unglauben fiel. Der Glaube aber erhält in der Furcht. Denn weil ich durch Glauben stehe, stehe ich nicht durch mich selbst, sondern einzig durch das, was Gott mir gibt. Und wenn mir auch die Güte Gottes zugewandt ist, so zeigt er mir doch nicht umsonst seinen Ernst an denen, die fallen. So weiß ich denn, daß der Grund, weshalb sich mir nicht sein Ernst sondern seine Güte zuwendet, nicht in mir selbst liegt. Sowie ich in eitler Überhebung den Glauben wegwerfe, der die Gnade sucht und in ihr lebt, zerschneide ich das Band, das sie an mich bindet, und fordere Gottes Ernst heraus. Wiederum, wenn Israel seinen Unglauben fahren läßt, scheidet es nichts von der Gnade. Dann wird der abgeschnittene Zweig wieder an seine Stelle eingepflanzt. Als Paulus die Tiefe des heidnischen Falls beschrieb, verbot er dem Juden, den Heiden zu richten, als wäre sein Richten für ihn eine Entschuldigung. Nun, nachdem er vom Fall der Judenschaft gesprochen hat, verbietet er dem Heiden, den Juden zu verachten, als wäre die Gnade, die er empfangen hat, sein eigener Ruhm. Paulus führt beide aus der Überhebung zum Glauben hin, der Gottes Gnade dankbar und demütig empfängt.

Das letzte Wort, das Paulus Israel zum Trost gibt, schaut weissagend in die Zukunft. 11,25-27: *Denn ich will nicht, Brüder, daß ihr dieses Geheimnis nicht wißt, damit ihr nicht bei euch selber klug seid* (12,17), *daß Israel zum Teil Verhärtung widerfahren ist, bis die volle Zahl der Heiden eingeht, und so wird ganz Israel gerettet werden, wie geschrieben ist: Kommen wird der Retter aus Zion, abwenden wird er von Jakob Gottlosigkeiten, und dies ist mein Bund für sie, wenn ich ihre Sünden wegnehme* (Jes. 59,20; 27,9). Der Heide würde sich selbst für klug halten, wenn er meinte, er brauche nur auf sich selbst zu sehen, um das Ziel der Wege Gottes zu verstehen; auf ihn ziele Gottes letzte Absicht, und neben ihm sei für Israel kein Raum mehr. Gott wird seine Gemeinde aus den Heiden zu ihrer vollen Zahl sammeln, dann aber auch ganz Israel seine Gnade wiedergeben, nicht bloß wie jetzt einem kleinen Rest. Paulus deutet an, daß Israel auch in der verklärten Gestalt des göttlichen Reichs als ein vereinigtes Ganzes seine besondere Stellung haben wird. Mit dem, was Gott Israel jetzt gewährt, bleibt die ihm gegebene Verheißung immer noch zum Teil unerfüllt. Sie bleibt ihm aufbehalten für das Ende. Mit der neuen Offenbarung Jesu, der aus Zion, der Gottesstadt im Himmel, wiederkommen wird (Hebr. 12,22; Offenb. 14,1), wird der Retter zu ihm kommen; der Bund Gottes wird sich an ihm erfüllen und die Vergebung der Sünden ihm gewährt werden; sein ganzer Fall wird in sein Gegenteil umgewandelt. Diese Weissagung stellt Paulus nicht in ein größeres prophetisches Zukunftsbild hinein. Wir mögen zwar versuchen, es mit den anderen prophetischen Worten über die Vollendung der göttlichen Herrschaft zu verbinden und zu einem anschaulichen Bild zusammenzufügen; nur dürfen wir dabei nicht vergessen, daß ein solches Zukunftsbild nicht mehr das Wort des Apostels, sondern unsere eigene Vermutung und Erwartung ist.

Dieses Ende kommt Israel um der unwandelbaren Liebe Gottes willen. 11,28-32: *Nach der guten Botschaft sind die Feinde um euretwillen, aber nach der Wahl Geliebte um der Väter willen. Denn den Gaben der Gnade und der Berufung Gottes folgt nicht Reue nach. Denn wie ihr einst Gott widerstrebtet, jetzt aber, weil diese widerstrebten, Erbarmung erhieltet, so haben diese jetzt dem euch gewährten Erbarmen widerstrebt, damit auch sie jetzt Erbarmung erhalten. Denn Gott verschloß alle in das Widerstreben, damit er sich aller erbarme* (Gal. 3,22). Die Juden sind jetzt beides zugleich, Feinde Gottes und Geliebte Gottes; sie haben Gott wider sich und doch für sich. Damit Jesu Wort verkündigt und sein Werk vollendet werde, sind sie Feinde Gottes, weil er jetzt die Heiden berufen will. So ist er wider Israel und verschließt ihm seine Gnade, wie sich auch Israel der Heiden wegen gegen Gott empört und sein Werk mit verhärtetem Sinn zu hindern sucht. Weil Gott sie aber durch seine Wahl für sich ausgesondert und den Vätern die Verheißung gegeben hat und weil er der Treue ist und sein Wort hält und der Vorsatz seiner Gnade unerschüttert bestehen bleibt, darum gehört ihnen Gottes Liebe und überdauert sie die Feindschaft, die jetzt zwischen ihnen steht. Denn wenn Gott etwas schenkt, so reut es ihn nie. Er zieht seine Gnadengaben nie zurück. So wird der Jude und Heide vor Gott eins. Sie stehen im selben Widerstreben gegen ihn. Einst sträubte sich der Heide gegen Gott; nun sträubt sich der Jude, weil Gott sich dem Heiden gnädig erweist; er will den Heiden von Gottes Reich ausgeschlossen sehen und es Gott verwehren, sich seiner zu erbarmen. So kann der Mensch sich nicht über den Menschen erheben und keiner sich wider den anderen rühmen. Aber beiden gibt Gott sein Erbarmen. Darum ließ er die Sünde bei Heiden und Juden mächtig heranwachsen und bei beiden den Fall groß werden, damit alle auf seine Gnade gestellt seien und deren Reichtum und Größe an allen sichtbar sei.

Nun ist der Trost für Israel da, und die Mahnung „Seid fröhlich in Hoffnung!" gilt der Gemeinde auch dann, wenn sie Jerusalems gedenkt. Weil sie nicht hoffnungslos sein darf, kann sie nicht trostlos sein. Das dunkle Rätsel, das im Schicksal Israels enthalten schien, ist dem Apostel so hell geworden, daß er mit tiefer, seliger Anbetung Gottes enden kann. 11,33-36: *O Tiefe des Reichtums und der Weisheit und der Erkenntnis Gottes! Wie unerforschlich sind seine Urteile und unauffindbar seine Wege! Denn wer erkannte den Gedanken des Herrn, oder wer wurde sein Berater* (Jes. 40,13)? *Oder wer gab ihm zuerst seine Gabe, so daß sie ihm vergolten würde* (Hiob 15,8)? *Denn aus ihm und durch ihn und zu ihm ist alles; sein ist die Herrlichkeit in Ewigkeit. Amen.* Anbetung ist Beugung vor Gott, und wieviel Beugendes liegt hier vor! Wie sind die Gedanken der Menschen durchkreuzt! Wie überraschend und unberechenbar ging Gott voran! Niemand hat seine Gedanken geahnt, niemand ihn beraten. Und wie völlig ist alles menschliche Wirken beiseite gesetzt! Nicht als Dank für das, was wir ihm gaben, kommt seine Gabe zu uns. Wir waren alle unfolgsam. Nicht gebunden an das, was wir tun, erscheint seine Hilfe, nicht bemessen nach unserem Maß, sondern königlich frei.

Aber in der Beugung ist zugleich selige Erhebung. Welch eine Tiefe des Reichtums wird in Gott für uns offenbar! Jüdische Armut, heidnische Armut, alle wurden durch sie reich. Jede Anrufung findet Gottes Gabe, und seine Gabe erschöpft sich nicht. Und welch eine Tiefe der Weisheit und der Erkenntnis tritt hervor! Die Wege aller stellt Gott vor sich ins hellste Licht. Jedem Fall ordnet er die Heilung zu, jeder Verirrung den Rückweg. Nichts wird übersehen oder verkürzt. Die Heiden werden berufen, doch nicht so, daß Israel verstoßen würde; Israel bleibt Gottes heiliges Volk, doch nicht so, daß die Heiden vergessen wären. Er gibt jedem seinen besonderen Ort und ist doch gegen alle derselbe. Sein Recht bleibt Recht, und sein Zorn vollführt sein Werk; seine Gnade bleibt Gnade, und sein Erbarmen bricht hervor, und seine Weisheit leitet beides in Eintracht zum selben Ziel. Er führt den Menschen in die Tiefe hinab und tritt in seiner göttlichen Majestät hoch über ihn empor; zugleich hebt er ihn zu sich empor und kleidet auch ihn in Majestät als das Gefäß seiner Herrlichkeit. Das tut seine Weisheit und Erkenntnis allein.

Das Grundgesetz in allem, was besteht und geschieht, tritt hervor: Gott ist für alles der Schöpfer, der Erhalter und der Vollender. Nicht vom Menschen geht das Leben aus, nicht durch ihn besteht es, nicht in ihm endet es. Der Mensch ist Ton in Gottes Hand. In seinem Willen und in seiner Wahl, in der Liebe, die er in sich selbst hat, ist unser Leben gegründet. Und es besteht nicht durch uns. Wir verderben es und fallen; Gott allein hält uns auch in unserem Fall und richtet uns empor, hin zu sich, daß wir als die Miterben Jesu sein Bild empfangen. Darum liegt auch das Ziel unseres Lebens nicht in uns selbst, als erhielten wir Gottes Gabe nur zu unserer eigenen Beseligung. Ihn macht offenbar, was er aus uns macht, und das Ziel seines Wirkens ist allein und ganz die Offenbarung seiner Herrlichkeit.

Kapitel 12,1–15,13

Das Ziel der Offenbarung der Gerechtigkeit Gottes: Die Arbeit der Christenheit im Dienst der Gerechtigkeit

Das erste, wozu Paulus den Römern seine Hilfe gewährt hat, war die Wahrnehmung der göttlichen Regierung und Gnade. Damit hat er ihnen den Grund gezeigt, auf dem sich sowohl das Leben des einzelnen als das der Gemeinschaft aufbauen kann. Allein das bisher Gesagte kann unmöglich das einzige Wort des Apostels bleiben; denn die frohe Botschaft von der offenbar gewordenen Gerechtigkeit Gottes wäre zerstört und widerlegt, wenn nicht Gottes Werk auch uns ein Werk gäbe, mit dem uns allein ein unerschöpflich reicher Beruf verliehen ist. Wir Menschen sind nicht nur zum Denken, sondern zum Handeln geschaffen. Deshalb zeigt uns Paulus nun, wie der handelt, der im Christus lebt. Auch der zweite Teil des Briefs, der die Kirche an die Stelle Israels setzt und der Judenschaft gegenüber selbständig macht, zerfiele völlig, wenn das Evangelium nicht eine Gemeinde schüfe, deren Glieder alle im Dienst Gottes tätig werden. Schon im ersten Teil des Briefs hat Paulus gesagt, daß aus der Gerechtigkeit des Glaubens, durch die wir von Sünde und Schuld erlöst sind, ein neues Handeln folge. Wir geben, sagte er, da wir am Tod und Leben des Christus teilhaben, uns selbst Gott hin, stellen unsere Glieder als Waffen der Gerechtigkeit ihm zur Verfügung und wandeln nach dem Geist (vgl. Kap. 6; 8). Hier öffnet sich aber noch ein weites Feld der Belehrung, und Paulus hat sich nicht damit begnügt, seinen Gemeinden nur die Grundzüge der christlichen Lebensführung vorzuzeichnen; er hat ihnen mit großer Weisheit geholfen, ihre besonderen, bestimmten Verhältnisse mit dem Wort

Jesu in Einklang zu bringen und nach seinem Sinn zu ordnen. Darin bewährt sich die christliche Weisheit, daß wir das, was wir im Glauben an Christus innerlich geworden sind, auch in den kleinen und großen Aufgaben des täglichen Lebens festhalten und wirksam machen.

Unser Gottesdienst

(12,1-8)

12,1: *Ich ermahne euch darum, Brüder, durch die Barmherzigkeit Gottes, eure Leiber als lebendiges, heiliges, Gott wohlgefälliges Opfer darzubieten, als euren vernünftigen Gottesdienst.* Durch die Barmherzigkeit Gottes hat er soeben die getröstet, die um Israel Leid trugen; durch die Barmherzigkeit Gottes mahnt er nun auch. Denn es ist Gottes Barmherzigkeit, daß er uns seinen Willen zeigt, uns mit Pflicht und Dienst beschenkt und uns zu ihrer Erfüllung seine Gaben darreicht. Unser ganzer Gottesdienst steht aber unter der Regel Jesu: „Gebt Gott, was Gottes ist!" Opfer kann und muß das werden, was Gottes Gnade uns gab, damit nicht unser eigensüchtiger Wille seine Gabe an sich raffe und verderbe, statt daß sie ihn ehrt, der sie uns gegeben hat. Das erste Eigentum, über das uns Macht gegeben ist, das darum unser Opfer werden muß, ist unser Leib. Derselbe Leib, der uns früher in die Gewalt der Sünde hinunterriß und die Begierden, die uns unrein und ungerecht machten, in uns hervortrieb, bekommt jetzt seine richtige, herrliche Verwendung dadurch, daß er das Werkzeug zur Erfüllung des göttlichen Willens wird (6,13). Unsere Glieder, durch die wir in der Welt tätig sind, übergeben wir nun Gott, daß sie seiner Wahrheit und Ehre dienen. Auch in unserem Dienst für Gott sind wir alle einander gleichgestellt. Reiche und Arme, Knechte und Freie, Juden und Griechen – alle haben Gott dieselbe Gabe zu bringen; jeder hat in seinem Leib das Mittel, einen priesterlichen Dienst zu üben, der vernünftig ist. Bisher hatte der Opferdienst noch kein vernünftiges Ziel. Die Furcht, die Gott begütigen wollte, brachte das Opfer dar oder die eigennützige Sucht, die mit ihren Gaben Gottes Segen zu erkaufen suchte, oder die Eitelkeit, mit der die Opfernden die Größe ihrer Geschenke zur eigenen Erhöhung prunkend ausstellten. Dazu verwendete aber der Mensch immer nur einen Teil seines Eigentums; er wollte sich selbst Gott nicht unterwerfen und konnte es auch nicht (Röm. 8,7). Zugleich machte er das, was er Gott gab, dadurch zum Opfer, daß er es tötete, um es seinem eigenen Gebrauch zu entziehen. Machen wir dagegen aus unserem Leib das Opfer, dann ist es lebendig und besitzt Gottes Wohlgefallen. Ist unser Leib heilig und unter Gottes Verfügung gestellt, so ist auch alles, was wir sonst besitzen, unser gesamtes Eigentum, der ganze natürliche Inhalt unseres Lebens unter den Willen Gottes gebracht. Damit ist uns der vernünftige Gottesdienst geschenkt, mit dem wir in bleibender Untertänigkeit und tätigem Gehorsam wirklich Gott dienen, so daß sein gnädiger Wille durch uns geschieht.

12,2: *Und paßt euch nicht dieser Welt an (1. Petr. 1,14), sondern gebt euch eine neue Gestalt durch die Erneuerung eures Verstands* (Eph. 4,23; Kol. 3,10), *damit ihr dem zustimmt, was Gottes Wille ist, dem, was gut und Gott wohlgefällig und vollkommen ist* (Eph. 5,10). Zusammen mit dem Leib ist die uns umgebende Welt unsere Verführerin, die uns zum Bösen treibt. Wie wir aber unserem Leib gegenüber in der Kraft des Geistes die Freien geworden sind, die ihn regieren können, so ist auch jene Knechtschaft zerrissen, die uns an den Willen der Menschen bindet und uns ihren Meinungen, Ansprüchen, Sitten und Gesetzen unterwerfen will. Schöpften wir daraus die Regel für unser Verhalten, so glichen wir uns einem uns fremd gewordenen Gesetz an und verhüllten unaufrichtig, was wir durch Gottes Gnade geworden sind. Wir haben uns nicht mehr nach dieser, sondern nach der kommenden Welt zu richten. Wer Gottes Willen tut, lebt nicht mehr für die Gegenwart. Ihn regiert nicht mehr das Beispiel der Menschen, der Erfolg des Augenblicks, der Genuß der irdischen Lust. Damit deutet Paulus auf den Ernst unseres Opfers hin. Denn diese Zeit und Welt ist noch nicht von Gott durchleuchtet, so daß sie mit seiner Art und seinem Willen übereinstimmte; um uns her wird Gott vergessen und der Leib der Sünde anheimgegeben. Erst die zukünftige Welt ist Gott untertan. Daher treten wir, indem wir für Gott leben und uns unter seinen Willen stellen, zu den Menschen und den Verhältnissen um uns her in einen Gegensatz, wir werden ihnen fremd, und der Weg der Selbstverleugnung und des Leidens mit Christus tut sich vor uns auf. Von Natur tragen auch wir die Art dieser Welt an uns; wenn wir uns über sie erheben und das zukünftige, himmlische Wesen an uns erscheint, kann dies nur durch eine Erneuerung unserer natürlichen Art geschehen. Würden wir den Brief hier zu lesen beginnen, müßte uns freilich dieses Gebot unmöglich scheinen. Nun aber wissen wir, daß das himmlische Wesen uns im neuen Menschen, Jesus Christus, erreichbar ist. Wir werden dadurch verwandelt und erneuert, daß wir glaubend empfangen, was in ihm erschienen und uns gegeben ist.

Das erste, was in uns neu werden muß, ist unser Verstand. Wir müssen neue Gedanken erhalten, einen neuen Blick, neue Maßstäbe, die nicht dieser Zeit und Welt entnommen sind. Das ist die unentbehrliche Ausrüstung zu allem Gottesdienst mit der Tat; wir können ihren Mangel durch nichts ersetzen, durch keinen Glauben, durch kein Beten, durch keine Zeichen und keine Wunder. Der Weg zum Handeln führt durch das Denken; denn wir können dem Willen Gottes nicht dienen, wenn wir ihn nicht erkennen und ihm nicht beistimmen. Mannigfaltige Stimmen treten an uns heran und aus uns hervor, nicht nur Gottes Stimme. Wir müssen zu ihrer Unterscheidung fähig sein, damit wir uns mit Gottes Willen einigen. Woran erkennen wir ihn? Wir tun Gottes Willen, wenn wir uns für das Gute entscheiden, für das, was gütig und heilsam das Leben der anderen fördert – für das Gott Wohlgefällige, für das, was durch Gottes deutliches Gebot und Recht bestätig ist –, für das Vollkommene, das nicht in unfertiger Halbheit steckenbleibt, sondern unsere ganze Liebe wirksam macht und zu einem vollendeten Gehorsam führt. Dazu reichen aber unsere alten Gedanken nicht aus, da sich unsere Lage beständig verändert und neue Aufgaben vor uns stehen; dazu bedürfen wir der Erneuerung unserer inneren Ausrüstung durch Gottes Geist.

Nun zeigt uns Paulus neben der Ordnung unseres leiblichen Lebens, das geheiligt wird, und neben der Gestaltung der natürlichen Gemeinschaft mit den Menschen, denen wir gute Gaben Gottes bringen dürfen, noch unser drittes Arbeitsfeld, das reichste und fruchtbarste, das uns unser Anteil an der christlichen Gemeinschaft verschafft. Hier ist bescheidene, nüchterne Besonnenheit das erste, wozu er ermahnt.

12,3: *Denn ich sage durch die mir gegebene Gnade jedem, der bei euch ist, daß er sein Trachten nicht über das erhebe, worauf er be-*

dacht sein soll, sondern darauf bedacht sei, daß er besonnen sei, wie Gott jedem das Maß des Glaubens ausgeteilt hat. Warum warnt Paulus nicht vor dem entgegengesetzten Fehler, vor der mutlosen Verzagtheit, die die Kraft, die wir haben, nicht braucht, sondern träg und schwächlich hinter unserem Vermögen zurückbleibt? Er redet zur Christengemeinde, die im Glauben an Christus lebt und sich redlich bemüht, mit erneuerten Gedanken wahrzunehmen, wie sie ihrem Herrn dienen kann. Aber weil wir uns im Glauben unser Ziel hoch stecken, uns von dieser Zeit und Welt lossagen und auf Gott schauen, daß er unser Führer sei und sein Wille uns das Werk unseres Lebens zumesse, haben wir mit Ernst darauf zu achten, daß unser Blick auf der Höhe, auf die wir getreten sind, sich nicht verwirre und nicht ein frommer Übermut entstehe; wir haben in unseren Grenzen zu bleiben und nicht Dinge zu unternehmen, für die uns die Kraft nicht gegeben ist. Paulus zeigt, wie schädlich es ist, wenn wir nach dem greifen, was für uns zu hoch und uns damit entzogen ist. Wir dürfen nicht sagen: „Wir haben es doch gut gemeint und wenigstens Großes erstrebt"; denn wir versäumen dabei, worauf wir bedacht sein sollen. In solchem Irregehen unterlassen wir stets, was uns aufgetragen ist und in den Grenzen unseres Vermögens steht. Darum müssen wir bei allem, was wir unternehmen, darauf bedacht sein, daß wir in der nüchternen Besonnenheit bleiben und abzuwägen verstehen, was uns als unsere Pflicht und unser Werk zugewiesen ist. Dies sagt Paulus durch die ihm gegebene Gnade, nicht weil er kleingläubig am Reichtum der göttlichen Gabe zweifelte, vielmehr weil er aus eigener Erfahrung weiß, wie Gottes Gnade sich uns zu eigen gibt. Er sagt dies ohne Ausnahme jedem, auch dem Höchstbegabten und geistlich Reichsten. Keiner steht über der Notwendigkeit, beständig sorgsam darüber zu wachen, daß er in besonnener Nüchternheit bleibe. Sie kommt uns nicht von selbst; wir haben mit Bedacht auf die Grenzen zu achten, die unserem Christenstand gesetzt sind.

Der Punkt, an dem wir haltzumachen haben, ergibt sich aus dem Maß unseres Glaubens. Der Glaube hat in jedem Glaubenden seine besondere Gestalt und Grenze im Zusammenhang mit der Verschiedenheit der Lebenswege. Wir übersehen oft, daß auch der Glaube genau ebenso wie alles andere, was uns wirklich eigen ist, unser persönliches Maß annimmt; weder können alle anderen in derselben Weise glauben wie wir, noch wir wie jeder andere. Aus unserem Glauben ergibt sich aber sogleich mit einem festen, sicheren Zusammenhang unsere Aufgabe. Denn das, was wir sollen, hängt von dem ab, was wir empfangen; unser Empfangen entspricht unserem Suchen und Bitten, und dieses ist die Frucht und Äußerung unseres Glaubens. Soweit wir glauben können, dürfen wir handeln, weiter nicht; keiner kann nach irgendeinem fremden Glauben handeln, sondern jeder nur nach seinem eigenen. In der Gewißheit, daß wir das, was wir tun, mit Gott tun können, daß die dazu erforderliche Gabe uns gegeben ist und wir sie von Gott erbitten dürfen, liegt die innere Ermächtigung zum Handeln. Wenn ich aber auch das wage, was ich nicht mit meinem Glauben umfassen kann, trete ich aus der gehorsamen Unterordnung unter Gott heraus und versuche ihn. So gibt uns der Glaube mit seinem Maß die Grenze an, an der unser Streben zur Überhebung wird und der Mut zum Übermut entartet. Den Aufrichtigen leitet diese Regel zuverlässig; freilich kann man sich auch dann, wenn uns Vernunft und Gewissen sagen: „Das kannst du von Gott nicht erwarten, er hilft dir dazu nicht!“, gleichwohl einen erdichteten Glauben einbilden, aber nur dann, wenn man sich selbst anlügen will.

Diese Begrenzung unseres Glaubens, Trachtens und Sollens hängt damit zusammen, daß Christus nicht nur einzelne Menschen erlöst und in den Dienst Gottes stellt, sondern eine Gemeinde schafft, in der jeder einzelne die Stellung eines Gliedes hat, das weder alles tun kann noch alles tun soll. 12,4.5: *Denn wie wir in einem Leib viele Glieder haben, aber nicht alle Glieder dieselbe Arbeit haben, ebenso sind wir, die vielen, im Christus ein einziger Leib, die einzelnen aber für einander Glieder* (1. Kor. 12,12-27). Christus vereint uns miteinander durch einen festen, großen Lebensverband, und dieses Verbundensein zu einem Leib prägt sich darin aus, daß wir alle geführt und begabt werden, nicht nur wie es uns dient, sondern wie es allen dient. Keiner ist für sich etwas Ganzes, so daß er ohne die anderen gedeihen könnte. Das gilt vom inneren Leben genau ebenso wie vom natürlichen. Jeder hat aber wiederum eine ihm eigene Kraft. Keiner soll nur von den anderen nehmen, jeder auch ihnen geben und dienen. Darum teilt sich die Arbeit, durch die sich die Gemeinde erhält, mannigfach. 12,6-8: *Wir haben aber nach der uns gegebenen Gnade verschiedene Gaben* (1. Kor. 12,4). *Ist es Weissagung, so geschieht sie in Übereinstimmung mit dem Glauben; oder es ist Dienst, dann durch den Dienst; oder der Lehrende, durch die Lehre; oder der Mahnende, durch die Mahnung; der Mitteilende, durch Einfalt; der Vorstehende, durch Eifer; der, der Barmherzigkeit übt, durch Fröhlichkeit.* In der apostolischen Christenheit gab es Propheten, deren Weissagung auf das Leben der Gemeinde einen großen Einfluß ausübte. Sie erweckten die Hoffnung, stärkten den Mut im Leiden, zogen heimliche Bosheit ans Licht und wehrten dem Eindringen der Heuchelei in die Christenheit. Aber mit der Weissagung allein müßte eine Gemeinde verkümmern. Gleich als zweites nennt Paulus den „Dienst", die hilfreiche Arbeit, die für die Bedürfnisse des natürlichen Lebens sorgt. Nicht weniger unentbehrlich ist der Gemeinde die Lehre, die wiederum eine eigenartige Ausrüstung erfordert; sie hat aus dem göttlichen Wort die Unterweisung zu schöpfen, die die Gemeinde bei der Erneuerung ihres Denkens unterstützt und ihr die Anleitung gibt, wie sie der jeweils an sie herantretenden Pflicht genügen kann. Aber auch dies Lehren ist nicht der einzige Dienst am Wort, sondern neben ihm steht die Ermahnung; sie hilft tröstend und ermunternd den einzelnen, das Wort in ihren Willen und in ihr Verhalten je nach ihren besonderen Verhältnissen hineinzunehmen. Da jede Arbeit und Dienstleistung auch Geldmittel nötig hat, bedarf die Gemeinde solcher, die geben. Sie hat auch solche nötig, die regieren. Ihrer Leistung hat Paulus nicht die erste Stelle zugeteilt. Denn Regieren wird sinnlos und unmöglich, wenn die fehlen, die zu tüchtiger Arbeit fähig sind. Da aber die Gemeinde einträchtig handeln soll, sind ihr auch die unentbehrlich, die ihre Führung in ihre Hand nehmen. Endlich hat die Barmherzigkeit in denen, die nach Geist und Leib elend sind, ihr weites Arbeitsfeld. Alle diese verschiedenen Tätigkeiten ruhen auf verschiedenen Gaben. So geht die Mahnung des Apostels dahin: Jeder tue, was er nach seiner Gabe tun kann, und dies ganz. Die Weissagung soll mit dem Glauben einträchtig bleiben. Sie soll nicht den Glauben ersetzen wollen und ihren Zweck darin suchen, der Gemeinde eine Gewißheit zu verschaffen, die mehr als Glaube wäre. Das prophetische Wort hat zwar sein Merkmal darin, daß es der Gemeinde mit Gewißheit den Weg zeigt, auf den Gottes Wille sie jetzt führt. Deshalb bleibt dennoch das Grundverhältnis, in dem wir zu Gott stehen, jenes Trauen, das sich Gott ergibt, ohne den Anspruch auf eine Gewißheit zu erheben, die jetzt schon sieht, wohin uns Gott führt. Die besondere Erleuchtung des Propheten soll der Gemeinde dazu dienen, daß sie gläubig die sie leitende Hand Gottes erfasse, nicht dazu, daß ihr das Glauben erspart werde. Aber auch so kann sich die Weissagung vom Glauben trennen, daß sie unter ihn herabsinkt, weil der Prophet vergißt, daß er gläubig vor Gott und die Menschen treten soll: vor Gott, um seine erleuchtende Offenbarung bei ihm zu suchen, und vor die Menschen, um ihnen den Willen Gottes mit Gewißheit zu bezeugen. Wer die äußere Pflege der Gemeinde oder die Lehre verwaltet oder den Dienst des Mahnens übt, der soll nicht das tun, was des anderen ist, sondern jeder das, was seine Gabe ihn tun heißt, und jeder soll in seinem Teil darauf bedacht sein, mit Tüchtigkeit einen redlichen Dienst auszurichten. Für den Gebenden gehört hiezu vor allem die Einfalt, der reine Wille, der nicht mit berechnenden und ehrgeizigen Nebengedanken vermengt ist – für den, der in irgendeiner leitenden Stellung steht, der Fleiß, so daß er nicht nur an Ehre, sondern auch an Arbeit und Mühe größer als die anderen ist, und für den, der Barmherzigkeit übt, der frohe Sinn; er hat es ja mit dem Elend der Menschen zu tun; in dieses bringt er nur mit einem freudigen Herzen Linderung. Nicht eine saure, sondern eine fröhliche Barmherzigkeit erquickt das Herz.

Die Kennzeichen der Liebe

(12,9-21)

In der Gemeinschaft, zu der die Gemeinde verbunden ist, gibt es besondere Dienste und Ämter, mit denen einzelne Glieder beauftragt sind. Aber sie alle haben eine gemeinsame Wurzel, aus der die ganze gottesdienstliche Arbeit der Gemeinde erwächst; das ist die Liebe. Ohne viele Worte hat uns der Apostel im ersten Teil des Briefs gezeigt, wie sie in uns entsteht. Wir nehmen wahr, was der Tod des Christus uns offenbart, lösen uns von uns selbst, verlangen glaubend nach Jesu verklärtem Leben, öffnen uns der Leitung des Geistes; dadurch ist die selbstsüchtige Verknechtung des Trachtens durchbrochen, und unser Leben bewegt sich nicht mehr um uns selbst, sondern um den, der für uns gestorben und auferstanden ist. So wird die Liebe in uns geboren; aber es gilt nun, über ihr zu wachen, daß sie die Reinheit behalte. 12,9a: *Die Liebe sei ungeheuchelt* (2. Kor. 6,6; 1. Petr. 1,22). Gerade in die Liebe mischt sich sowohl auf ihrer natürlichen als auf ihrer geistlichen Stufe leicht Heuchelei. Sie ist so wohltuend, daß wir auch ihren Schein noch schätzen und festhalten, auch wenn uns ihr Wesen fehlt. Wenigstens das Auswendige an uns soll ihr entsprechen, auch wenn unser Sinn in selbstsüchtiger Verdorbenheit verharrt. Paulus warnt vor einem Scheinen ohne Wahrheit.

Nicht alles an den Menschen darf uns wohlgefallen. 12,9b: *Verabscheut das Böse; hängt euch an das Gute.* Eine Liebe, die nicht jederzeit in Wort und Tat den kräftigen Abscheu vor dem Bösen bewahrt, ist nicht aus Christus geschöpft und nicht durch den Geist gereinigt. Wir leben in der Liebe den anderen zu Dienst und Willen, doch nicht so, daß wir auch das, was an ihnen böse ist, hegten; das wäre nicht mehr Liebe, weil wir einander dadurch schadeten. Was aber an dem Wollen der anderen gut ist, sollen wir mit unserem Lob, unserer Freude und Mitwirkung fördern. Gutes, sagt Paulus, sollt ihr nicht hindern, auch wenn es nicht von euch ausgeht; da greift willig und froh mit an! Die Liebe, die uns Paulus beschreibt, verbindet, was im ungeordneten Herzen als Gegensatz widereinander steht. Vergebende und aufrichtende Zartheit, eine alle Trennung überwindende Eintracht betätigen und doch zugleich das Böse unerbittlich abstoßen, das ist die Kunst der echten Liebe, die im Evangelium lebt. Auch im folgenden nennt der Apostel zwei Dinge gleich nacheinander, die sich im Menschenleben oft genug stören. 12,10: *Durch die Bruderliebe seid gegeneinander herzlich* (Hebr. 13,1; 2. Petr. 1,7); *in der Ehre stelle der eine den anderen voran* (Phil. 2,3). Die Liebe schafft Vertraulichkeit; nun schließt sich der Mensch dem Menschen auf ohne jene ängstliche Bewahrung der Hüllen, durch die wir uns dem Blick und der Berührung der anderen entziehen. Wenn wir aber die Scheidung zwischen uns beseitigen, haben wir dabei sorgsam die Ehre zu wahren, die jedem gebührt. Wir sollen die anderen nicht zu uns herabziehen, sondern sie über uns erheben und ihnen gern die größere Ehre geben. Daß dieses Wort des Apostels vergessen wurde, hat schon manchen Versuch, christliche Gemeinschaft zu pflegen, im kleinen wie im großen zum Scheitern gebracht.

12,11: *Im Eifer seid nicht lässig, durch den Geist glühend, der Gelegenheit dienstbar.* Nun leitet uns Paulus zur emsigen Regsamkeit an. Ein Christenleben verträgt sich nicht mit träger Lässigkeit, mit kaltem, schlaffem Wesen. Wir haben viel zu tun; dazu müssen wir eine warme Glut in uns hegen, die in Wort und Werk als helle Flamme aus uns hervorbrechen kann. Aber diese Glut soll nicht von unten stammen als Erregtheit der fleischlichen Triebe, sondern von oben als Wirkung des Geistes. Dann wird sie auch nicht eigenmächtig und eigenwillig, sondern fügt sich in die Zeit und Gelegenheit; sie kann warten, bis diese kommen, und sich anschmiegen und hineinfinden in das im Augenblick Mögliche. Darum liegt ein feiner Wink darin, daß Paulus zum ersten Wort, das von der Glut im Geist sprach, das andere hinzufügt, das uns verpflichtet, auf die rechte Stunde zu achten.[1]

12,12: *Freut euch in der Hoffnung; seid standhaft in der Not; im Gebet seid beharrlich.* Zur Freude wie zum Leiden heißt uns Paulus geschickt und fähig sein. Die Freude muß in uns nicht erlöschen, weil wir ja eine Hoffnung haben; aus ihr entsteht, wie immer unser Leben sich gestalten mag, die Freude; die Not aber machen wir dadurch für uns fruchtbar, daß sie uns die Erprobung und Stärkung unserer Tragkraft bringt (5,3; Jak. 1,2 ff.). Daneben stellt Paulus als drittes die Beharrlichkeit im Gebet. Er hat gesagt, daß die Freude bei uns bleiben soll, und uns gezeigt, wie wir auch im Leiden durch Geduld in unserem Christenstand unbeweglich bleiben; aber es ist noch ein drittes, was bei uns bleiben muß, aber nur bei uns bleibt, wenn wir darin beharren: Das ist das Gebet. Paulus heißt uns mit der Zeit, die wir auf das Gebet verwenden, nicht sparsam sein, als brächen wir damit etwas von unserer Pflicht und Arbeit ab. Zeit und Kraft, die auf das Gebet verwendet werden, sind gut verwendet.

Im Verkehr mit den Menschen gibt die Liebe jedem seine besondere Gabe. Im Blick auf die bedürftigen Glieder der Gemeinde lautet die Mahnung, 12,13a: *Nehmt an den Anliegen der Heiligen teil.* Paulus erinnert an die Ehre, die die Armen vor Gott haben

[1] In anderen alten Bibeln steht: Seid dem Herrn dienstbar! Auch damit ist der ersten Weisung die Ergänzung beigegeben. Der Eifer bleibt nur dann auf der rechten Bahn, wenn er der Leitung des Christus untergeben bleibt. Der Geist macht uns Jesus gegenüber nicht selbständig, sondern bindet uns an ihn, macht uns sein Wort heilig und seinen Willen in uns wirksam.

(Jak. 2,5). Ihre Anliegen sind zwar irdischer Art; es handelt sich dabei um die Schwierigkeiten und Notstände des äußeren Lebens; aber wir sollen nicht vergessen, daß diese Bedürftigen Heilige sind; deshalb sollen wir sie nicht übersehen, als gingen ihre Anliegen uns nichts an. Da sind weiter die Fremden, die einer Herberge bedürfen. 12,13b: *Strebt nach der Gastlichkeit* (1. Petr. 4,9; Hebr. 13,2). Der Fremde und Einsame findet unser Haus nicht von selbst; wir müssen uns darum bemühen, daß er zu uns kommt. Da sind weiter die Verfolger, denen gegenüber es uns besonders schwer wird, dem Christenberuf treu zu bleiben, der uns für alle Menschen zu Gebern guter Gaben macht. 12,14: *Segnet die Verfolger; segnet und fluchet nicht* (Luk. 6,28; 1. Petr. 3,9). Da ist es bald Freude, bald Schmerz, die durch das Miterleben der Liebe in unser eigenes Herz überfließen sollen. 12,15: *Mit Fröhlichen freut euch; mit Weinenden weint.* Beide, die, die Gottes gute Gaben froh machen, und die, die ein Schmerz bedrückt und weinen läßt, sollen in uns Genossen finden, die das, was sie bewegt, mit ihnen teilen. 12,16: *Füreinander seid auf dasselbe bedacht. Seid nicht auf Hohes bedacht, sondern laßt euch vom Geringen bewegen. Werdet nicht bei euch selber klug* (11,25). In der Gemeinde treten mannigfache Interessen und Bestrebungen hervor, die sich oft kreuzen und auseinandergehen, so daß es zu einer Aufgabe wird, die Eintracht zu bewahren. Das gelingt nicht, wenn uns nur das Große und Ehrenvolle lockt und wir unwillig werden, weil ein anderer einen wichtigeren Platz einnimmt. Wir müssen bereit sein, uns unterzuordnen und auch die kleinen Menschen und geringen Dienste hochzuschätzen, dem Rat und der Meinung der anderen uns offenzuhalten und nicht zu meinen, wir seien allein verständig und weise. 12,17.18: *Keinem vergeltet Böses mit Bösem* (1. Tess. 5,15). *Sorgt für das, was allen Menschen löblich ist. Ist es möglich, soviel an euch liegt, seid mit allen Menschen im Frieden.* Wir stehen weiter mit denen im Verkehr, die dem Evangelium noch fern sind. Auf ihr Urteil muß Rücksicht genommen werden, damit das geschehe, was in den Augen aller edel und wohltuend ist, und mit allen, soweit es auf unser eigenes Verhalten ankommt, der Friede erhalten werde. 12,19-21: *Rächt euch nicht selber, Geliebte, sondern gebt dem Zorn Raum. Denn es ist geschrieben: Mein ist der Vollzug des Rechts; ich werde vergelten, spricht der*

Herr (5. Mose 32,35). *Wenn aber dein Feind hungert, speise ihn; wenn er dürstet, tränke ihn. Denn wenn du das tust, wirst du feurige Kohlen auf sein Haupt häufen* (Sprüche 25,21.22). *Laß dich nicht vom Bösen besiegen, sondern besiege durch das Gute das Böse.* Mit besonderem Nachdruck verweilt der Apostel bei den ungerechten, gehässigen Eingriffen anderer in unser Leben. Da offenbart sich im Verzicht auf Rache und Gerichte die königliche Freiheit und Vollkommenheit der Liebe, ihre Unabhängigkeit vom Verhalten der anderen, ihre Zuversicht, daß sie auch den Feind mit feuriger Kraft erfassen und mit dem Guten das Böse besiegen wird. Das Recht fällt deshalb nicht dahin, auch wenn wir auf Vergeltung und Strafe verzichten. Gottes Zorn hält über ihm Wache und nimmt die Vergeltung in seine Hand. Statt daß wir seinem Zorn durch eigene Rache den Raum wegnehmen, sollen wir dem göttlichen Zorn den Raum freigeben, damit er das Gericht vollstrecke; doch nicht so, daß wir müßig auf Gottes Rechtsvollzug warten, sondern so, daß wir mit Freude jede Gelegenheit benützen, unseren Widersachern wohlzutun, in der Gewißheit, daß die echte Liebe eine Macht besitzt, gegen die sich die Bosheit nicht leicht verhärten wird. Darum vergleicht sie Paulus mit der Wirkung einer glühenden Kohle. Die göttliche Art der Liebe wird darin sichtbar, daß sie bei ihrem heilsamen, gütigen Werk verbleibt und gewiß ist, daß sie mit ihm auch über die Bosheit den Sieg gewinnt.

Der Gehorsam gegen die Obrigkeit und gegen das Gesetz

(13,1-10)

Unter den mannigfachen Verhältnissen, in denen die Gemeinde sich zurechtfinden mußte, hatte das Verhältnis zu den staatlichen Behörden besondere Bedeutung. Auch darüber hatte die erste Christenheit eine Unterweisung nötig. Sie konnte auch in diesem Stück nicht nur die bisherige Übung und Sitte fortsetzen, sondern mußte sich über die Frage klar werden: Wie haben wir, die wir in Jesus unseren Herrn gefunden haben, uns nun zur heidnischen, römischen Obrigkeit zu verhalten? Müssen wir uns den Regenten widersetzen als den Widersachern Gottes, oder sollen wir ihnen aus dem Weg gehen und uns möglichst wenig um sie kümmern, oder sollen wir sie ehren und ihnen gehorsam sein? Es ist die Frage nach dem Verhältnis zwischen „der Kirche und dem Staat", die Paulus hier bespricht; er tut es aber so, daß er ihr gleich dadurch eine bestimmte, deutliche Gestalt gibt, daß er zeigt, wie sich der Christ zur Obrigkeit zu verhalten hat. Es war besonders wichtig, daß die römische Gemeinde von Anfang an in diesem Stück den rechten Weg finde; sie hatte das Evangelium auch vor dem kaiserlichen Hof unter den Augen der Männer, die das ganze Reich regierten, zu vertreten. Paulus wird auch in Erwägung ziehen, daß er selbst bei einem Besuch in Rom mit ihnen in Berührung kommen kann, wie es später wirklich geschehen ist. Darum soll die Gemeinde jetzt schon wissen, wie fern ihm hier alle Gewaltsamkeiten liegen; er ist zu jedem Gehorsam bereit und anerkennt unumwunden den göttlichen Beruf der regierenden Männer. Sie soll nicht fürchten, daß sein Besuch Streit mit der Obrigkeit erregen könnte. Auch in diesem Stück erweist sich das Evangelium als die den Frieden stiftende Macht.

13,1.2: *Jede Seele unterwerfe sich den vorgesetzten Gewalten* (Tit. 3,1; 1. Petr. 2,13.14). *Denn es besteht keine Gewalt anders als von Gott; die aber, die bestehen, sind von Gott geordnet. Daher widersteht der, der sich der Gewalt widersetzt, der Anordnung Gottes. Die aber, die Widerstand leisten, werden für sich ein Urteil erhalten.* Paulus richtet sein Gebot an jede Seele, damit es ohne Ausnahme für alle gültig sei (2,9). Denn eine Seele zu haben, ist das Merkmal des Menschen, das ihn zum Menschen macht. So sollen alle, die eine Seele haben, seien sie daneben, was immer sie seien, somit ausnahmslos auch alle Glaubenden, sich dem Willen der Regierenden unterwerfen. Das bringt dem Glaubenden keine Gefahr, weil er nie mehr ein Sklave der Menschen wird. Er wird dadurch nicht abhängig von der Laune und Willkür des Regenten; dieser kann ihn nicht mehr durch die Furcht vor dem Schaden, den er ihm zufügen könnte, knechten und nicht mehr durch die Ehre und den Vorteil locken, den er ihm gewähren kann. Denn er hat sich Gott unterworfen und sucht bei ihm die Leitung zu seinem Handeln in der Welt. Eben diese innere Freiheit vom Staat und dessen Regenten setzt die Christenheit in den Stand, sie in ihrem Beruf zu ehren und sich ihren Weisungen ohne Widerstreben zu unterziehen. Sie liegt mit ihnen nicht im Streit.

Die Unterordnung soll eine willige sein; sie soll nicht nur aus Rücksichten der Klugheit geschehen, um die üblen Folgen der Auflehnung zu vermeiden, sondern um des Gewissens willen. Denn Gott gewährt den Regierenden ihre Gewalt. Er führt die Völker zusammen und gibt ihnen ihre Häupter und Leiter. Dies im allgemeinen einzusehen, ist nicht schwer; aber schwerer wird es uns, dies auch festzuhalten im Blick auf die bestimmten Personen und Verhältnisse, in denen wir stehen, die ja oft so unvollkommen und anstößig sind. Darum betont Paulus, daß eben die Obrigkeit, die besteht und vorhanden ist, nicht bloß eine solche, die unseren Gedanken und Wünschen entspräche, durch Gottes Ordnung über uns gesetzt ist. Zugleich liegt ihm nichts daran, irgendeine besondere Regierungsform auszuzeichnen. Er spricht weder von Königen noch von Ratsversammlungen. Hier ist, wie in allem, was zum natürlichen Bereich gehört, den Menschen Freiheit gegeben, ihre Verhältnisse in der Weise zu gestalten, wie der Lauf ihrer Geschichte es mit sich bringt. Paulus hat keine alleingültige Staatsordnung aufgestellt, als gäbe es hierin für jedes Volk und jede Zeit ein unwandelbares göttliches Gesetz. Darum spricht er allgemein von allen, denen die Vollmacht zur Regierung gegeben ist, einerlei, in welcher Weise diese geordnet ist. Sie sind freilich nicht Gottes Diener zum Werk seiner Gnade, die uns die himmlischen Güter zuteilt; ihr Amt fällt in das Gebiet des natürlichen Lebens. Es wird aber dadurch nicht unheilig und ungöttlich, sondern auch in dem, was der Zeit und Natur angehört, ist Gott am Werk; auch diese göttlichen Einrichtungen müssen heilig gehalten werden; ihre Antastung ruft das Gericht herbei.

13,3-5: *Denn die Regierenden sind kein Schrecken für das gute Werk, sondern für das schlechte. Willst du dich vor der Gewalt nicht fürchten? Tue das Gute, und du wirst Lob von ihr haben, denn sie ist Gottes Dienerin, dir zum Guten. Wenn du aber das Schlechte tust, so fürchte dich; denn sie trägt das Schwert nicht umsonst. Denn sie ist Gottes Dienerin, der Anwalt des Rechts im Dienst des Zorns gegen den, der das Böse treibt. Deswegen ist es notwendig, sich zu unterwerfen, nicht bloß wegen des Zorns, sondern auch wegen des Gewissens.* Paulus beleuchtet klar und nüchtern, woher die Neigung der Menschen, die staatlichen Ordnungen zu durchbrechen, rührt. Sie kommt nicht aus dem Schmerz über die Fehltritte der Regierenden, sondern stammt daher, daß wir selbst nicht auf geradem und gerechtem Weg handeln möchten. Weil die Christenregel lautet „Tue das Gute!", bringt sie uns mit der Obrigkeit in keinen Zwist. Ihr Beruf besteht ja darin, das böse Werk zu hindern, und das, was unter den Menschen recht und gut ist, zu fördern. Auch mit ihrem Strafamt ist sie ein Werkzeug des göttlichen Zorns, durch das Gott das Recht verteidigt und das Böse verfolgt. Indem sie den Übeltäter faßt und ihm seine böse Tat vergilt, gibt Gott ihm zu spüren, daß er der Bosheit der Menschen widersteht. Am Amt der Obrigkeit scheitern bekanntlich unzählige Verbrecher; sie erfahren durch ihren Dienst, daß die Sünde das Verderben der Leute ist. Zu diesem Dienst ist ihr das Schwert gegeben. Sie ist mit Gewaltmitteln ausgerüstet, die in ihrer Hand nichts Unrechtes sind. Dem guten Werk dagegen bieten die Ordnungen des Staates Raum und Förderung. Darum bringen der Glaube und das Evangelium uns nicht mit ihnen in Streit; und wer das Gute tut, wird auch bei den Regierenden Anerkennung finden. Er trifft mit dem Ziel, das sie verfolgen, zusammen und erleichtert ihnen ihr Werk. Es ist allerdings möglich, daß eine Obrigkeit auch einmal ein gutes Werk, das im Dienst Gottes und seiner Wahrheit geschieht, verbietet und bestraft. Was wir dann zu tun haben, das hat Jesus uns deutlich gesagt und auch Paulus mit seinem eigenen Beispiel gezeigt. Ihn hinderte das Schwert der römischen Obrigkeit nicht, seinem Gott mit brennendem Eifer und unermüdlich am Evangelium zu dienen. Dann gilt es freilich, sein Leben nicht liebzuhaben und sich allein vor Gott zu fürchten. Aber auch dann, wenn wir das, was wir Gutes zu wirken haben, gegen den Willen einer blinden Obrigkeit ausrichten müssen, bekämpfen wir bloß ihre Verirrung, nicht auch die Obrigkeit; vielmehr anerkennen wir sie in ihrem Beruf, der ihr von Gott übertragen ist.

Dazu gehört auch die willige Entrichtung der Abgaben und Steuern. 13,6: *Denn deshalb zahlt ihr auch Steuern* (Matth. 22,21); *denn sie sind Gottes Diener und verharren dabei beständig.* Paulus verknüpft auch diese Pflicht mit den allerhöchsten Gesichtspunkten: Weil ihr heiliges Amt sie ganz in Anspruch nimmt, habt ihr ihnen dazu die Mittel darzureichen; so ermöglicht ihr ihnen ihren Gottesdienst.

Der Gedanke an den Staat lenkt seinen Blick auf die mannigfachen Verpflichtungen, in die uns der Verkehr mit den Menschen bringt. 13,7.8a: *Allen erstattet, was ihr ihnen schuldet; dem, dem ihr die Steuer schuldet, die Steuer; dem, dem ihr den Zoll schuldet, den Zoll; dem, dem ihr die Frucht schuldet, die Frucht; dem, dem ihr die Ehre schuldet, die Ehre. Bleibt niemand etwas schuldig, als daß ihr einander liebt.* Es ist nicht die Art der Liebe, sich irgendeiner Verpflichtung zu entziehen oder auch nur sie leichtfertig zu behandeln; im Gegenteil ist das erste, was sie tut, dies, daß sie alle rechtlichen Verbindlichkeiten erfüllt. Sie geht über das Recht hinaus, aber nicht dadurch, daß sie es herabmindert, sondern dadurch, daß sie es erfüllt und in ihrem eigenen Trieb mehr gibt und tut, als was die Regel des Rechts erfordert. Die Liebe ist falsch, wenn sie spricht: „Es soll Liebe gelten, also erlasse mir, was ich dir schuldig bin!" Die Liebe spricht umgekehrt: „Ich erlasse dir, was du mir schuldig bist." Sie verschiebt die Grenzen des Rechts nicht zu ihren Gunsten und zuungunsten der anderen, sondern sich selbst zur Last und den anderen zum Gewinn. Die einzige Verbindlichkeit, die im Christenleben Raum hat, die wir nicht ablösen und nie vollständig erstatten können, ist die, daß wir einander lieben. Diese Schuld ist alle Morgen neu und wird nie abbezahlt. Sie haben wir immer wieder in ihrer verpflichtenden Kraft anzuerkennen; denn die Liebe steht nie am Ziel und wird mit ihrem helfenden Dienst nie fertig; es gilt auch in dieser Hinsicht von ihr: „Sie hört nimmer auf."

13,8b-10: *Denn wer den anderen liebt, hat das Gesetz erfüllt. Denn das Gebot: Du sollst nicht ehebrechen, nicht töten, nicht stehlen, nicht begehren, und wenn es ein anderes Gebot gibt, bekommt durch dieses Wort Bestand: Du sollst deinen Nächsten lieben wie dich selbst. Die Liebe wirkt nicht Böses für den Nächsten; darum ist die Liebe die Vollendung des Gesetzes.* Alle Pflichten sind in der Liebespflicht zusammengefaßt. Durch die Liebe erhält das ganze Gesetz die Sinnerfüllung und Verwirklichung. Es fordert von uns, den Menschen lauter Wohltat zu erweisen und verwehrt uns nur die Übeltat. So ist das Gesetz die große göttliche Auslegung für den Sinn der Liebe, die Anweisung zu dem, was die Liebe will. Ihr Wesen ist, nicht übel-, sondern wohlzutun. So bringt uns der Wandel in der Liebe weder mit der menschlichen Obrigkeit noch mit dem göttlichen Gesetz in Zwiespalt, weil in ihr das ganze Gesetz erfüllt wird.

Die reinigende Kraft der Hoffnung
(13,11-14)

Paulus hat im Vorangehenden das Verhältnis der Christenheit zu den staatlichen Regenten und zum Gesetz, auf dem jede menschliche Gemeinschaft beruht, geordnet; darum spricht er jetzt von der christlichen Hoffnung. Denn der Verdacht, daß sich die Christenheit der staatlichen Ordnung widersetze, hatte seinen Grund in ihrer Hoffnung, die auf die kommende Herrschaft Gottes blickte und von dem königlichen Werk Jesu erwartete, daß es alle menschlichen Herrscher entthrone. Dieser Verdacht wurde durch das Verhalten der Judenschaft verstärkt; denn der Teil des Volkes, der die Verheißung mit starker Hoffnung ergriff, wurde von ihr immer wieder in eine leidenschaftliche Feindschaft gegen den römischen Staat hineingetrieben. Darum zeigt Paulus jetzt, welche Folgen die lebendig erfaßte Verheißung im Verhalten der Christenheit habe. 13,11.12a: *Und so halten wir es, weil wir die Zeit verstehen, daß die Stunde schon da ist, daß wir aus dem Schlaf erwachen* (1. Thess. 5,4-8). *Denn jetzt ist die Rettung näher als damals, da wir gläubig wurden. Die Nacht ist vorgerückt; der Tag naht.* Den stumpfen Leichtsinn, der über dem Getändel mit Kleinigkeiten die großen Dinge Gottes vergißt, und die Betäubung, die die Knechtung unter die sündigen Triebe in den Menschen wirkt, nennt Paulus einen Schlaf. Das Evangelium dagegen hat uns das Auge für die Zukunft geöffnet und weckt dadurch unseren Eifer, uns für sie zu rüsten. Dies geschieht durch die Liebe, die nichts Böses tut. Der Zustand, in dem wir mit der gesamten Welt jetzt noch stehen, ist Nacht. Der Tag kommt erst! Christus bringt ihn. Wir wissen, daß er mit seinem hellen Licht anbrechen wird, und danach verlangen wir. Wie warm und dringend war doch das Hoffen des Apostels! Er zählt die Jahre und freut sich, daß seit dem Anfang der Christenheit einige Jahre verstrichen, einige Stunden der langen, dunklen Nacht dahingegangen sind und das Ziel nähergerückt ist. Solches Hoffen hat durchdringende Kraft. 13,12b: *Darum wollen wir die Werke der Finsternis ablegen, aber die Waffen des Lichts anziehen.* Wenn wir nach dem Licht jenes Tages streben, das unser ganzes Wesen offenbar machen wird, so verliert vieles für uns den Reiz. Wir sind zur Scheidung von den Werken der Finsternis getrieben, die nur im Dunkeln verübt und genossen werden können, deren Bösartigkeit das Licht sofort offenbart.

Es verhält sich mit dem Licht wie mit allen Gaben Jesu. Der volle Tag gehört noch der Zukunft an, und doch ist uns schon jetzt das Licht nicht fern; denn es ist uns in dem nahegekommen, der es uns einst auch in seiner Fülle bringen wird. Wir können uns ihm öffnen und es anziehen als unsere Rüstung und Waffe; denn es gilt für uns einen Kampf, damit wir mitten in der Dunkelheit, die uns umgibt, unseren Stand behaupten und dem Licht auch um uns her Bahn machen. Dazu reicht uns aber das Licht selbst Wehr und Waffe dar in der siegreichen Kraft der Wahrheit, die in uns selbst und in den anderen den Werken der Finsternis überlegen ist. Wie anders schließt der Brief, als er beginnt! Er fängt mit dem Menschen an, der die Wahrheit kennt, aber durch Unrecht in sich unterdrückt und dadurch sich selbst zerrüttet; er schließt mit dem Menschen, der das Licht in sich aufnimmt und es als Waffe braucht, mit der er die Finsternis in sich und den anderen überwindet.

13,13: *Wir wollen, wie es am Tag geschieht, sittsam wandeln, nicht mit Schmaus und Trunk, nicht mit sinnlicher Lust und Ausschweifung, nicht mit Zank und Eifersucht.* Treten wir in das Licht, so fallen drei Dinge weg, die im menschlichen Leben unendlich viel bedeuten und verschulden: die Schmauserei und der viele Wein, die beide nicht nur, wenn sie in tierischer Gier genossen werden, sondern ebenso kräftig in den verfeinerten Formen die sinnlichen und niedrigen Triebe erregen und das Göttliche in uns schädigen; weiter die Pflege derjenigen Lust, die aus dem geschlechtlichen Trieb entsteht und leicht die Grenzen der Sittsamkeit überspringt; endlich der Hader mit seiner inwendigen Wurzel, dem selbstsüchtigen Verlangen, das unsere Ehre, unser Recht und unser Glück so zu steigern sucht, daß wir mehr davon besitzen als die anderen. Jedermann kann ermessen, wie groß die Wandlung ist, wenn diese drei Mächte aus unserem Leben ausgeschieden werden. Dergleichen scheut das Licht und kann sich nicht am Tag entfalten. Das ist nicht Jesu Art. 13,14: *sondern zieht den Herrn Jesus Christus an* (Gal. 3,27), *und für das Fleisch sorgt nicht so, daß daraus Begierden entstehen.*

Weil Paulus vom Licht und vom Tag sprach, heißt er Jesus das Gewand, mit dem wir uns bekleiden sollen. Wer in das Licht zu treten hat, aus der verhüllenden Dunkelheit heraus, bedarf eines Gewands; dieses Kleid, das uns zur Bedeckung und zum Schmuck wird, in dem wir auch im Licht des göttlichen Reichs leben und bestehen können, ist Christus. Nicht als ob er uns bloß äußerlich deckte und innerlich der Bosheit überließe; so würde er uns nicht wahrhaft kleiden, weil das Licht auch das Innere offenbar macht. Dadurch, daß uns Christus von Grund aus erneuert und in sein Bild gestaltet, wird er für uns das wahrhaftige Gewand.

Dem himmlischen Kleid stellt Paulus das irdische Gewand gegenüber, in das wir noch gehüllt sind, unser Fleisch. Wir stehen zwischen zwei Mächten, die uns beide ihr Gepräge aufdrücken. Christus ist uns nahe und will uns zu seinem Abbild machen, so daß er als unser Gewand unsere Art unter seiner Art verschwinden läßt. Von außen hüllt uns das Fleisch ein und gibt unserem Leben seinen Charakter. Wir haben uns Christus zuzuwenden; dann geben wir dem Fleisch, was ihm gebührt, nicht zu viel und nicht zu wenig. Auch für dieses Kleid haben wir in der rechten Weise zu sorgen; der Apostel mahnt zur Achtsamkeit, daß wir nicht eben durch unsere Pflege des Leibes in ihm gefährliche Begierden erwecken. Dem Leib schulden wir gleichzeitig zweierlei: Schonung, die ihm alles gibt, was er bedarf, und Zucht, die ihn nicht schont, eine Pflege, die sorgsam auf ihn Rücksicht nimmt, und den Ernst, der ihm alles versagt, was seine sündigen Begehrungen verstärkt. Beides ins richtige Gleichgewicht zu setzen und jedes an seinem Ort in seinem Maß zu betätigen, das ist die Aufgabe der erneuerten Vernunft, die das Gute und Vollkommene sieht und ergreift.

Der Friede zwischen den Schwachen und den Starken

(14,1-23)

Aus dem inneren Leben der Gemeinde hat Paulus noch einen Vorgang einer besonderen Besprechung wert gehalten: Er wehrt dem Zank und spricht zum Frieden. Das ist die Klippe, die unserer christlichen Gemeinschaft beständig droht. In einer Gemeinde wie der römischen waren die verschiedenartigsten Menschen beisammen: Juden, Orientalen, Ägypter, Griechen, Römer, je aus den verschiedensten Ständen; sie alle bildeten eine fest verbundene Gemeinde. Darum war auch die fromme Sitte, in der sie sich als Christen bewegten, mannigfach. Manchem Juden war der Fluch des Gesetzes gegen jeden, der sich am Götterdienst beteiligte, tief in die Seele geprägt. Wie konnte er aber das den Göttern Geopferte auf dem römischen Boden in anderer Weise gänzlich vermeiden als dadurch, daß er nur Pflanzenkost aß und auf den Wein ganz verzichtete, weil er bei dem Fleisch und bei dem Wein immer fürchten mußte, daß Teile davon einem Gott geweiht worden waren. Hatte doch auch der Beschluß der Apostel in Jerusalem die Mitgliedschaft in der Kirche daran gebunden, daß das den Göttern Geopferte gemieden werde. Neben dieser strengen Gewissenhaftigkeit stand aber in derselben Gemeinde die völlige Freiheit, die in den natürlichen Gaben nichts Unreines sah. Über solche Verschiedenheiten in der Sitte hinweg die Gemeinschaft herzustellen, war ein großes Unternehmen.

14,1.2: *Den, der am Glauben schwach ist, nehmt auf* (1. Thess. 5,14), *ohne die ihn bewegenden Gründe zu untersuchen. Der eine glaubt, er dürfe alles essen; der Schwache dagegen ißt Kräuter.* Wollten sie in der Gemeinde die Gründe erörtern, die die einen zum Verzicht auf das Fleisch, die anderen zu dem von allen Bedenken befreiten Gebrauch der Nahrungsmittel führten, so gab dies leicht eine nicht endende Erörterung, bei der die Gefahr dringend war, daß die Gemeinschaft unheilbar zerbreche. An der Frage, ob diese alttestamentliche Satzung auch noch die Christenheit verpflichte, ob hinter dem griechischen Kultus finstere Mächte stehen, ob der Genuß des ihnen geweihten Fleisches wirklich die Gemeinschaft mit Christus gefährde, konnte heißer Streit entstehen. Paulus verbietet darum sofort dieses Verfahren; er hat, was er der Gemeinde verbot, auch selber nicht getan und die gegeneinanderstehenden Überzeugungen nicht nach ihren Gründen geprüft. Einzig darauf richtete er die ganze Kraft seines Worts, daß jeder aus seinem Standpunkt die richtige Folge ziehe und sein Verhalten so ordne, daß es ihn nicht von der Gemeinschaft trennt, sondern in ihr erhält.

Schwierig war die Lage in Rom deshalb, weil die dort vorhandene Verschiedenheit in einem verschiedenen Maß des Glaubens wurzelte. Paulus sprach hier nicht nur von verschiedenen Anschauungen, von verschieden bemessener Erkenntnis und Bildung. So schwer es oft der Kirche wurde und wird, über die Unterschiede in der Erkenntnis hinweg die Eintracht herzustellen – für Paulus und seine Schar entstanden die Nöte nicht schon aus dem verschiedenen Maß des Wissens. Sie wagten sich an die größere Aufgabe, nicht nur die kleine und die große Erkenntnis, sondern den schwachen und starken Glauben in der Gemeinde einträchtig beieinanderzuhalten.

Auch denen, die nur Gemüse aßen, schreibt Paulus Glauben zu; denn deshalb, weil sie für Gott geheiligt und das Eigentum des Christus sind, kam nichts den Götzen Geweihtes in ihren Mund. Ebenso nennt Paulus die Freiheit der Freien die Frucht ihres Glaubens. Weil sie durch ihren Glauben im Christus leben, bewegen sie sich in der heidnischen Welt ohne Furcht und wissen sich von den alten Göttern gänzlich frei.

Von den Entsagenden sagt er, sie seien in der Weise, wie sie glauben, schwach; ihrem Glauben fehle die Kraft. Er erklärt den Gegensatz zwischen den beiden Gruppen nicht für bedeutungslos. Mit dieser oft versuchten, aber falschen Weise, den Frieden zu erhalten, hätte er beiden Gruppen unrecht getan. Beide ließen sich von ihrer Überzeugung leiten, wie sie Gott dienen und ihre Seligkeit schaffen. Die Entsagenden nennt Paulus am Glauben schwach, weil sie ihren Anteil an Gott durch Dinge für gefährdet halten, die ihnen keine Gefahr bringen. Wäre ihnen die Allgenugsamkeit der Gnade Jesu in ihrer Größe deutlich, dann fiele alle Angst vor dem Götzenopfer von ihnen ab. Paulus, der „Faustschläge eines Satansengels" litt in der Überzeugung: „Für mich ist es genug, daß der Christus mir gnädig ist" (2. Kor. 12,7.9), konnte denen, die beständig auf der Flucht vor dem Götzenopfer waren, nicht einen unverkürzten, ganzen Glauben zuschreiben.

Die Mehrzahl der Gemeinde und ihre führenden Männer teilten den Glaubensstand des Paulus. Nicht die Freien mußten fürchten, daß ihnen die Gemeinschaft versagt wurde. Paulus spricht für die Schwachen, damit ihnen ihr Bürgerrecht in der Gemeinde unverkürzt erhalten bleibe; denn die Gemeinde ist nicht nur für die Starken, sondern auch für die Schwachen da.

14,3: *Wer ißt, verachte den nicht, der nicht ißt, und wer nicht ißt, richte den nicht, der ißt* (Matth. 7,1; Jak. 4,11.12); *denn Gott nahm ihn an.* Dem Starken liegt es nahe, den Schwachen zu verachten. Er steht im Bewußtsein seines Rechts und seiner Kraft und sieht in der

Ängstlichkeit und Unfreiheit des anderen den Mangel des Glaubens. Der Schwache verteidigt sich dagegen dadurch, daß er den Starken richtet. Was ihm für sich selbst als gefährlich und sündig erscheint, gilt ihm auch an diesem für verdächtig; er verurteilt dessen Freiheit als sündige Ungebundenheit. Aber weder jene Verachtung noch diese Verurteilung verträgt sich mit christlicher Haltung; mit beidem überhebt sich der Mensch gegen den Herrn.

14,4: *Wer bist du, der du einen fremden Diener richtest? Für seinen eigenen Herrn steht oder fällt er. Er wird aber stehen bleiben; denn der Herr vermag zu schaffen, daß er steht.* Das Gericht über den Glaubensstand des anderen ist eine Anmaßung, womit wir an uns reißen, was uns nicht gebührt; wir richten damit einen fremden Diener, der nicht uns, sondern einem anderen Herrn gehört und darum nicht uns, sondern nur dem eigenen Herrn verantwortlich ist. Wie wir für uns selbst die Leitung Jesu im Geist suchen und glauben, so müssen wir für die anderen, die sich glaubend unter Christus stellen, festhalten, daß sie ebensogut wie wir selbst von ihm geleitet werden und unter seiner Obhut stehen, seien sie schwach oder stark, uns ähnlich oder nicht. Aber unser verkehrtes Herz will stets den anderen nicht geben, was es für sich in Anspruch nimmt. Wir freuen uns, daß wir im Christus unseren Herrn haben und keinem Menschen unterworfen sind; dabei sind wir im Glauben getrost, daß uns unter seiner Führung nichts mangeln wird, da wir durch ihn auf ebener Straße geleitet sind. Für die anderen aber gilt uns oft die Regierung des Christus nichts. Sie gelten uns nicht als seine Knechte; wir wollen sie unserem Urteil unterwerfen, nach unserer Regel meistern und nach unserem eigenen Bilde formen. Es mag ja sein, daß sie fallen. Aber was für sie Fall und Verschuldung ist, das können wir nicht bemessen, sondern einzig ihr Herr. Er allein weiß, was er ihnen gegeben und aufgetragen hat und ob ihr Weg seinem Willen entspricht. Unsere Besorgnis um die anderen hat oft eine ungläubige Wurzel. Wir meinen, die Schwachheit oder die Freiheit der anderen bringe sie zu Fall. Warum trauen wir ihrem Herrn nicht zu, daß er sie aufrechtzuhalten vermag?

14,5.6: *Der eine schätzt einen Tag mehr als den anderen, der andere schätzt jeden Tag. Jeder sei in seinem eigenen Gedanken gewiß. Wer auf den Tag achtet, achtet auf ihn für den Herrn, und wer ißt, ißt für den Herrn; denn er dankt Gott. Und wer nicht ißt, ißt für den Herrn nicht und dankt Gott* (1. Tim. 4,4.5). Noch an einer anderen Stelle entstand in der christlichen Sitte in Rom ein tiefer Unterschied. Für Paulus gab es keine Verschiedenheit zwischen den Tagen; er kannte nicht heiligere und weniger heilige Tage. Sein Gottesdienst umfaßte mit derselben Vollständigkeit jeden Tag. War aber nicht diese Aussonderung bestimmter Tage sowohl für die Pflege der Gemeinschaft als für das innere Leben der einzelnen unentbehrlich und von größter Fruchtbarkeit? Schwerlich sprach man in Rom von der Einführung des Sabbats. Dieser stand im jüdischen Teil der Christenheit überall in unbestrittener Geltung; die Ausdehnung der Sabbatfeier auf die ganze Kirche hätte Paulus als Rückfall ins Gesetz entschlossen abgewehrt. Hier ist von solchen Tagen die Rede, die jeder, auch der christliche Grieche, ohne Verletzung des Glaubens feiern konnte. Wir finden auch in der von Paulus gesammelten Kirche bald nach seinem Tod den Sonntag (Offenb. 1,10); es wäre nicht verwunderlich, wenn es schon damals in Rom Männer gegeben hätte, die sich für die Feier des Sonntags einsetzten. Über diesen Unterschied urteilte Paulus anders als über die Verschiedenheit in der Nahrung. Bei den Entsagenden sprach er von schwachem Glauben; dagegen hat er die beiden Gruppen, die die Tage verschieden werteten, einfach nebeneinandergesetzt, und der Fortgang der Ermahnung zeigt, daß die Gefahr für die Eintracht der Gemeinde nicht aus der Feier gewisser Tage, sondern aus dem Protest gegen das Fleisch und den Wein entstand. Die Eintracht der Gemeinde trotz solcher Verschiedenheiten beruht darauf, daß alles, was wir tun, ob wir fasten oder essen, feiern oder nicht feiern, recht und heilsam für uns sein kann. Nur müssen wir es mit einer festen, entschlossenen Überzeugung tun. Unselig und verderblich ist das Schwanken unserer Seele, wenn wir tun, was wir doch verwerfen, unterlassen, was wir doch als gut erkennen, und so mit uns selbst im Streit sind. Sehen wir deutlich, was der unserer Kraft angemessene Weg und die für unsere Lage heilsame Sitte sind, so brauchen wir weder im Gedanken an uns selbst uns ängstlich zu sorgen noch auf die Meinung anderer zu horchen und durch ihre Weise uns stören zu lassen. Wenn nur das eine, was die Grundregel des ganzen Christenstandes ausmacht, zutrifft, daß die Liebe zum Herrn uns bei unserem Verhalten leitet, daß wir also ihn damit ehren und allein auf seinen Willen bedacht sind! Auch der Blick der Fastenden und Feiernden war auf den Herrn gerichtet; in seiner Gemeinschaft wollten sie sich durch ihr Fasten und Feiern erhalten und seinem Willen damit gehorsam sein. Das schützte auch ihren Gottesdienst vor Geringschätzung; denn hierin waren sie mit den Starken eins. Das Zeichen, daß jeder bei seinem Gottesdienst die Verbindung mit dem Herrn bewahrt, liegt im Dank, zu dem er ihm den Antrieb gibt. Wenn der Entsagende mit seiner Enthaltung nicht sich selbst verherrlicht, sondern in ihr eine Scheidewand gegen Sünde, Fleisch und Welt erkennt, und Gott dafür herzlich dankbar ist, wenn der Feiernde mit seinen Feiertagen nicht prahlt, wenn sie ihm eine nach oben leitende Weckstimme sind, für die er Gott dankt, dann tun beide es dem Herrn. So ist auch jeder Gebrauch der Welt dadurch als rein und im Glauben gegründet erwiesen, daß wir darin eine Gabe Gottes erkennen, für die wir danken. Alles, wofür wir nicht aufrichtig danken können, ist uns damit verwehrt. Das, wofür wir Gott danken, reißt uns nicht von ihm los, sondern verbindet uns fester und inniger mit ihm; denn solange wir danken, bleibt unsere Grundstellung vor Gott richtig: als die Empfangenden stellen wir uns unter Gottes Güte, als solche, die von all dem leben, was er uns gibt.

Das Entscheidende ist, daß wir die allgemeine Christenregel bewahren, die allen ohne Unterschied gilt, seien sie schwach oder stark. 14,7.8: *Denn keiner von uns lebt für sich selbst, und keiner stirbt für sich selbst; denn leben wir, so leben wir für den Herrn, und sterben wir, so sterben wir für den Herrn. Darum sind wir, wenn wir leben und wenn wir sterben, des Herrn.* Keiner sucht den Zweck seines Lebens bei sich selbst und verdirbt seine Liebe dadurch, daß er sie sich selber gibt; jeder braucht sein Leben mit allem, was er tut, völlig für den Herrn. Wer nicht den Bruch und Tod des selbstsüchtigen Willens in sich trägt, der ist nicht mehr nur schwach am Glauben, sondern weiß nicht, was glauben heißt. Er mag getauft sein; aber er hat nicht ergriffen, was ihm seine Taufe vorhält; sie wollte ihn mit Jesus zusammenschließen, der ihn um einen teuern Preis, nämlich durch seinen Tod und seine Auferstehung, zu seinem Eigentum erworben hat. Ein solcher ist der Sünde nicht gestorben; ob er die

Welt genießt oder ihr entsagt, beides ist gleicherweise sündig, weil er mit beidem nur sich selber sucht; ihn zählte Paulus nicht zur Christenheit. Daß wir dem Herrn gehören, das erst macht unseren freien Gebrauch der Welt rein, das erst macht auch alle Verleugnung der Welt rein; so kommt in unseren Genuß der Natur die klare, feste Bindung und in unsere Entsagung die Zuversicht, Freudigkeit und Freiheit hinein. So liegt hierin die Regel, die uns zeigt, was in der Kirche Jesu berechtigt ist: Alles, was für den Herrn geschieht und im Dank zu seinem Preise dient, hat in der Gemeinde Raum; was aber nicht für den Herrn geschieht, womit der Mensch sich selber sucht, das hat in ihr kein Recht. Aber ob wir auch alle Eigentum des Herrn sind und deshalb für ihn leben, kann sich doch unser Lebenslauf sehr verschieden gestalten, und Paulus nennt gleich den stärksten Unterschied: leben oder sterben! Ob wir leben, ob wir sterben, damit ändert sich unser Verhältnis zu Jesus nicht. Auch wenn wir sterben, sterben wir für ihn; denn wir beugen uns sterbend gehorsam unter seinen Willen, der unserem Leben das Ende setzt, und trauen seiner Verheißung, die seine Gemeinschaft mit uns zum Grund des Lebens für uns macht. Wir bleiben somit, was immer auch unser Schicksal sei, sein Eigentum und in seinem Dienst. Wird aber unwichtig, ob wir leben oder tot sind, so hat es noch viel weniger Bedeutung, ob wir Fleisch essen oder nicht und Feiertage halten oder nicht. Wenn uns aber solche Unterschiede von ihm nicht trennen, wie sollten sie uns voneinander scheiden? Die Wege sind verschieden, doch das Ziel ist dasselbe: Wir leben ihm.

14,9: *Denn dazu ist Christus gestorben und lebendig geworden, daß er über Tote und Lebende Herr sei.* Die Ruhe, mit der Paulus auf das Sterben sieht, begründet er dadurch, daß Jesus selbst den Tod erlitt, und die Gewißheit, mit der er sich das Leben aneignet, dadurch, daß Jesus selbst die ewige Lebendigkeit empfangen hat. Jesus gewann aus dem Ausgang seines irdischen Wirkens die königliche Macht, durch die er die Lebenden und die Toten als sein Eigentum mit sich vereint.

14,10-12: *Du aber, warum richtest du deinen Bruder? Oder du, warum verachtest du deinen Bruder? Denn wir werden alle vor dem Richterstuhl Gottes stehen* (2. Kor. 5,10); *denn es ist geschrieben: So gewiß ich lebe, spricht der Herr, mir wird sich jedes Knie beugen und jede Zunge Gott preisen* (Jes. 45,23; Phil. 2,10.11). *Also wird jeder von uns für sich selbst Gott Rechenschaft geben* (Gal. 6,5). Da wir für den Herrn leben, sehen wir auf ihn als auf unseren Richter, dessen Urteil über uns entscheidet. Ermessen wir, daß Jesus durch Tod und Auferstehung der Herr über Tote und Lebende geworden ist, so blicken wir auch auf den Sieg Gottes hinaus: Jedes Knie wird sich vor ihm beugen. Da lassen wir es, die anderen zu meistern und zu richten. Wer selbst dem Gericht Gottes entgegengeht, richtet seinen Blick auf sich selbst und sorgt, daß er seiner eigenen Pflicht genüge; er hat an der eigenen Verantwortlichkeit genug zu tragen. Wir aber lassen es im Blick auf die anderen am Glauben fehlen, als müßten sie auf ihrem Weg notwendig fallen, und im Blick auf uns selbst an der Furcht, als wäre es nicht eine große Sache, daß Gott an jedem das Recht vollstrecken wird. So sind wir alle nicht Menschen, sondern Gott verantwortlich; jeder wird ihm für das, was er tut, Rechenschaft zu geben haben.

14,13.14: *Darum wollen wir nicht mehr einander richten; sondern richtet vielmehr das, daß dem Bruder kein Anstoß oder Ärgernis gegeben werde. Ich weiß und bin im Herrn Jesus gewiß, daß nichts durch sich selbst gemein ist* (Matth. 15,11; Tit. 1,15; 1. Tim. 4,4); *nur für den, der urteilt, sei etwas gemein, ist es gemein.* Paulus heißt zunächst die Starken und Schwachen nebeneinander ihre Wege gehen, ohne daß sie einander stören. Allein damit ist ihre Aufgabe noch nicht erschöpft. Sie sind zu einer Gemeinde verbunden und können darum einander nicht gleichgültig sein; sie haben vielmehr beständig aufeinander achtzugeben und Rücksicht zu nehmen, aber so, wie es die Liebe tut. Der Starke ist für den Schwachen unwillkürlich und unvermeidlich eine Gefahr, da er ihm zum Anstoß werden kann, an dem er fällt. Unser Handeln ist sündig, sei es, wie es sei, wenn es nicht auf fester, innerer Überzeugung ruht. Tue ich, was ich innerlich mißbillige, so handle ich gewissenlos, und das bleibt Sünde, selbst dann, wenn mein Urteil in unnötiger Ängstlichkeit befangen ist. Es liegt darin eine Geringschätzung der Sünde, die Gottes spottet. Der Schwache hält zwar für gemein, was in sich selbst nicht gemein ist, für schädlich, was nicht schädlich, für nötig, was nicht nötig ist. Er greift in seinem Urteil fehl und bereitet sich dadurch die Schwachheit, die auch sein Glaube nicht zu überwinden vermag.

Solange er aber dies oder jenes für unrein und befleckend hält, solange ist es für ihn unrein und darum ihm versagt. Er muß die Hand von allem lassen, was ihm als gemein gilt. Sein Urteil ist nicht für die anderen, aber für ihn selbst das Gesetz, an das er sich zu halten hat. Aber nun reizt und zieht uns auch das Beispiel der anderen mit großer Gewalt. Wir wollen hinter ihnen, ihrer Freiheit und Kraft, nicht zurückbleiben; wir wollen nicht schwach, sondern auch stark scheinen. So reißen die Schwachen sich von ihrem eigenen Gewissen los und laufen den Starken nach, zweifeln und essen doch, handeln und verdammen sich selbst dabei und kommen damit zu Fall. Das ist die Gefahr, in die die Starken die Schwachen bringen, und der Apostel ermahnt die Starken mit dringendem Ernst, daß sie sie bedenken und sie nach Kräften vermeiden.

Dazu häuft Paulus die dringlichen Beweggründe. 14,15.16: *Denn wenn dein Bruder wegen einer Speise betrübt wird, wandelst du nicht mehr nach der Liebe. Verdirb den nicht durch deine Speise, für den Christus starb* (1. Kor. 8,11). *Darum laßt euer Gutes nicht verlästert werden* (1. Kor. 10,30). Das ist nicht Liebe, die mit einer so geringfügigen Sache, wie es eine Speise ist, den Bruder verletzt. So beginnen wir, die wir im Glauben stark sind, einen offenkundigen Streit gegen Christus. Er starb für den Schwachen, und wir verderben ihn. Denn ein Verderben ist es für ihn, wenn wir mit unseren Mahnungen und unserem Beispiel ihn zu etwas treiben, wozu er innerlich nicht fähig und ermächtigt ist. So wird unser Gutes verlästert. Die Freiheit, die wir im Glauben haben, ist gut und recht; denn sie wurzelt in der Erkenntnis, daß alles, was Gott gemacht hat, rein ist. Wenn wir aber mit unserer Freiheit anderen den Fall bereiten, dann wird sie zur Sünde und als solche verlästert. Soviel an uns liegt, haben wir zu vermeiden, daß das Gute als böse, das Heilige als lästerlich erscheine. Und wie geringfügig sind diese Fragen! 14,17.18: *Denn Gottes Herrschaft ist nicht Essen und Trinken, sondern Gerechtigkeit und Friede und Freude im heiligen Geist. Denn wer darin Christus dient, ist Gott wohlgefällig und bewährt für die Menschen.* Nicht darin zeigt sich, daß Gott in seiner königlichen Herrlichkeit für uns wirkt, daß wir dies oder jenes essen dürfen, sondern darin, daß er uns Gerechtigkeit gibt, weil wir mit seinem Willen eins geworden sind, und darin, daß er uns mit sich und miteinander im Frieden vereint, und darin, daß er Sorge und Schmerz von uns nimmt und uns mit Freude erfüllt. Wir empfangen dies alles dadurch, daß er seinen Geist in uns wirksam macht und uns zu Christus führt, so daß wir als seine Knechte ihm gehören und für ihn leben. Das ist es, was wir bewahren müssen; an ihnen haftet sowohl Gottes Wohlgefallen als die Anerkennung und das Lob der Menschen.

Darum können wir Fleisch und Wein leicht verschmerzen, wenn dem Bruder mit solchem Verzicht Versündigung erspart bleibt. 14,19-21: *Darum wollen wir nach dem streben, was zum Frieden dient* (Hebr. 12,14; Ps. 34,15) *und zum Aufbau der einen durch die anderen. Zerstöre nicht einer Speise wegen Gottes Werk. Alles ist zwar rein; aber schlimm ist es für den Menschen, der es mit Anstoß ißt. Gut ist es, kein Fleisch zu essen und keinen Wein zu trinken, nichts, woran sich dein Bruder stößt* (1. Kor. 8,13). Nicht Bearbeitung und Bestürmung der Schwachen, nein, das Gegenteil davon, die vorsichtigste Zurückhaltung und schonendste Sorgfalt, ist die Pflicht der Starken. Sie haben die Schwachen mit hingebender Aufopferung zu behüten, daß sie sich nicht zu etwas fortreißen lassen, wozu sie nicht reif sind, und nicht um ihres Beispiels willen nach einer Freiheit greifen, zu der ihnen das Vermögen fehlt. 14,22.23: *Habe du den Glauben, den du hast, bei dir selbst vor Gott. Selig ist der, der nicht sich selber in dem, was er wertschätzt, richtet. Wer aber mit sich im Streit ist, wenn er ißt, ist verurteilt, weil es nicht aus Glauben geschieht. Alles aber, was nicht aus Glauben geschieht, ist Sünde.* Der Vorschrift des Paulus tritt ein scheinbar unüberwindlicher Einwand entgegen: Wer kann darauf verzichten, sich so zu verhalten, wie es seinem Glauben entspricht? Folgt nicht dem Glauben, wenn er redlich ist, die Tat mit Notwendigkeit? Somit muß der Freie seine Freiheit sichtbar machen, da sie ja aus seinem Glauben erwächst, auch wenn der Schwache dadurch in Gefahr gerät. Paulus erwidert: Den Menschen brauchst du deinen Glauben nicht zu zeigen; denn er stellt dich vor Gott; er ist Blick auf Gott, Aneignung des göttlichen Worts, Anschluß an das göttliche Werk und gibt dir den Anteil an Gottes Gaben. Unser Glaube verliert, wenn wir ihn zum Schutz der anderen verbergen, seinen Einfluß auf unser Handeln nicht; denn unser Handeln gehorcht der Liebe, und die Liebe ist das Mittel, durch das der Glaube zum Wirken kommt.

Richtig ist unser Handeln in jedem Fall, seien wir schwach oder stark, nur dann, wenn wir nicht aus dem Glauben herausfallen in das zerspaltene Wesen, bei dem der Mensch sich selbst anklagt und selbst verdammen muß. Er soll der Wahrheit untertan bleiben, so wie sie in ihm leuchtet und zu ihm spricht. Mag es tausendmal erlaubt und unschädlich sein; unser Verhalten muß im Glauben begründet und von ihm geleitet sein; sonst ist es Sünde. Wir müssen zu unserer Tat innerlich ermächtigt sein, müssen wissen, daß Gott uns diesen Weg geöffnet hat, daß wir ihn mit Gott betreten und Gott bei unserem Tun für und bei uns haben. Das ist die Grundregel, auf die wir für uns selbst wie für die anderen zu achten haben. Wie wir selbst nicht über unseren Glauben hinausschreiten dürfen, so dürfen wir auch die anderen nicht über ihren Glauben hinauslocken. Wie sollte da nicht Friede in der Gemeinde regieren, wenn sich der Starke selbst zum Hüter und Pfleger der Schwachen macht? Niemand hat je so hoch und herrlich erfaßt wie Paulus, was Freiheit ist, ihr Recht, aber auch ihre Gefahr, ihren Wert für uns selbst, aber auch ihre Unentbehrlichkeit für die anderen.

Wie Einigkeit in die Gemeinde kommt

(15,1-13)

15,1-3: *Wir, die Starken, sind aber verpflichtet, die Gebrechen der Kraftlosen zu tragen und nicht danach zu streben, daß wir uns selbst wohlgefallen. Jeder von uns suche, dem Nächsten wohlzugefallen im Guten zum Aufbau. Denn auch Christus wollte nicht sich selber wohlgefallen, sondern wie geschrieben ist: Die Schmähungen derer, die dich schmähen, fielen auf mich* (Ps. 69,10). Wem Kraft gegeben ist, dem ist Pflicht geschenkt. Denn er hat seine Stärke nicht einzig für sich selbst empfangen, weil keiner von uns für sich selber lebt. Für den Blick des Paulus war die Christenheit eine wandernde Schar; ihr Ziel liegt vor ihr; ihm geht sie entgegen. Jeder der Wandernden trägt eine Last; die Bürde der Schwachen sind ihre Gebrechen, die hemmende Enge ihres Sehfelds, die Risse in ihrem Wollen, die nicht abzubrechenden Schranken ihres Vermögens. Sie gehören aber mit zur wandernden Schar und sollen es genießen, daß an ihrer Seite Starke schreiten, die ihre Gebrechen tragen. Sie dulden sie nicht nur, decken sie nicht nur mit freundlicher Nachsicht zu; sie stützen und stärken und machen die Gemeinschaft wirksam, in der der Starke für den Schwachen denkt und handelt und ihm seinen Weg gangbar macht, so daß er in der Reihe der Wandernden bleibt.

Das hat eine ins innerste Leben hineingreifende Voraussetzung, den Verzicht auf das Bemühen, sich selbst zu gefallen. Das ist die letzte, zäheste Form der Eigensucht; sie kann uns auch dann noch reizen, wenn das nach außen greifende Verlangen nach Macht und nach Ehre bei den Menschen überwunden ist. Vor uns selbst möchten wir doch als vor einem in hellem Glanz strahlenden Bild bewundernd stehen. Dieser Wunsch treibt uns zur Entfaltung der eigenen Kraft und führt uns darum von den Schwachen weg. Aber es ist, wenn die christliche Gemeinschaft zustandekommen soll, notwendig, daß wir nicht den eigenen Wunsch befriedigen, nicht uns selbst ins Licht stellen wollen. Gefällt sich der Schwache in seinem Fasten und Feiern selbst, dann vertritt er dem Freien den Weg und schilt ihn. Um sein Wohlgefallen an sich selbst zu steigern, erniedrigt er den, der es anders hält. Und wenn sich der Starke in seiner Kraft und Freiheit wohlgefällt, übt er Gewalt und erhöht sich dadurch, daß er den Schwachen erniedrigt und erdrückt. Nicht wir selbst, sondern die anderen sollen durch unsere Arbeit erfreut und gefördert sein. Dazu gehört freilich eine beschränkende Regel, die Paulus nie vergißt, damit aller schwächliche, im Grunde eigensüchtige Menschendienst ausgeschlossen sei, bei dem Gottes Wahrheit verleugnet und das Böse nicht minder gepflegt wird als das Gute (vgl. 12,9): Wir sollen den anderen gefallen nicht durch Nachgiebigkeit gegen ihre verkehrten Wünsche, sondern im Guten, damit durch die Festigung des einzelnen im Guten der Bau der Gemeinde gefördert werde. Christus zeigt dabei den Weg. Für Paulus glänzt das Kreuz Jesu immer wieder in neuem Licht. Er zeigte uns daran die Liebe, die auch den Feind Gottes, auch den Gottlosen mit sich eint (5,6), und den Gehorsam, der den eigenen Willen völlig Gott untergibt (5,19). Hier zeigt er am Gekreuzigten die vollendete Selbstlosigkeit, die Freiheit von jedem selbstgefälligen Blick auf sich selbst, den Verzicht auf alles, was scheint und glänzt und ihn verherrlicht. Dadurch führt Jesu Kreuz die Seinen in den Frieden nicht nur mit Gott, sondern auch miteinander und bereitet ihnen die Gemeinschaft, die sich durch den Austausch der Kräfte zum Guten aufbaut.

Über das Kreuz Jesu stellt Paulus das Psalmwort, das Jesus den ihm geltenden Willen Gottes gedeutet hat. Es sagt ihm, daß er sich dem Zorn derer, die sich Gott widersetzen, nicht entziehen dürfe, sondern ihre Schmähungen tragen müsse. Indem er diesem Schriftwort folgt und sich die Schmach wohlgefallen ließ bis hinab zum Kreuze, machte er vor Gott und den Menschen seine von jeder Eigensucht freie, reine Liebe kund.

15,4: *Denn was vorher geschrieben wurde, wurde zu unserer Belehrung geschrieben, damit wir durch die Standhaftigkeit und durch den Trost, den die geschriebenen Worte uns geben, die Hoffnung besitzen.* Das Psalmwort hat nicht bloß Christus den Weg zur Selbstverleugnung als den Gott wohlgefälligen und von ihm geordneten gewiesen; es zeigt auch uns unsere Pflicht. Auch wir haben uns darunter zu stellen und uns von ihm sagen zu lassen, daß wir uns nicht eine glänzende, großartige Figur geben dürfen, sondern willig sein müssen, Sündern zu dienen, die uns schmähen. Wenn sich aber die Gemeinde um Jesu Kreuz schart und aus ihm die Regel für ihre Gemeinschaft schöpft, unternimmt sie ein großes Werk. Sie braucht dazu Hoffnung, die ihr über dem Kreuz Gottes Herrlichkeit zeigt, braucht Lehre, die ihr den Weg zum Ziel deutlich beschreibt, braucht Tragkraft, die den Druck standhaft auf sich nimmt, und Trost, der die Pein der Gegenwart versüßt. All dies, was sie bedarf, gibt ihr die Schrift. Sie ist die göttliche Gabe, die sie zur Nachfolge Jesu fähig macht.

15,5.6: *Aber der Gott der Standhaftigkeit und der Tröstung gebe euch, gemeinsam auf dasselbe bedacht zu sein nach Christus Jesus, damit ihr einträchtig mit einem Munde Gott und den Vater unseres Herrn Jesus Christus preist.* Nicht einzig die Bibel ist der Kirche gegeben; sie hat den gegenwärtigen und wirkenden Gott bei sich. Die Schrift zeigte Jesus den Kreuzesweg und leitet uns zur selbstlosen Liebe an, weil Gott der Gott der Standhaftigkeit und des uns munter machenden Trostes ist. Was Gott uns sagt, das macht uns stark, die anderen zu tragen und legt dabei durch seinen Trost die Freude in uns hinein. Dadurch wird uns die Eintracht geschenkt, und Paulus erbittet sie von Gott für die Gemeinde in Rom. Er gibt sie dadurch, daß alle in dem Wollen und Tun des Christus die Regel finden, die ihr Denken und Handeln bestimmt. Das Ziel ist die Verherrlichung Gottes: Die Gemeinde schließt sich, so mannigfach sie sich zusammensetzt, aus Starken und Schwachen, aus Juden und Heiden, einmütig in Gottes Lobpreis zusammen.

15,7-9a: *Deshalb nehmt einander auf, wie auch der Christus uns zu Gottes Preis aufgenommen hat. Denn ich sage, daß Christus ein Diener der Beschnittenen geworden sei um der Wahrheit Gottes willen, um die Verheißungen an die Väter zu bestätigen, und daß die Heiden Gott wegen des Erbarmens preisen.* Die Gemeinde bekommt für ihr Verhalten die Regel an der Gnade Jesu; er hat alle aufgenommen, die Schwachen nicht abgestoßen und weder die Juden noch die Heiden versäumt, sondern alle zu sich gezogen. Er wurde der Diener Israels und der Diener der Heiden. An Israel diente er der Wahrheit Gottes, damit die den Vätern gegebene Verheißung verwirklicht werde; an den Heiden dient er der Erbarmung Gottes; denn er ruft sie nach dem Reichtum seiner freien Gnade zu sich, weil er sich ihrer erbarmen will. So gehen in der Gemeinde die Verheißungen der Schrift in Erfüllung, die auch die Heiden zum Lob Gottes berufen und zu einträchtiger Anbetung mit Israel zusammenfassen; denn auch ihnen zeigen sie den Christus als den Retter, aus dem ihre Hoffnung entsteht. 15,9b-12: *wie geschrieben ist: Deshalb will ich dich unter Heiden preisen und deinen Namen lobsingen* (Ps. 18,50). *Und er sagt wieder: Freut euch, Heiden, mit seinem Volk!* (5. Mose 32,43.) *Und wieder: Lobt, alle Heiden, den Herrn, und alle Völker sollen ihn loben!* (Ps. 117,1.) *Und wieder sagt Jesaja: Die Wurzel Isais und der, der aufsteht, um über Heiden zu herrschen, wird vorhanden sein; um seinetwillen werden Heiden Hoffnungen haben* (Jes. 11,10). Die Erfüllung dieser Verheißung hat die römische Gemeinde vor Augen; denn Gott hat ihr die Hoffnung geschenkt, und Paulus bittet für sie, daß sie ihr reichlich zuteil werden. 15,13: *Aber der Gott der Hoffnung erfülle euch mit aller Freude und mit Frieden dadurch, daß ihr glaubt, damit ihr durch die Kraft des heiligen Geistes an der Hoffnung reich seid.* Gott ist der Gott der Hoffnung; da, wo er sich ans Werk macht, geht uns die Hoffnung mit ihrem hellen Licht auf. Darum schenkt er seiner Kirche im klaren Glauben lautere, reine Freude und tiefen, ungetrübten Frieden, woraus immer kräftiger die Hoffnung entsteht. Dies alles hat seine lebendige Wurzel, aus der es Kraft und Unvergänglichkeit gewinnt, im heiligen Geist.

Kapitel 15,14–16,27

Die persönlichen Anliegen

Schon im Eingang des Briefs hat Paulus angedeutet, was für ein Beweggrund ihn bei seinem Schreiben geleitet hat. Er spricht am Schluß des Briefs seine Hoffnung, nach Rom zu kommen, nochmals aus. 15,14: *Auch ich aber, meine Brüder, bin über euch gewiß, daß auch ihr selber von Güte seid, erfüllt mit der ganzen Erkenntnis, imstande, auch einander zu mahnen.* Er versichert den Römern auch hier, daß er nicht aus Sorge oder Mißtrauen so schreibe, als wären ihm schlimme Nachrichten über sie zugekommen; er hat vielmehr die gute Zuversicht, daß sie nicht nur eine geringe, begrenzte Güte und Erkenntnis haben, sondern mit beidem erfüllt sind. Das ergibt den rechten Christenstand, daß wir von der Güte, die das Evangelium gibt, und von der Erkenntnis Jesu nicht nur oberflächlich berührt und hier und da durch einzelne Gedanken angeregt werden, sondern daß sie unser ganzes Verhalten regieren. Paulus traut den Römern zu, daß sie sich Christus mit redlichem Gehorsam ergeben haben und darum nichts in ihrem Leben dem Einfluß des Evangeliums entziehen, sondern es in alle ihre Gedanken hineinleuchten lassen. Die ganze Erkenntnis steht dem getrübten Blick gegenüber, mit dem sie nur unvollständig erfassen würden, was Christus ist und gibt. So können sie selbst sich mahnen. Denn des belehrenden und warnenden Wortes bleiben wir stets bedürftig, so reich und voll die Erkenntnis in uns selber leben mag; wir sind ja Glieder an einem großen Leib und können nicht für uns allein gedeihen. Wie sie beieinander Mahnung suchen sollen, so kann ihnen auch Paulus durch seinen Brief einen großen Dienst leisten, sie in ihrer Erkenntnis des Christus reichlich fördern und in ihrem Glauben stärken. 15,15: *Ich schrieb euch aber zum Teil überkühn als einer, der euch Bekanntes ins Gedächtnis ruft, um der Gnade willen, die mir von Gott gegeben ist.* Den Eingriff in das Leben einer Gemeinde hat Paulus nie sorglos und leichtsinnig gewagt, sondern immer als schwer und groß empfunden. Der Blick, der uns die Lage der anderen zeigt, ist immer beschränkt, und die Wirkung unseres Worts läßt sich nicht voraussehen. Es bleibt darum ein im Glauben unternommenes Wagnis, wenn wir durch unser Wort andere bestimmen möchten. Im Römerbrief hat sich Paulus ja sein Ziel besonders hoch gesteckt. Kühn hat er allen menschlichen Ruhm vernichtet und kühn die von Gott dem Glauben gegebene Gerechtigkeit in ihrer Allgenugsamkeit gepriesen. Er hat es gewagt, Israel ohne Vorbehalt unter Gottes Gericht zu stellen, und er hat es gewagt, Israels Berufung, die Gott nicht gereut, in ihrer Unwandelbarkeit zu verherrlichen. Werden sie ihm überall folgen? Vielleicht wird es ihnen manchmal scheinen, als ob er mit Zungen rede. Er schreibt ja an solche, die ihn noch nicht kennen. Er stützt sich dabei darauf, daß sie Jesu Wort besitzen und Jesus kennen. Es kam deshalb in seinem Brief nichts vor, was ihnen noch unbekannt gewesen wäre. Paulus hält ihnen nur mit neuer Kraft und Tiefe die Wahrheit vor, die ihnen schon bekannt war. Dabei leitet ihn der Gedanke an die besondere Gnade, die ihm gegeben ist, und an das Amt, das Christus ihm verliehen hat. 15,16: *daß ich ein Diener des Christus Jesus an die Heiden bin, der Gottes gute Botschaft priesterlich verwaltet, damit die Darbringung der Heiden wohlgefällig werde, geheiligt durch den heiligen Geist.* Paulus ist Priester im höchsten Sinn (Phil. 2,17). An die heidnischen Völker hat ihn Christus dazu gesandt, damit er bei ihnen einen priesterlichen Dienst ausübe. Die heilige Sache, die er zu bedienen hat, ist Gottes Botschaft, und das Opfer, das er vor Gott stellt und ihm darbringt, sind die Völker. Daß die Völker gottwohlgefällig seien, das ist das große Ziel und Wunder seines Apostelwerks. Ein Opfer ist etwas Geheiligtes; so empfangen auch die Völker durch seinen Dienst eine Heiligung, die voll Wahrheit und Kraft ist, weil sie durch den heiligen Geist entsteht. Durch ihn wird aus den Völkern Gottes Eigentum. 15,17: *Darum habe ich den Ruhm in Christus Jesus vor Gott.* Er hat allen Grund und gutes Recht, sich seiner Arbeit wegen zu rühmen, da er durch sie Gottes Werk vollbringt und seine Herrschaft offenbart. Deshalb tritt er frei und offen vor alle Menschen, ob sie ihn kennen oder nicht, und ist gewiß, daß sie auch in Rom nicht im Zweifel bleiben werden, daß er in der Sendung und im Auftrag des Christus und in der Kraft des Geistes eine heilige Arbeit tut. Aber er hat seinen Ruhm in Christus, nicht in sich selbst, vor Gott, nicht vor den Menschen; denn er hat sein Amt und alle Kraft dazu von Christus bekommen, und er verwaltet es nicht für sich, sondern für Gott.

15,18-21: *Denn ich werde mich nicht erkühnen, über etwas zu sprechen, was nicht Christus durch mich gewirkt hat zum Gehorsam der Heiden, durch Wort und Tat, durch die Kraft der Zeichen und Wunder* (2. Kor. 12,12), *durch die Kraft des heiligen Geistes, so daß ich von Jerusalem an und im Kreis umher bis nach Illyrien die gute Botschaft des Christus erfüllt habe, indem ich meine Ehre darin suche, nicht da die heilsame Botschaft zu sagen, wo Christus schon genannt ist, damit ich nicht auf eine fremde Mauer baue* (2. Kor. 10,15.16), *sondern wie geschrieben ist: Die werden sehen, denen nichts über ihn verkündigt wurde, und die werden verstehen, die nichts gehört haben* (Jes. 52,15). In den Augen des Apostels wäre es anmaßend und hochmütig, wenn er den Mund auftun wollte, um von etwas zu reden, was er selbst vollbracht hätte. Sich selbst zu preisen liegt nicht in seinem Sinn. Ebensowenig würde er reden, wenn er nur auf Worte, Titel und leere Ansprüche hinzeigen könnte. Daß er als Apostel zu der römischen Gemeinde spricht, beruht auf den Werken, die Christus durch ihn vollbracht hat. Christus hat ihm alle Ausrüstung gegeben, deren er als sein Bote bedarf: das Wort, das mit dem Reichtum der Wahrheit die Herzen faßt, und das Werk, so daß Großes durch ihn zustande kam, Zeichen und Wunder, durch die Gottes Gegenwart und Wirkung sichtbar wurde, und die unsichtbare und doch durchdringende Kraft des heiligen Geistes. So zieht sich jetzt von Jerusalem durch Syrien, Kleinasien und Griechenland bis in die westlich von Mazedonien gelegenen Gegenden ein Kreis von Gemeinden, die durch seinen Dienst entstanden sind; diese Gemeinden sind das Siegel seines Apostelamts. In so weitem Umkreis hat die Botschaft Jesu durch seinen Dienst die Erfüllung gefunden, weil sie in das Ohr der Menschen drang und ihnen das Werk Jesu zeigte. Sie hat in diesen Gegenden feste Wurzeln geschlagen und kann nicht mehr verdorben und ausgerottet werden. Hiebei hat Paulus es so gehalten – und auch dies zeigt seine apostolische Kraft –, nur da das Evangelium zu verkünden, wo Christus noch unbekannt war. Er machte es sich zur Ehre und Freude, daß er nicht andere vorangehen ließ und die Frucht ihrer Arbeit für sein Werk benützte, wie einer, der auf ein Fundament baut, das andere legten; er brach selbst dem Wort Jesu die Bahn und tat die grundlegende Arbeit, auf der dann andere weiterbauen. Denn jetzt ist die Zeit, da die Verheißung sich erfüllen muß, daß Christus denen verkündigt und von denen erkannt werden soll, die noch nichts von ihm gehört haben.

Dieser Grundsatz leitet ihn auch bei seinen Plänen für die Zukunft. 15,22-24: *Deshalb wurde ich auch manchmal gehindert, zu euch zu kommen* (1,13). *Jetzt aber habe ich in diesen Gegenden nicht mehr Raum, habe dagegen – schon seit vielen Jahren – das Verlangen, zu euch zu kommen, wenn ich nach Spanien gehe. Denn ich hoffe, euch bei der Durchreise zu sehen und von euch dorthin entsandt zu werden, wenn ich mich zuerst zum Teil an euch gesättigt habe.* Sein altes Arbeitsfeld ist ihm zu klein und eng geworden, obwohl es auch hier noch viel Heidentum gab. Allein da sich hier jetzt festbegründete Gemeinden aneinanderreihen, überträgt er es ihnen, das Evangelium in ihren Gemeinden auszubreiten; in anderen Strichen haben andere Männer das Missionswerk bereits begonnen. Aus demselben Grunde kommt er nur zu einem Besuch nach Rom und nicht, um dort zu bleiben. Denn dort besteht schon eine Gemeinde; so soll diese den Namen Jesu in Italien verkündigen. Er muß vorwärts in das nächste noch ganz heidnische Land, und das ist Spanien. Dort will er aufs neue seine bahnbrechende Arbeit aufnehmen. Auf dem Weg nach Spanien wird er aber die römischen Christen besuchen. Er vergleicht die Freude, die sein Verkehr mit ihnen bereiten wird, der Freude des Hungrigen, wenn er gespeist wird. Doch kann er seinen Wunsch, bei ihnen zu sein, nicht ganz befriedigen, weil sein Besuch nicht lange dauern darf, da sein Beruf ihn wieder in die Ferne führt. Die Gemeinde in Rom wurde aber durch die spanischen Pläne für den Apostel noch besonders wichtig. Sie wäre das Mittelglied zwischen seinem alten und seinem neuen Arbeitsfeld und hätte die Verbindung zwischen ihm und seinen Gemeinden, für die er bisher durch das Evangelium zum Vater geworden war, herzustellen. Darum hat er ihr jetzt schon so eingehend und mächtig den Kern seines Evangeliums bezeugt, damit ihr Ziel dasselbe wie das seine sei und sie mit ihm entschlossen bleibe, allein für Christus zu leben und in ihm den Herrn zu erkennen, der uns Gerechtigkeit gewährt.

Zunächst geht er nach Jerusalem. 15,25-29: *Jetzt aber gehe ich nach Jerusalem, da ich den Heiligen diene* (1. Kor. 16,1-4). *Denn Mazedonien und Achaja hatten Lust, mit den Armen unter den Heiligen in Jerusalem einigermaßen die Gemeinschaft herzustellen* (2. Kor. 8; 9; Apg. 24,17). *Denn sie hatten dazu Lust und sind ihre Schuldner. Denn wenn die Heiden an ihren geistlichen Gaben Anteil bekamen, sind sie schuldig, ihnen auch mit dem, was das Fleisch bedarf, Dienst zu leisten* (1. Kor. 9,11). *Wenn ich nun dies vollendet und ihnen diese Frucht besiegelt habe, werde ich bei euch vorbei nach Spanien gehen. Ich weiß aber, daß ich, wenn ich zu euch komme, mit der Fülle der Segnung des Christus kommen werde.* Paulus bringt zuerst die Geldsumme nach Jerusalem, die er in den griechischen Gemeinden für die jüdischen Christen mit großem Eifer gesammelt hat, damit sie ein Zeichen des Danks der Heidenchristenheit sei für die ungleich größere Gabe, die diese aus Jerrusalem empfangen hat. Er kann diesen Dienst nicht anderen übertragen; denn niemand kann in derselben Weise wie er im Namen der Heidenchristenheit danken. Er tut es auch um seiner eigenen Gemeinden willen. Denn Dank und Liebe sind auch für den, der sie erweist, eine Frucht, die ihm selbst zugute kommt. Diese Frucht will Paulus seinen Gemeinden besiegeln, das heißt zum sicheren Ende bringen dadurch, daß er selber ihre Gabe in die Hand derer legt, denen sie danken soll. Erst dann will er sich nach dem Westen wenden; dann wird seine Arbeit in Rom von dem segnenden Wort Jesu, durch das er uns Gottes Liebe und Gabe zuteilt, mit seinem ganzen Reichtum und seiner vollen Kraft begleitet sein.

15,30-33: *Ich ermahne euch aber, Brüder, durch unseren Herrn Jesus Christus und durch die Liebe des Geistes, daß ihr mit mir in den Gebeten für mich vor Gott ringet, daß ich vor den in Judäa Widerstrebenden gerettet werde und daß mein Dienst in Jerusalem den Heiligen wohlgefällig werde, damit ich mit Freude durch Gottes Willen zu euch komme und mich mit euch erhole. Der Gott des Friedens ist mit euch allen. Amen.* Paulus sah von Anfang an deutlich, daß seine Reise nach Jerusalem ein ernstes, schweres Werk sei, für das ein guter Ausgang durch Gebet errungen werden muß; so bittet er die römischen Christen, daß auch sie in ihrem Gebet mit ihm kämpfen möchten. Es ist ein Gang mitten in die Todesgefahr um des wütenden Hasses willen, mit dem die Judenschaft gerade ihn verfolgt. Zugleich denkt Paulus daran, wie leicht zwischen der Gemeinde in Jerusalem und ihm eine Entfremdung hervortreten könnte, die es unmöglich machte, daß seine Gabe ein Band brüderlicher Einigung zwischen beiden Teilen der Christenheit werde.

In einer Nachschrift erfahren wir zunächst, durch welche Gelegenheit Paulus seinen Brief nach Rom gelangen ließ. 16,1.2: *Ich empfehle euch aber unsere Schwester Phöbe, die die Dienerin der Gemeinde in Kenchreä ist, daß ihr sie im Herrn aufnehmt, wie es der Heiligen würdig ist, und ihr in jeder Sache beisteht, in der sie euch nötig hat; denn auch sie ist für viele eine Helferin geworden, auch für mich selbst.* Phöbe, eine Frau aus Kenchreä, einem der beiden Häfen bei Korinth, die dort als Dienerin der Gemeinde tätig war, mußte nach Rom reisen; so hat Paulus sie als Botin benützt. Es wird dabei die Einheit sichtbar, die die christlichen Gemeinden von Anfang an miteinander verband. Obwohl Phöbe den römischen Christen noch unbekannt ist, hat sie doch bereits einen Anspruch auf ihre Dankbarkeit; denn sie hat der Gemeinde von Kenchreä gedient. Was aber in der einen Gemeinde geschieht, dafür soll auch die andere dankbar sein; denn die Christenheit ist eins. Beide Teile sind heilig, Phöbe, die der Hilfe bedarf, die Christen in Rom, die sie ihr geben. Sie würden der Würde, die Gott ihnen gab, zuwiderhandeln, wenn sie ihr die Liebe und Hilfe verweigerten.

Nun erinnert sich Paulus an alle die Männer und Frauen, die er in Rom bereits kennt; er sagt ihnen, daß ihnen ihre Arbeit und Hingebung, die sie Christus und ihm selber leisteten, unvergessen sind. 16,3-5a: *Grüßt Priska und Aquila, meine Mitarbeiter im Christus Jesus* (1. Kor. 16,19; 2. Tim. 4,19; Apg. 18,2.3.18), *die für meine Seele ihren eigenen Nacken darboten, denen nicht bloß ich danke, sondern auch alle Gemeinden der Heiden, und die Gemeinde in ihrem Haus.* Die Reihe der Grüße beginnt mit Aquila und Priscilla, die mit Paulus von Korinth nach Ephesus gezogen und dort geblieben waren, solange Paulus in Ephesus verweilte (1. Kor. 16,19). Sie sind somit erst vor kurzem nach Rom gezogen, woher sie ursprünglich kamen, vielleicht absichtlich des Apostels wegen, um ihn in Rom in ähnlicher Weise zu unterstützen, wie sie es in Korinth und in Ephesus getan hatten. Auch die römischen Christen sollen wissen, wie sehr ihnen Paulus zu Dank verpflichtet ist. Sie haben die höchste Probe der Aufopferung und Hingebung bestanden und ihr Leben für ihn preisgegeben. Dazu fand sich bei der steten Todesgefahr, dem „täglichen Sterben", in dem Paulus stand, auch für seine Freunde vielfach Anlaß und Nötigung; sie mußten zum Sterben willig sein wie er selbst.

16,5b.6: *Grüßt Epänetus, meinen Geliebten, der der Erstling der Asia für Christus ist* (1. Kor. 16,15). *Grüßt Maria, die sich viel um uns bemüht hat.* Der Epheser, der als erster in Ephesus die Taufe erhielt, hat die Gründungszeit der Gemeinde in steter Verbundenheit mit Aquila durchlebt. Wenn auch er jetzt in Rom verweilt, so hat er seine Gemeinschaft mit Aquila auch dann festgehalten, als dieser nach Rom zog. Epänetus hat auch nach der Trennung von Paulus nach der Mitarbeit mit ihm verlangt. 16,7: *Grüßt Andronikus und Junias, meine Volksgenossen und Mitgefangenen, die unter den Aposteln hervorragen, die auch vor mir im Christus waren.* Zu den wichtigsten Gliedern der römischen Gemeinde gehörten zwei jüdische Männer, Glieder der ersten Christenheit, die schon der Gemeinde von Jerusalem angehört hatten, als Paulus noch ihr Verfolger war. Paulus denkt in der Erinnerung an sie an eine bewegte Stunde, in der alle drei in den Kerker geworfen wurden und sich vor dem Richter ihres Christseins wegen zu verantworten hatten. Wo die beiden in dieser engen Arbeitsgemeinschaft mit Paulus standen und miteinander die Sache Jesu vor einem römischen Richter vertraten, läßt sich nicht sicher sagen. Vermutlich geschah es in den Jahren, in denen Paulus in Antiochia arbeitete. Nun stehen beide als Boten (Apostel) in Rom, somit nicht nur infolge ihres eigenen Entschlusses, sondern in einer Sendung, vielleicht beauftragt von der Gemeinde in Jerusalem, der sie in der ersten Zeit ihres Christenstandes angehört haben, oder von der Gemeinde in Antiochia, wenn sie dort zusammen mit Paulus im Gefängnis waren. Denn die alten Gemeinden sorgten für die neu entstandenen dadurch, daß sie einige ihrer Glieder zu längerem Aufenthalt in die jungen Gemeinden sandten. In diesem Dienst waren Andronikus und Junias eng miteinander verbunden als die beiden Zeugen, deren übereinstimmendes Wort die Wahrheit ihrer Botschaft unangreifbar machte. 16,8 bis 16: *Grüßt Ampliatus, meinen Geliebten im Herrn. Grüßt Urbanus, unseren Mitarbeiter im Christus, und Stachys, meinen Geliebten. Grüßt Apelles, den im Christus Bewährten. Grüßt die aus dem Haus des Aristobul. Grüßt Herodion, meinen Volksgenossen. Grüßt die aus dem Haus des Narkissus, die im Herrn sind. Grüßt Tryphäna und Tryphosa, die sich im Herrn bemühen. Grüßt Persis, die Geliebte, die sich viel im Herrn bemüht hat. Grüßt Rufus, den im Herrn Auserwählten, und seine und meine Mutter. Grüßt Asynkritus, Phlegon, Hermes, Patròbas, Hermas und die Brüder bei ihnen. Grüßt Philologus und Julia, Nereus und seine Schwester und Olympas und alle Heiligen bei ihnen. Grüßt einander mit dem heiligen Kuß* (1. Kor. 16,20; 2. Kor. 13,12; 1. Thess. 5,26; 1. Petr. 5,14). *Es grüßen euch alle Gemeinden des Christus.* Paulus kann schon eine große Zahl von Namen nennen, Männer und Frauen, teils solche, die aus dem Orient nach Rom kamen wie Rufus, den uns wahrscheinlich auch Markus nennt (15,21), als den Sohn jenes Simon, der das Kreuz Jesu tragen mußte, teils Kleinasiaten und Griechen, aber auch Römer, die in Antiochia oder Ephesus oder Korinth sich ihm angeschlossen hatten. Doch nicht nur denen, die er schon persönlich kennt, sondern allen gilt sein Gruß, und sie grüßen sich dadurch, daß sie einander küssen. Nachdem das Wort des Apostels durch seinen Brief an die versammelte Gemeinde ergangen ist, macht diese sichtbar, daß sie sein Wort angenommen hat, indem sie den Kuß von einem zum anderen weitergibt. Denn das Wort wird der Gemeinde dazu gesagt, damit sie die Verbundenheit empfange und neu bei sich befestige. Heilig nennt Paulus diesen Kuß, weil er diejenige Gemeinschaft sichbar macht, die sie als die Geheiligten in Kraft ihrer gemeinsamen Berufung zu Gott miteinander haben.

Mitten in die Grüße hinein stellt er noch ein warnendes Wort: 16,17-20: *Ich ermahne euch aber, Brüder, auf die zu achten, die die Trennungen und Ärgernisse anrichten der Lehre zuwider, die ihr gelernt habt, und trennt euch von ihnen. Denn solche dienen nicht unserem Herrn Christus, sondern ihrem Bauch* (Phil. 3,19), *und durch gütige und segnende Worte betrügen sie die Herzen der Arglosen. Denn euer Gehorsam kam zu allen. Darum freue ich mich an euch; ich will aber, daß ihr für das Gute weise, für das Schlechte aber einfältig seid* (1. Kor. 14,20). *Aber der Gott des Friedens wird den Satanas in Bälde unter euren Füßen zerbrechen. Die Gnade unseres Herrn Jesus ist mit euch.* Paulus hat den Römern den Gruß von allen seinen Gemeinden ausgerichtet; alle nehmen an seinem Wunsch, nach Rom zu gehen, lebhaften Anteil und bringen den dortigen Christen ein warmes Interesse entgegen. Aber der Blick auf seine Gemeinden stellt ihm auch die Gefahr vor Augen, die ihnen allen durch verlockende Stimmen mannigfachster Art droht: Verführer preisen den Segen und Wert ihrer besonderen Frömmigkeit oder eine christliche Vollkommenheit, die sie auf ihrem Wege erreicht hätten, oder eine Weisheit, die die Geheimnisse der Schrift zu erfassen und in den Rat Gottes hineinzublicken vermöge. Damit verfälschen sie die Regeln für das christliche Handeln und verhüllen den Hauptpunkt des Werkes Jesu, sein Kreuz und seine Auferstehung. Sie dienen damit doch nur ihrem Bauch, nicht in grober Ausschweifung, sondern deshalb, weil sie nicht von sich selbst loskommen; solange der Mensch nur für sich selber lebt, ist eben doch der Bauch die einflußreichste Macht und der gewaltigste Herr, den er kennt. Statt sich Gott zum Werkzeug hinzugeben und Christus zu dienen, sind sie, ob sie es wollen oder nicht, dem Satan zu Dienst, der durch sie die Gemeinden versucht und deren Verbindung mit Christus aufheben will. Gerade der gute Ruf, in dem die römischen Christen überall stehen, die Kunde von ihrem freudigen Gehorsam, mit dem sie das Evangelium aufgenommen haben, könnte auch solche Verführer anlocken, während sie noch arglos und unerfahren sind und in den Anfängen ihres Gemeindelebens noch nicht erlebt haben, welch schlimme Störungen aus scheinbar unschuldigen Vorgängen erwachsen können. Der Apostel mahnt sie deshalb, für das Gute einen hellen, offenen Blick zu bewahren und hierin die Weisheit an den Tag zu legen, die empfänglich und beweglich nichts übersieht und alles bedenkt; dagegen sollen sie dem Bösen gegenüber die schlichte Einfalt beweisen, die sich durch nichts verlocken und verwirren läßt. Paulus stärkt sie zugleich durch die Hoffnung, daß Gott bald in seinem herrlichen Reich alle Wirksamkeit des Satans vernichten und ihnen den Sieg über alle Versuchungen geben wird. Das wird er tun, weil er der Gott des Friedens ist. Weil er mit ihnen Frieden hält, werden die, die sie versuchen und verderben wollen, von ihm ohnmächtig gemacht werden.

Auch von den Mitarbeitern des Paulus und von den korinthischen Christen haben einige ihre Grüße hinzugefügt. 16,21-23: *Es grüßt euch Timotheus, mein Mitarbeiter, und Lukius und Jason und Sosipatros, meine Volksgenossen* (Apg. 17,5; 20,4). *Ich, Tertius, der ich den Brief im Herrn geschrieben habe, grüße euch. Es grüßt euch Gajus, mein und der ganzen Gemeinde Wirt* (1. Kor. 1,14). *Es grüßt euch Erastus, der Verwalter der Stadt* (Apg. 19,22; 2. Tim. 4,20), *und Quartus, der Bruder.*

Auch diese Nachschrift endigt mit einem Wort der Anbetung. 16,25 bis 27: *Dem aber, der euch zu stützen vermag, nach meiner guten Botschaft* (2,16) *und nach der Verkündigung Jesu, des Christus, nach der Offenbarung des Geheimnisses, das in unausdenkbaren Zeiten verschwiegen blieb, jetzt aber geoffenbart* (Eph. 3,4; Kol. 1,26) *und durch prophetische Sprüche nach dem Befehl des ewigen Gottes zum Gehorsam des Glaubens bei allen Völkern bekanntgemacht ist* (1,5), *dem allein weisen Gott durch Jesus Christus, ihm ist die Herrlichkeit in alle Ewigkeiten. Amen.* Gott vermag es, die Gemeinde aufrecht zu halten und stark zu machen, so daß sie weder wanken noch fallen wird. Dankbar überschaut Paulus den Reichtum der Mittel, die ihr zu ihrer Befestigung und Kräftigung von Gott gegeben sind. Sie hat die Botschaft des Paulus und das Wort Jesu erhalten, hat gehört, was Paulus als Jesu Bote der Welt verkündigt und was Jesus während seiner irdischen Arbeit zu Israel und zu seinen Jüngern gesagt hat. Dieses doppelte Zeugnis ist der feste Grund, der die Gemeinde sicher trägt und ihr Beständigkeit verleiht. Die Größe des Evangeliums beruht darauf, daß es das Geheimnis des göttlichen Ratschlusses enthüllt, das in den langen Zeiten vor der Sendung des Christus verborgen blieb und von niemand ausgesprochen und verkündigt wurde. Den früheren Geschlechtern wurde nicht gesagt, was die Gemeinde jetzt vernommen hat. Allerdings gab Gott den Propheten sein weissagendes Wort; aber deshalb blieb Gottes Ratschluß doch ein Geheimnis, und die Menschen mußten warten, bis die Stunde der Erfüllung kam. Jetzt aber ist es eine offenkundige Sache geworden, was Gottes Herrschaft wirkt, wie er sie offenbart und wen er zu ihr beruft. Vor den Augen der Gemeinde steht das alles jetzt im hellen Licht als vollbrachte Tat. Dadurch erhalten die prophetischen Sprüche eine neue Bedeutung und Wirkung. Durch die Erfüllung wurden sie hell und treten jetzt zur apostolischen Botschaft und zur Verkündigung Jesu hinzu als dritter Zeuge, der der Gemeinde zur Stärkung dient. Die prophetische Schrift hilft ihr jetzt, das Geheimnis Gottes zu verstehen und Christus als den zu erkennen, durch den Gott sein heilsames Werk auf Erden vollbringt. Und zwar empfängt jetzt nicht bloß Israel den Dienst der Bibel, sondern nun auch die Völker. Das hat Gott so geordnet. Der Befehl des ewigen Gottes hat die Boten bestellt, die jetzt mit der Bibel in der Hand zu den Völkern kommen, durch sie ihnen den Rat seiner Gnade kundtun und ihnen zeigen, daß sie zum Glauben berufen und im Glauben Gott untertan werden. Indem Paulus überschaut, wie Gott die Christenheit gegründet, seine Gnade von Israel aus zu den Heiden ausbreitet und allen den Einblick in seinen Rat gegeben hat, ruht sein Blick anbetend auf Gottes Weisheit. Er allein ist weise. Kein Mensch hat Gottes Gedanken erraten, bis er durch Christus seine Weisheit vor uns entfaltet und bestätigt hat, eine Weisheit, die alles herrlich macht. Darum empfängt Gott die Anbetung, die nicht enden wird.

Inhalt

Der Brief an die Römer